Peter Benson

Waldtiere schnitzen

Schritt für Schritt

stv

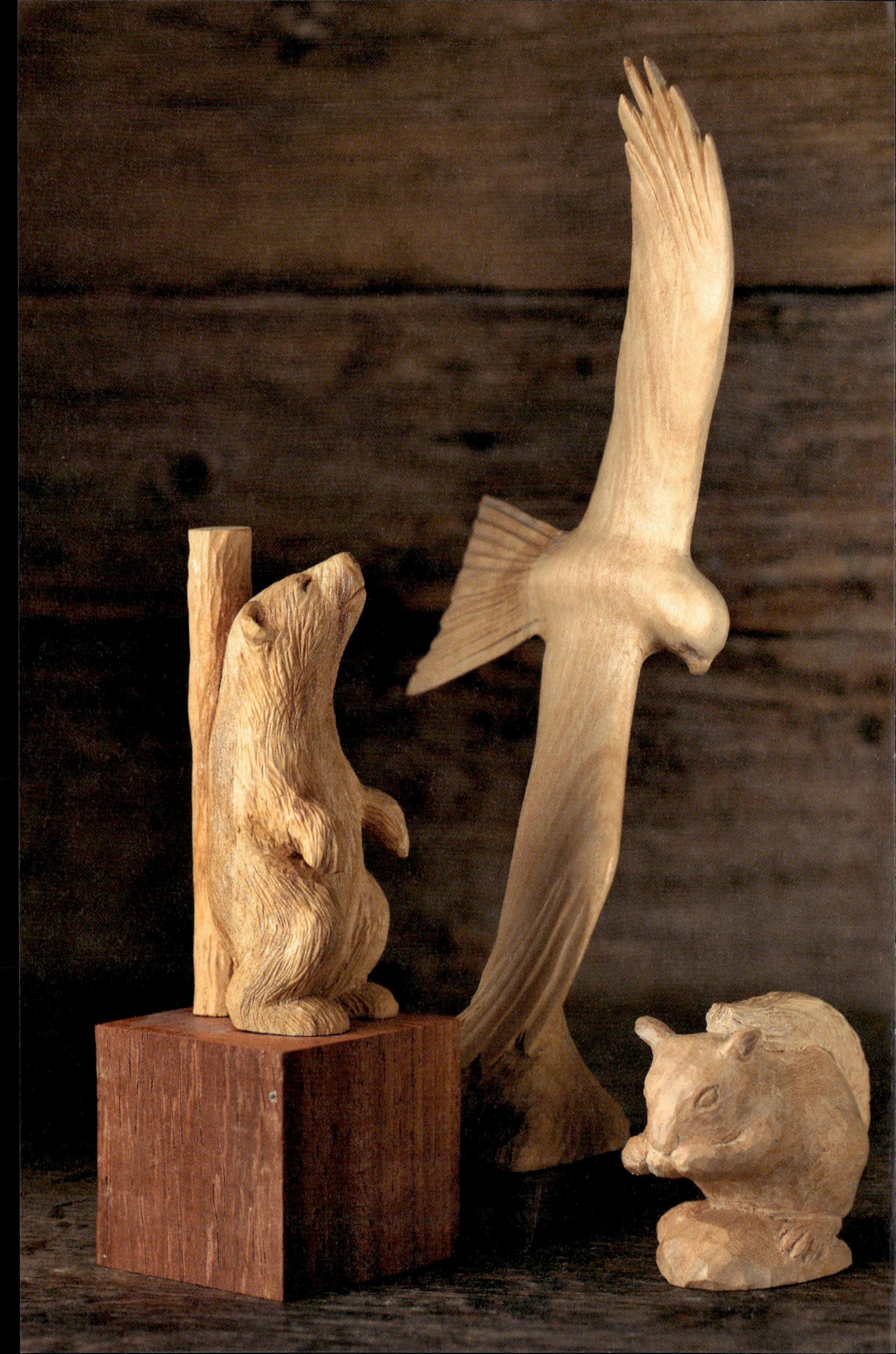

Peter Benson

WALDTIERE SCHNITZEN

Schritt für Schritt

Leopold Stocker Verlag
Graz – Stuttgart

Umschlaggestaltung: DSR – Werbeagentur Rypka, A-8143 Dobl/Graz
Fotos: Andrew Perris, Em Benson, Dave Wilkins

Titel der englischen Originalausgabe: Peter Benson: Whittling Woodland Animals.

The translation of Whittling Woodland Animals 978-1-78494-658-6 is published by arrangement with GMC Publications Ltd.

Aus dem Englischen übertragen von Alina Wychera.

Der Inhalt des Buches wurde vom Verlag und vom Autor nach bestem Wissen geprüft, eine Garantie kann jedoch nicht übernommen werden. Die juristische Haftung ist daher ausgeschlossen.

Bibliographische Information der Deutschen Nationalbibliothek
Die Deutsche Nationalbibliothek verzeichnet diese Publikation in der Deutschen Nationalbibliographie; detaillierte bibliographische Daten sind im Internet über dnb.d-nb.de abrufbar.

Hinweis:
Dieses Buch wurde auf chlorfrei gebleichtem Papier gedruckt. Die zum Schutz vor Verschmutzung verwendete Einschweißfolie ist aus Polyethylen chlor- und schwefelfrei hergestellt. Diese umweltfreundliche Folie verhält sich grundwasserneutral, ist voll recyclingfähig und verbrennt in Müllverbrennungsanlagen völlig ungiftig.

Auf Wunsch senden wir Ihnen gerne kostenlos unser Verlagsverzeichnis zu:
Leopold Stocker Verlag GmbH
Hofgasse 5 / Postfach 438
A-8011 Graz
Tel.: +43 (0)316/82 16 36
Fax: +43 (0)316/83 56 12
E-Mail: stocker-verlag@stocker-verlag.com
stocker-verlag.com

ISBN 978-3-7020-2106-1

Satz: DSR – Werbeagentur Rypka, A-8143 Dobl/Graz

Inhaltsverzeichnis

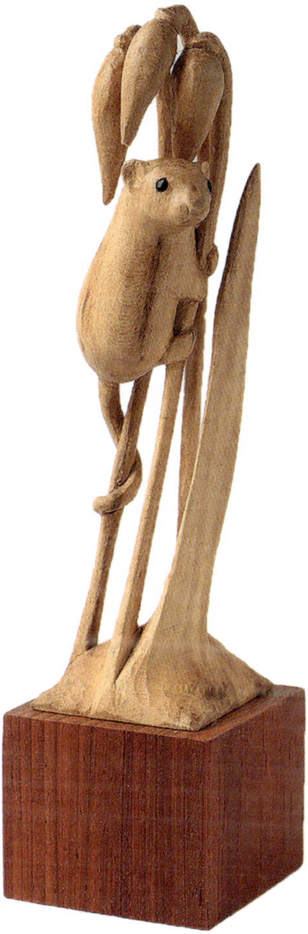

Ich widme dieses Buch allen Schnitzfreunden auf der ganzen Welt, mit denen ich zusammengearbeitet und von denen ich so viel gelernt habe. Danke.

Einführung	6
Welche Ausrüstung brauche ich?	8
Wie man ein Messer baut	14
Wie man das Messer führt	16
Das Schärfen	20
Welches Holz soll ich schnitzen?	22
Wie forme ich die Augen?	25
Allerlei Tipps und Tricks	27
Los geht's!	30
Steinkauz	34
Dachs	40
Schlange	46
Fuchs	50
Igel	56
Waschbär	62
Eichhörnchen	68
Backenhörnchen	76
Wiesel	82
Bär mit Scheuerbaum	88
Feldhase	96
Gabelweihe	104
Laubfrosch	112
Zwergmaus	118
Zusammenfassung	126
Bezugsquellen	127
Über den Autor	128

Einführung

Obwohl ich im heutigen Greater London geboren wurde, habe ich das Glück, fast mein ganzes Leben auf dem Land verbracht zu haben. Das hat auch dazu geführt, dass ich mich in der friedlichen und relativ ruhigen ländlichen Gegend viel mehr zu Hause fühle als in der Stadt. Warum sollte ich mich in endlose Verkehrskolonnen auf der Autobahn einreihen oder stundenlang am Flughafen auf einen Flug, der womöglich niemals startet, warten wollen, wenn ich im Garten oder am Flussufer sitzen, die Tierwelt beobachten und ihr nachempfundene Figuren schnitzen kann?

Hoffentlich wird Sie dieses Buch in eine völlig neue Art der Entspannung und des Genusses einführen, die Ihnen bisher entgangen ist. Sie benötigen keinen schweren Werkzeugkoffer mit teuren Instrumenten oder riesige Holzklötze. Alles Werkzeug, das Sie brauchen, passt in ein Brillenetui, und das Holz ist zu günstigen Preisen im Internet erhältlich. Das heißt, Sie sind vollkommen frei und können schnitzen, wo auch immer Sie wollen.

Das Thema dieses Buchs ist zunächst einmal das Schnitzen. Das bedeutet, dass Sie in erster Linie mit einem Messer und zusätzlich mit einer kleinen Auswahl an Stechbeiteln arbeiten und dass die Arbeit in der Hand gehalten wird. Zweitens konzentrieren sich alle Projekte auf Tiere, die Sie auf dem Land finden, vor allem in Europa. Die Figuren sind so konzipiert, dass sie in zwei Grundformate von Holz passen, können aber an die von Ihnen bevorzugte Größe angepasst werden.

Die Projekte umfassen keine vollständige Liste von Schnitt-für-Schnitt-Anleitungen, da dies den Rahmen dieses Buches sprengen würde. Ich werde Ihnen zeigen, wie ich jedes Stück geschnitzt habe, und versuchen, alle Probleme, auf die Sie stoßen könnten, abzudecken. Die Details sollten Sie bei jedem Projekt selbst herausarbeiten. Sie sollten dafür Bilder der Tiere mustern, um sich kleinste Details sowie Anatomie und Symmetrie abzuschauen. Das ist oft schon das halbe Vergnügen: Sie sind kreativ und gelangen zu einzigartigen Stücken, die ganz allein Ihr Werk sind. Die Arbeit anderer zu kopieren oder zu versuchen, Fotos oder Zeichnungen nachzuahmen, wird wahrscheinlich nur eine schlechte Nachahmung des Originals hervorbringen. Das Gefühl, erfolgreich etwas Eigenes geschaffen zu haben, ist unvergleichlich, auch wenn Sie die ursprüngliche Idee von jemand anderem bekommen haben.

Da alle Stücke aus den gleichen Holzgrößen gefertigt werden müssen, können sie nicht alle im gleichen Maßstab sein. Einige große Tiere können klein und einige kleine groß werden, aber jedes sollte die richtigen Proportionen haben. In den meisten Fällen ist das Holz ein Quadratstab mit 30 oder 40 mm Seitenlänge und 150 mm Länge (diese wird natürlich je nach Projekt gekürzt).

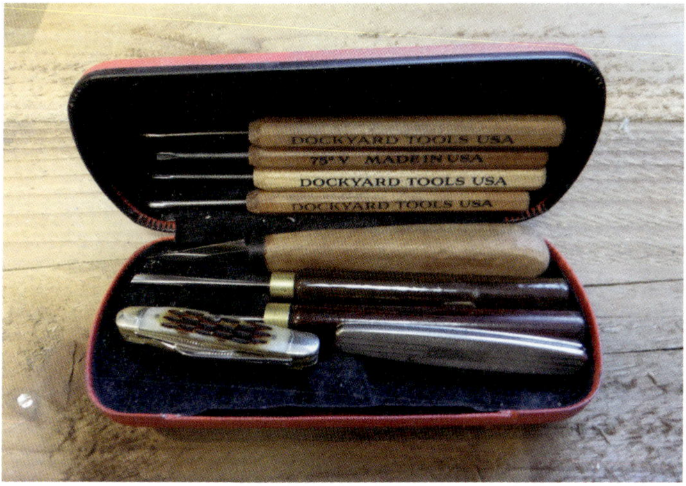

Drei Messer und sechs kleine Stechbeitel: Das für die Projekte benötigte Werkzeug passt in ein Brillenetui.

Eines oder zwei der Projekte würden in dieser Größe zu klein ausfallen, daher habe ich für diese einen 50-mm-Quadratstab verwendet. Sie können aber jedes Holz nehmen, das Sie zur Verfügung haben.

Sie werden bald merken, dass Ihnen das Schnitzen mit jedem Projekt leichter fallen und weniger Zeit in Anspruch nehmen wird, sodass Sie bald eine Sammlung kleiner Schnitzereien aufbauen werden, die sich ausgezeichnet als Geschenke für Freunde und Familie eignen. Wenn jemand Zeit und Mühe aufgewendet hat, um einen Gegenstand selbst herzustellen, wird dieser viel mehr geschätzt werden als etwas, das man in einem Geschäft gekauft hat. Mit etwas Übung könnten Sie am Ende genug Geschenke haben, um alle jahrelang glücklich zu machen!

Ich hoffe, dass Sie mit diesen Projekten viel Spaß haben und das Schnitzen als Hobby fürs Leben entdecken – eine Tätigkeit, die mir persönlich schon mein ganzes Leben lang viel Freude bereitet.

Viel Glück, und denken Sie daran, dass es nur ein Stück Holz von sehr geringem Wert ist, bis Sie es in etwas Besonderes verwandeln. Wenn etwas misslingt, haben Sie nur ein wenig Zeit verloren und können sicher sein, dass Sie dennoch viel gelernt haben. Legen Sie es beiseite, fangen Sie von vorn an und setzen Sie das Gelernte in die Praxis um. Lernen ist der wertvollste Ertrag, den Sie aus jeder Tätigkeit gewinnen können – also legen Sie los!

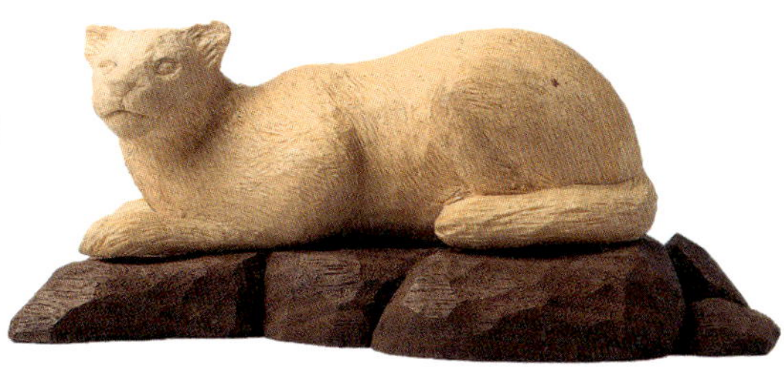

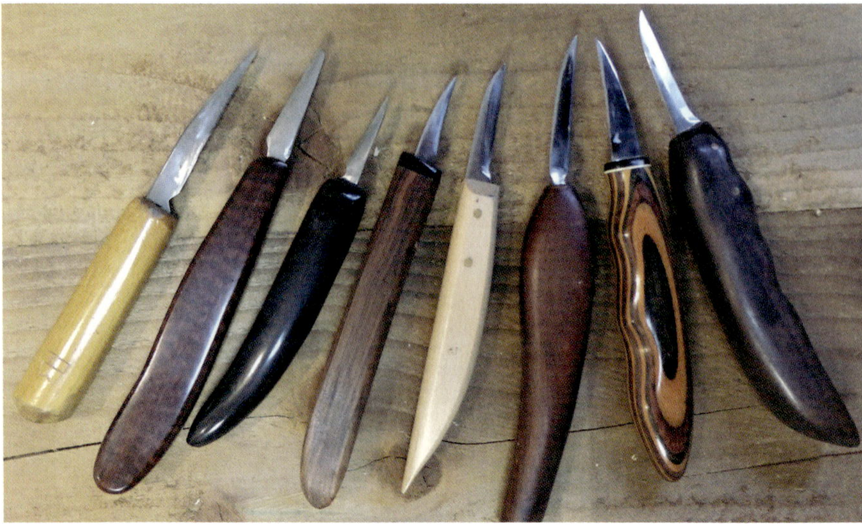

Welche Ausrüstung brauche ich?

Eine Auswahl an Messern mit unterschiedlich geformten Griffen, um Handkrämpfen vorzubeugen.

DIESES BUCH SOLL IHNEN DEN EINSTIEG IN EIN BEREICHERNDES HOBBY ERLEICHTERN, OHNE DASS SIE TEURE AUSRÜSTUNG KAUFEN MÜSSEN. TROTZDEM GIBT ES EIN PAAR DINGE, DIE SIE BRAUCHEN WERDEN.

MESSER

Der wichtigste Gegenstand in Ihrem Werkzeugkasten ist das Messer. Wenn Sie ein Schnitzer sind, gehe ich davon aus, dass Sie bereits das eine oder andere Messer besitzen und wahrscheinlich nichts mehr hinzukaufen müssen.

Messer sind in Hunderten von Ausführungen erhältlich und können über Zeitschriften oder das Internet gekauft werden, für kleines Geld bis hin zu hohen Summen. Schnitzmesser mit ihren kurzen Klingen werden im deutschsprachigen Raum nicht gesetzlich reguliert. Beachten Sie beim Kauf im Ausland jedoch dort eventuell wirksame Beschränkungen.

Wenn Sie noch Anfänger sind, so rate ich davon ab, zu viel Geld für Ihr erstes Messer auszugeben. Ein einfaches Taschenmesser mit einer schmalen Klinge reicht für den Anfang völlig aus. Ein solches

Messer kann überall legal geführt werden. Das Führen von Messern mit fixer oder arretierbarer Klinge ist in Deutschland, Österreich und der Schweiz ab einer bestimmten Klingenlänge illegal. Es ist allerdings zweifellos deutlich einfacher und bequemer, mit einem Messer mit feststehender Klinge und Holzgriff zu schnitzen. Wenn Sie vorhaben, nur zu Hause zu schnitzen, gibt es also in jedem Fall kein Problem. Ich empfehle Ihnen, sich eine oder mehrere geeignete Klingen zu besorgen und diese in einen kleinen, selbst gemachten Holzgriff einzupassen. Die Anleitung, wie man einen solchen herstellen kann, finden Sie auf den Seiten 14–15.

Welche Art von Messer am besten zu Ihnen passt, werden Sie erst erkennen, wenn Sie eine Zeit lang geschnitzt haben. Kaufen Sie daher am besten erst einmal eines oder zwei für kleines Geld und arbeiten damit eine Weile, um herauszufinden, womit Sie langfristig am besten arbeiten können. Vielleicht werden Sie sich am Ende für ein Klappmesser zum Herumtragen und ein Messer mit feststehender Klinge zum Gebrauch zu Hause entscheiden.
Das Wichtigste bei jedem Messer ist, dass es scharf ist und regelmäßig geschliffen wird. Gute Vorbereitung lohnt sich immer. Solange Sie kein sehr teures Messer kaufen, ist es wahrscheinlich nicht von vornherein scharf genug, um sauber und leicht zu schnitzen. Daher ist es wichtig, zu lernen, wie man eine scharfe Schneide herstellt und erhält (auf den Seiten 20–21 finden Sie Tipps zum Schärfen Ihres Messers). In Secondhandläden und auf Flohmärkten finden Sie oft billige Messer, die sich zum Üben eignen. Auf den Projektfotos wird Ihnen die Vielzahl an verschiedenen Messern auffallen, die ich verwendet habe, und es gibt eine Zusammenfassung meiner Bewertungen dazu auf Seite 132.
Sie werden bald herausfinden, mit welcher Art von Messer Sie am liebsten arbeiten. Wenn Sie eine Leidenschaft fürs Schnitzen entwickeln, werden Sie langfristig zweifellos eine Sammlung verschiedener Messer aufbauen, aber lassen Sie sich nicht verleiten, alle mit ähnlichen Griffen zu kaufen. Wenn Sie über einen längeren Zeitraum schnitzen, müssen Sie von Zeit zu Zeit die Griffformen wechseln, um Handkrämpfe zu vermeiden. Viele Firmen produzieren ihre Messer mit der gleichen Griffform – diese sind für Sie völlig ungeeignet, wenn Sie mehr als eine Form nutzen wollen.

KLINGEN

Die meisten gewöhnlichen Taschenmesser haben Klingen mit gebogenen Schneidtasen, und da ich finde, dass ich mit einer geraden Schneide bessere Ergebnisse erzielen kann, versuche ich generell, jedes Messer, das ich verwende, zu modifizieren (siehe unten).

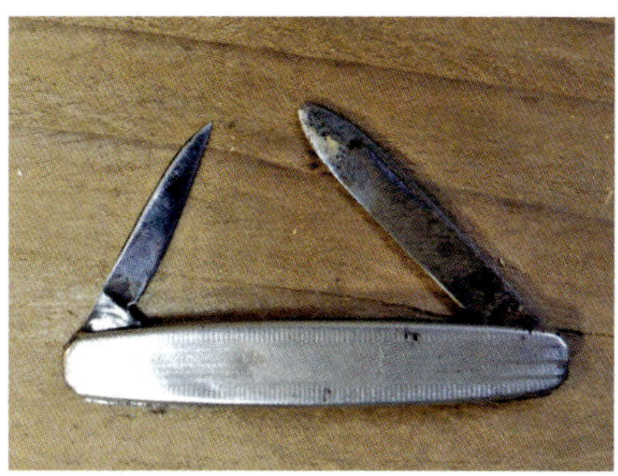

Ein Taschenmesser, bei dem die kleinere Klinge modifiziert wurde.

Die drei Messer im Bild unten unterscheiden sich im Design, aber jedes davon ist zum Schnitzen geeignet und nicht teuer. Das kleine Taschenmesser mit mehreren Klingen ist leicht erhältlich, kann aber ein wenig unbequem zu halten sein. Das Messer mit den kleinen Hohlbeiteln könnte sich als nützlich erweisen, wenn Sie unterwegs sind und Furchen schnitzen wollen. Diese Ausführung ist billig und muss geschärft werden. Es gibt weitere, die viel teurer sind; Sie sollten das Geld aber lieber in ein paar ordentliche kleine Hohlbeitel investieren. Ich werde diese Messer an den Projekten ausprobieren und am Ende des Buches berichten.

Wenn Sie sicher sind, dass Sie weiter schnitzen möchten und eine gute Vorstellung davon haben, welche Art von Messer zu Ihnen passt, lohnt es sich, qualitativ hochwertige Schnitzmesser anzusehen. Es gibt einige sehr gute Messer, diese haben allerdings auch ihren Preis, und meist kommen sie aus Amerika. Bestellungen in den USA können lange unterwegs sein und mit Versandkosten und Zoll sehr teuer werden. Sehen Sie sich die Websites der Händler auf Seite 133 an; sie haben ein großes Sortiment.

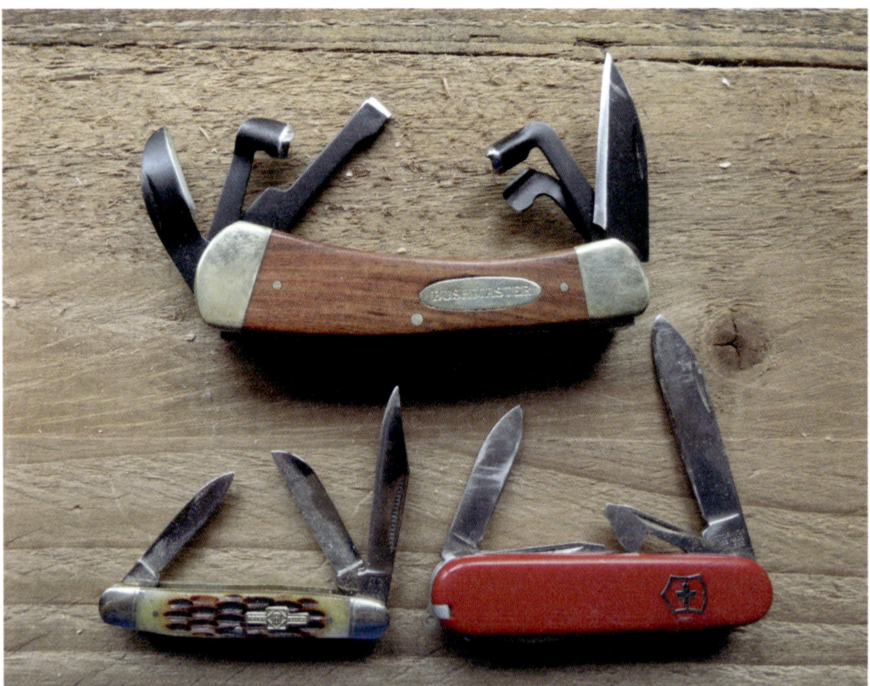

Ein Multifunktionsmesser mit kleinen Hohlbeiteln (oben), ein kleines Klappmesser (unten links) und ein Schweizer Taschenmesser (unten rechts).

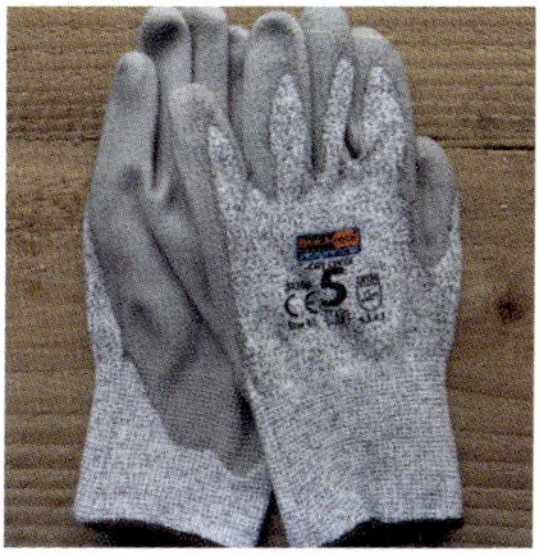

Ein Schutzhandschuh ist unerlässlich.

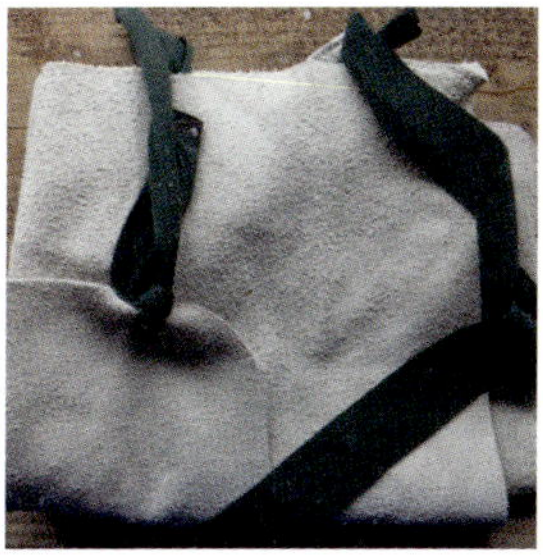

Tragen Sie eine Lederschürze, wenn Sie im Sitzen schnitzen.

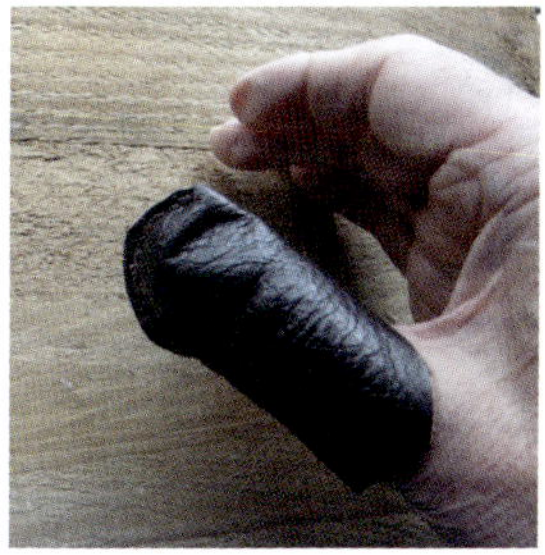

Tragen Sie einen Daumenschutz an der Messerhand.

SCHUTZAUSRÜSTUNG

Wenn Sie vorhaben, mit einem Messer zu schnitzen und dabei das Holz in der Hand zu halten, ist ein Schnittschutzhandschuh unerlässlich. Man kann diese Handschuhe manchmal einzeln kaufen, meistens jedoch als Paar. Es gibt dabei erhebliche Preisunterschiede, das bedeutet aber nicht unbedingt, dass ein Handschuh je teurer, desto besser ist.

Auf jedem Handschuh ist ein vierstelliger Code aufgedruckt. Dieser bewertet folgende Festigkeiten: Abrieb (1–4), Schnitt (1–5), Reißen (1–4) und Stich (1–4). Je höher die Zahl, desto besser der Schutz. Für unser Handwerk sind Stich und Schnitt am wichtigsten, also sollten Sie nach Möglichkeit einen darin mit 4 bis 5 bewerteten Handschuh suchen. Eine geringere Schnittfestigkeit als 5 würde ich nicht in Betracht ziehen. Vorsicht vor billigen chinesischen Produkten – ich habe einen Handschuh mit angeblicher Schnittfestigkeit 5 mit einem einzigen Schnitt halbiert. Die auf Seite 133 aufgeführten Hersteller bieten zufriedenstellende Produkte an.

Sie haben einige sehr wichtige Blutgefäße und empfindliche Organe im unteren Teil Ihres Körpers. Wenn Sie also im Sitzen auf einem Stuhl schnitzen, empfehle ich Ihnen, eine Lederschürze zu tragen oder ein Schnitztablett zu verwenden, das auf Ihren Knien ruht. Da sich die Preise hier stark unterscheiden, lohnt es, sich ein wenig umzusehen.

Wenn Sie noch wenig Erfahrung mit dem Schnitzen mit einem Messer haben, empfehle ich außerdem einen Daumenschutz für den Daumen der Messerhand, da dieser beim Schnitzen leicht kleine Schnitte von der Klinge abbekommen kann. Das kann ein Lederschaft oder ein Stück selbsthaftende Bandage (die nicht klebende Form von Verbandmaterial, die man zum Verbinden von Kopfwunden bei Menschen oder Beinen von Tieren verwendet) sein, die um den Daumen gewickelt wird, oder sogar etwas Klebeband.

Ich möchte keine Ängste schüren, aber egal, wie vorsichtig Sie mit einem scharfen Schneidwerkzeug sind, es kann immer passieren, dass die Klinge abrutscht oder das Holz bricht, sodass der Schnitzer verletzt wird – hoffentlich nicht schwer. Es ist jedenfalls eine gute Idee, einen Erste-Hilfe-Kasten oder zumindest ein paar Pflaster zur Hand zu haben.

Da wir uns durch COVID-19 alle daran gewöhnt haben, eine Maske zu tragen, würde ich auch empfehlen, dass Sie beim Schleifen der fertigen Schnitzerei, wenn sie dies möchten, ebenfalls eine Maske tragen, da der Holzstaub die Lunge reizen kann. Sollten Sie einmal exotische Hölzer schnitzen wollen, kann der Staub sogar sehr schädlich sein.

BEITEL

Der größte Teil der Arbeit an diesen Projekten kann allein mit einem Messer erledigt werden, aber manchmal werden Sie etwas anderes brauchen, um an schwierigen Stellen zu schneiden, besonders an der Unterseite von Körpern oder zwischen den Vorder- und Hinterbeinen. Wenn Sie auch Textur, wie Fell oder Haare, hinzufügen möchten, machen ein feiner Hohlbeitel oder ein V-förmiger Stechbeitel das Ganze viel einfacher.

Man findet viele verschiedene Kleinwerkzeuge, aber wenn Sie möchten, dass sie in Ihr Brillenetui passen, suchen Sie nach solchen mit schlankem Griff. Hersteller wie Ashley Iles und Dockyard produzieren Werkzeuge, die sich hervorragend eignen.

WEITERE WERKZEUGE

Solange Sie die Form der Vorlage nicht mit Ihrem Messer ausschneiden, benötigen Sie eine geeignete Säge. Die meisten erfahrenen Schnitzer werden bereits eine elektrische Bandsäge besitzen, mit der die Arbeit schnell erledigt ist. Wenn Sie erst anfangen, wird sich eine Laubsäge genauso gut eignen, wenn es auch etwas länger dauert. Sie können diese mit Ersatzsägeblättern günstig im Baumarkt oder im Internet kaufen.

Eine Auswahl an Mikro-Stechbeiteln.

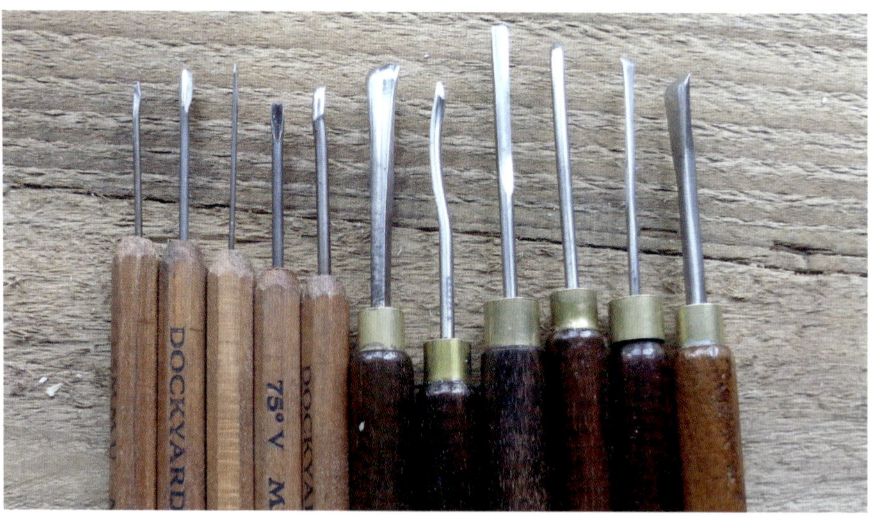

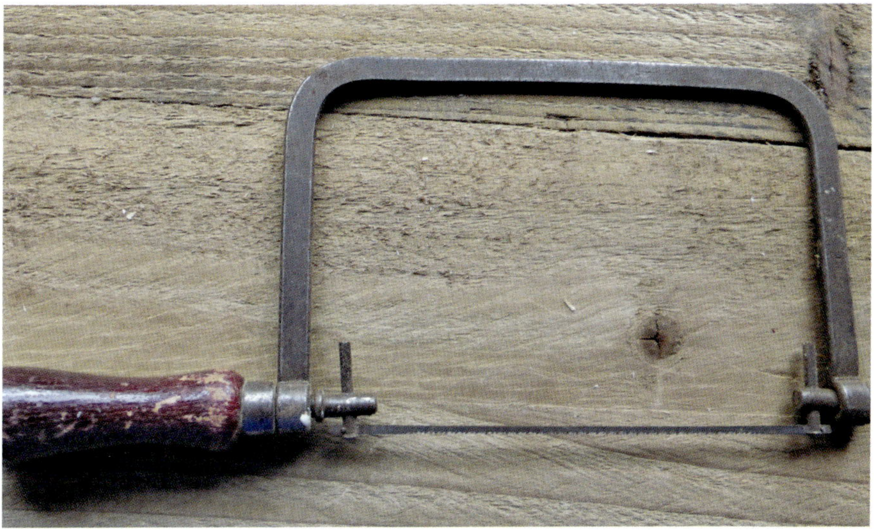

Eine Laubsäge kann zum Aussägen von Grundformen benutzt werden.

Bitte beachten Sie, dass das Sägeblatt so eingesetzt werden muss, dass die Zähne Richtung Griff zeigen, da es durch Zug oder Abwärtshub schneidet.

SCHLEIFMITTEL

Sie können jedes Schleifmittel verwenden, das Sie zur Hand haben, aber seien Sie vorsichtig: Das Holz, das Sie bearbeiten, ist ziemlich weich, also verwenden Sie keine groben Schleifmittel, sonst werden Sie tiefe Kratzer auf Ihrer Schnitzarbeit bekommen. Wenn Sie sich dazu entscheiden, das fertige Stück zu schleifen, beginnen Sie mit einer 150er-Körnung oder feiner und gehen Sie zu immer feinerer Körnung über, bis das gewünschte Finish erreicht ist. Denken Sie daran, dass jedes Finish Spuren auf der Oberfläche aufweist. Schleifen wird die Arbeitszeit verdoppeln, und ich empfehle es nur dann, wenn Sie sich die Mühe machen und die Zeit dazu aufwenden wollen.

Sie können Ihre Projekte unbemalt lassen, in diesem Fall braucht es nur ein paar Schichten Dänisches Öl oder Acryllack gefolgt von einer Schicht Wachspolitur, um das Holz zu schützen. Wenn Sie die Maserung des Holzes hervorheben möchten, tragen Sie eine Schicht aus gekochtem Leinöl auf, dem eine kleine Menge Ölfarbe in Siena natur hinzugefügt wurde. Sobald es getrocknet ist, können Sie mit Ihrem gewählten Finish weitermachen.

Wenn Sie das fertige Stück bemalen oder färben möchten, tragen Sie am besten mehrere Schichten stark verdünnter Acrylfarbe auf. Auf diese Weise können Sie die Farbintensität nach und nach aufbauen. Wenn man unverdünnte Farbe benutzt, wird jedwede Maserung überdeckt und dadurch vielleicht das Gesamtbild verdorben. Nach dem Trocknen können Sie das Projekt mit einer neutralen Wachspolitur überziehen.

Wie man ein Messer baut

SIE KÖNNEN NATÜRLICH EINFACH EIN BRAUCHBARES SCHNITZMESSER KAUFEN, DIE PREISE SIND JEDOCH ÜBER DIE LETZTEN JAHRE ERHEBLICH GESTIEGEN, UND SOFERN SIE DAS MESSER NICHT VOR DEM KAUF AUSPROBIEREN KÖNNEN, KÖNNEN SIE NICHT WISSEN, OB SIE BEQUEM DAMIT ARBEITEN KÖNNEN.

Alternativ können Sie Ihr Messer selbst anfertigen. Das ist nicht schwierig, und es könnte sein, dass Sie am Ende für weniger als die Hälfte der Kosten eines gekauften Messers ein ideales Werkzeug bekommen. Klingen sind von einer Reihe seriöser Messerhändler erhältlich (siehe Seite 133). Wenn Sie eine Klinge gewählt haben, folgen Sie den Schritten unten, um Ihr eigenes Messer herzustellen.

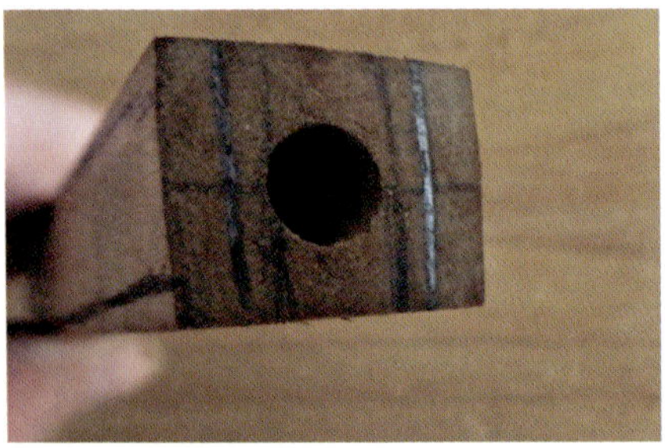

1 Wählen Sie ein Stück Holz in der benötigten Größe und bohren Sie dann ein Loch von 4–5 mm Durchmesser, das der Größe des Klingenschaftes entspricht.

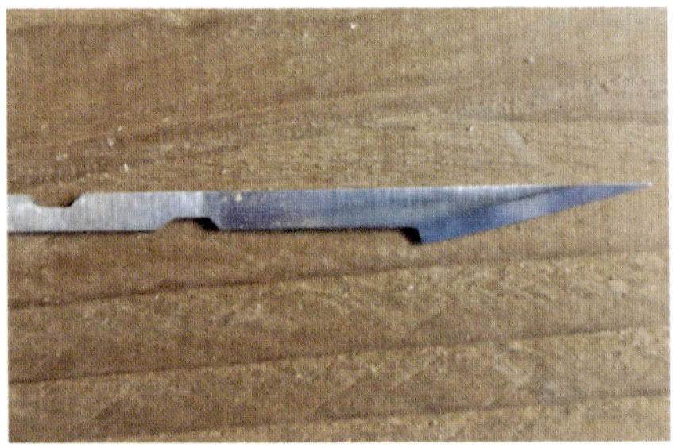

2 Das gebohrte Loch muss so tief sein, dass fast der gesamte Schaft hineinpasst.

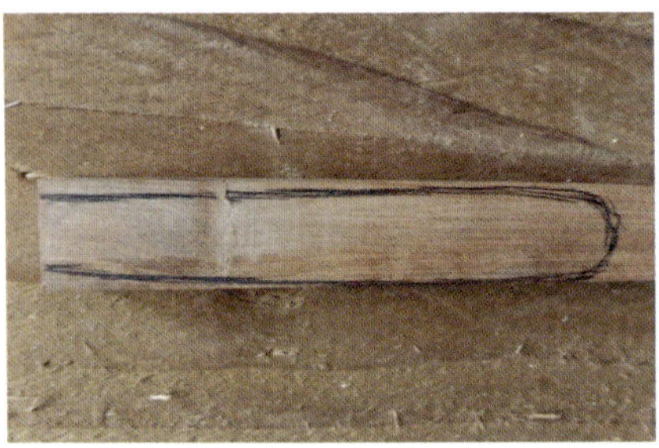

3 Markieren Sie die Form des Griffes und stellen Sie genug Abstand zum Loch sicher.

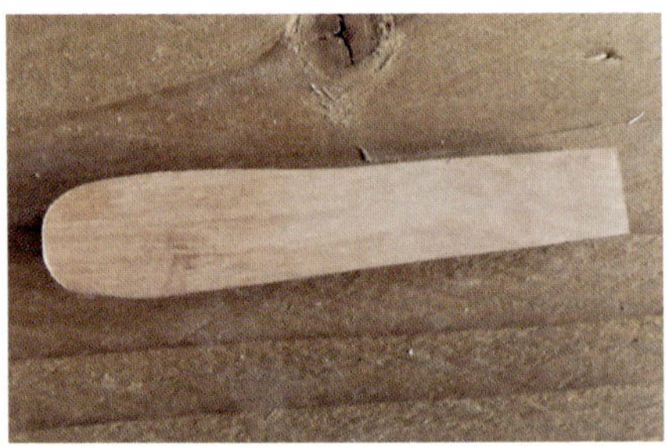

4 Schneiden Sie die Form aus.

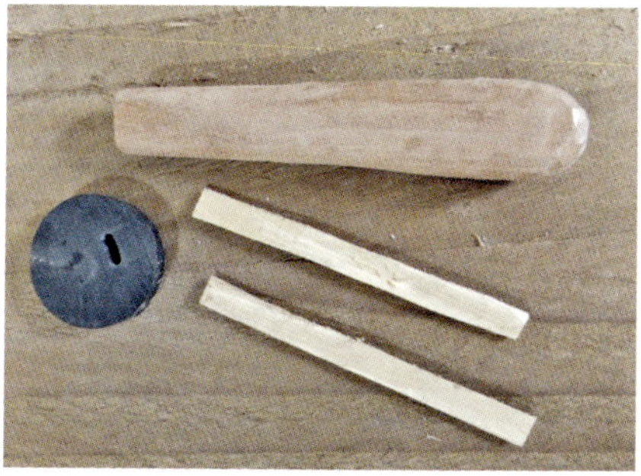

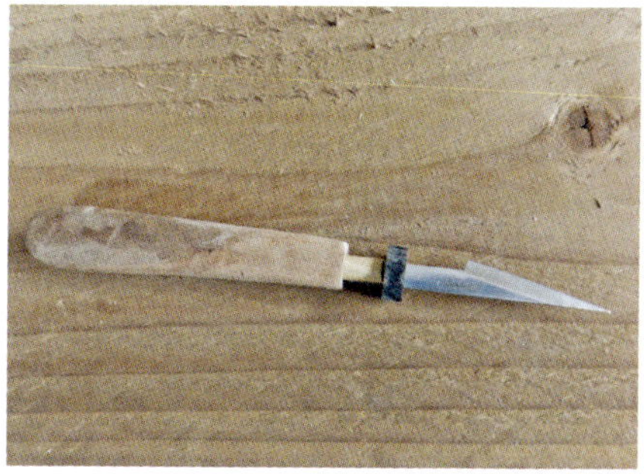

5 Schneiden Sie einen längeren Dübel zu, der in das Loch passt, und teilen Sie ihn längs entzwei, sodass er zu beiden Seiten der Klinge in den Griff eingesetzt werden kann. Ich habe ein Stück Büffelhorn genommen und es unter der Klinge platziert, aber das ist nicht notwendig, wenn Sie es nicht möchten.

6 Wenn Sie zufrieden sind, dass alles zusammenpasst, verfeinern Sie die Form des Griffes und schneiden die Hornschicht grob zurecht, falls verwendet.

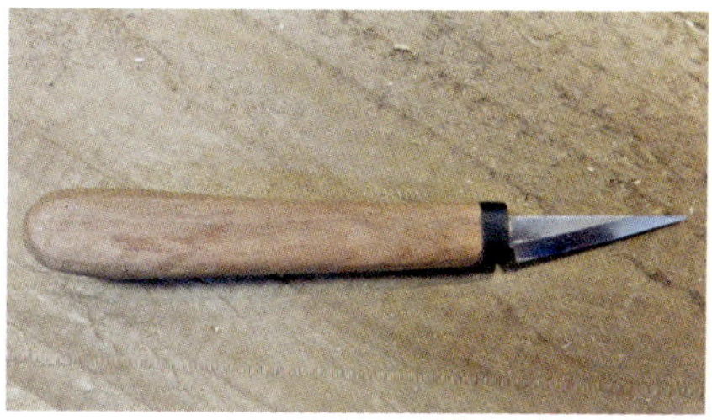

7 Umwickeln Sie die Klinge mit Schutzband, damit Sie sich nicht schneiden.

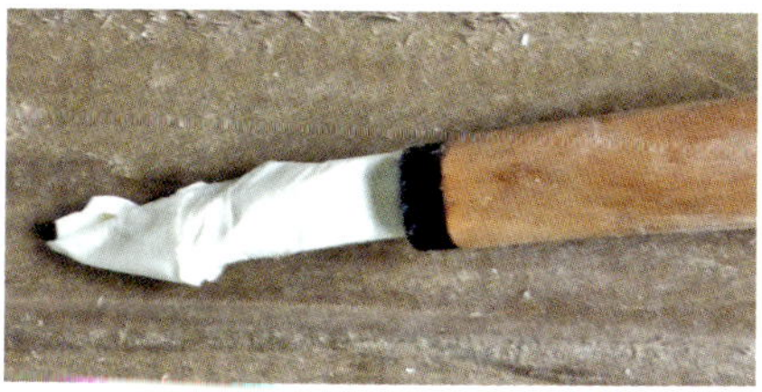

8 Setzen Sie das Messer nun mit Epoxidkleber zusammen und stellen Sie dabei sicher, dass die Klinge richtig ausgerichtet ist und alles fest sitzt. Nun kann das finale Schleifen und Formen beginnen. Achten Sie dabei streng darauf, sich nicht an der Klinge zu verletzen. Wenn Sie mit dem Ergebnis zufrieden sind, nehmen Sie das Klebeband ab und das Messer ist einsatzbereit.

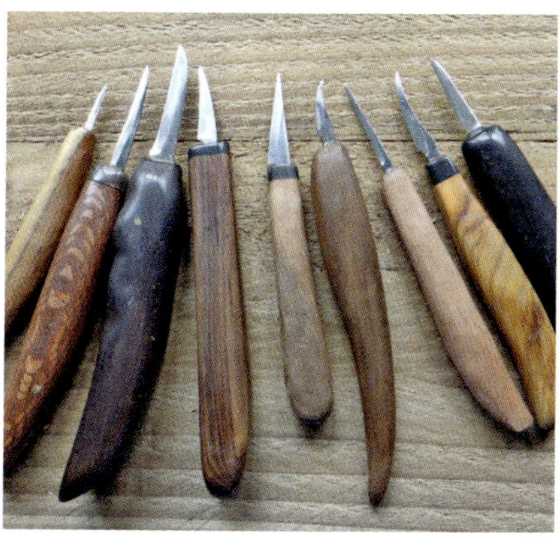

9 Hier sind mehrere Messer, die ich im Laufe der Jahre hergestellt habe, einige mit gekauften Klingen und einige mit bearbeiteten alten Taschenmesserklingen (sehr geeignet zum Schnitzen und günstig!).

Wie man das Messer führt

ES GIBT GEWISSE GEFAHREN BEIM SCHNITZEN MIT EINEM MESSER, DIE ES BEI TRADITIONELLEREN METHODEN DER HOLZARBEIT MIT BEITELN, MEISSELN UND SCHLÄGELN, BEI DENEN DAS WERKSTÜCK IN EINER SCHRAUBZWINGE ODER KLEMME GEHALTEN WIRD, ÜBLICHERWEISE NICHT GIBT. BEIM SCHNITZEN WIRD DAS HOLZ IN EINER HAND GEHALTEN, WÄHREND ES MIT EINEM MESSER IN DER ANDEREN HAND BEARBEITET WIRD. ES GIBT VIELE GELEGENHEITEN FÜR DAS MESSER, VOM HOLZ ABZURUTSCHEN UND VERLETZUNGEN ZU VERURSACHEN, WENN MAN DIE SICHERHEITSREGELN NICHT EINHÄLT.

SICHERHEITSREGELN

Es gibt viele naheliegende Vorkehrungen, die getroffen werden können, um das Unfallrisiko zu minimieren und dem Schnitzer zu ermöglichen, seine Arbeit zu genießen.

1 Wenn Sie das Messer durch regelmäßiges Abziehen scharf halten, minimiert sich dadurch das Risiko des Abrutschens.

2 Legen Sie das Messer immer ab, wenn sie es nicht benutzen. Sich mit einem Messer in der Hand die Nase zu kratzen, kann katastrophal enden!

3 Ebenso ist es nicht ratsam, mit jemandem zu sprechen, während man ein Messer in der Hand hält.

4 Wenn ein Messer oder Werkzeug von der Bank oder dem Tisch rollt, versuchen Sie nicht, es zu fangen oder mit dem Fuß zu bremsen. Ich habe einige sehr unschöne Schnitte an Händen und Beinen von Menschen gesehen, die das getan haben.

5 Es gibt einige gute Arten und Weisen, wie Sie Ihr Messer verwenden können, und einige nicht so gute. Lesen Sie die folgenden Hinweise über das Halten eines Messers und die grundlegenden Schnitte, die Sie verwenden, sorgsam durch. Wenn Sie sich die richtige Handhabung angewöhnen, werden Sie unverletzt bleiben und viel Freude am Schnitzen haben.

DAS MESSER HALTEN

Es gibt verschiedene Möglichkeiten, ein Messer in unterschiedlichen Situationen zu halten.

Vorhandgriff

Dies ist der gleiche Griff, den Sie beim Anspitzen eines Bleistiftes verwenden würden, und kann zum einfachen Schälschnitt verwendet werden, mit dem Sie sehr dünne Holzspäne entfernen. Er kann auch zum Schneiden in einen Stopp-schnitt angewandt werden. Sie können den Daumen um den Griff herum oder auf dem Klingenrücken platzieren.

Rückhandgriff
Bei diesem Griff ist die Schneide dem Körper zugewandt, er sollte daher mit Sorgfalt verwendet werden. Er ist nützlich für kleine Schnitte in einer ziehenden Bewegung, und es empfiehlt sich, einen Daumenschutz zu tragen.

Mittel- oder Abwärtsgriff
Dieser Griff liegt zwischen den beiden zuvor genannten und wird im Allgemeinen verwendet, um direkt in die Oberfläche des Holzes zu schneiden, wie beim Brotschneiden oder Zerkleinern von Gemüse.

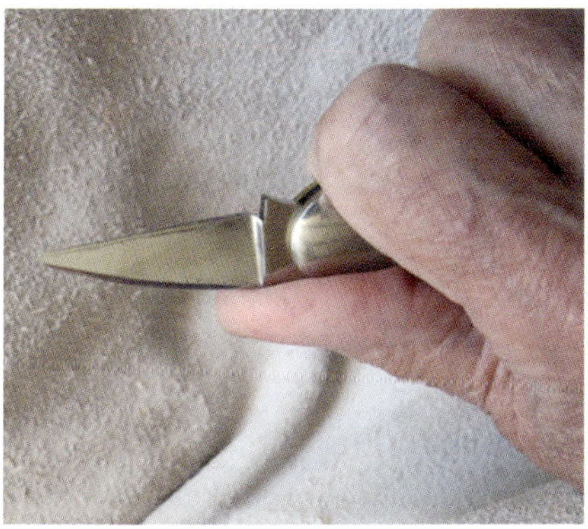

Der Vorhandgriff beim Setzen eines Stoppschnittes.

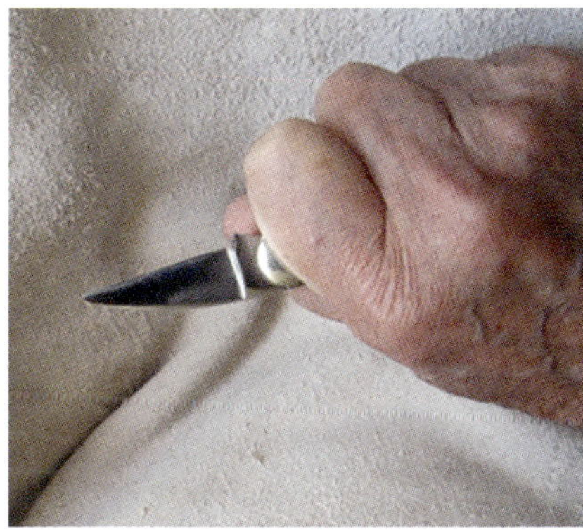

Der Vorhandgriff.

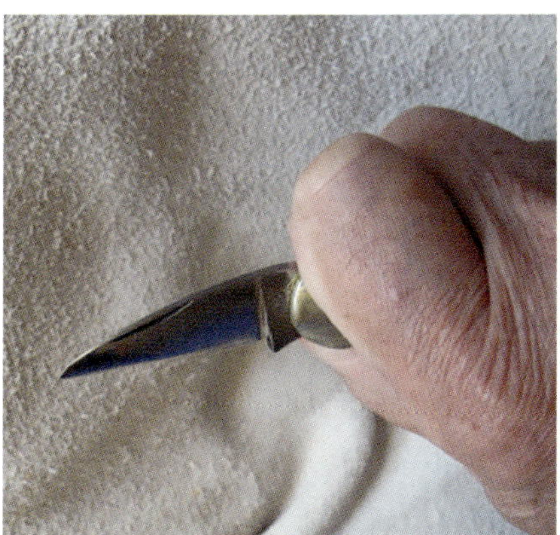

Der Rückhandgriff.

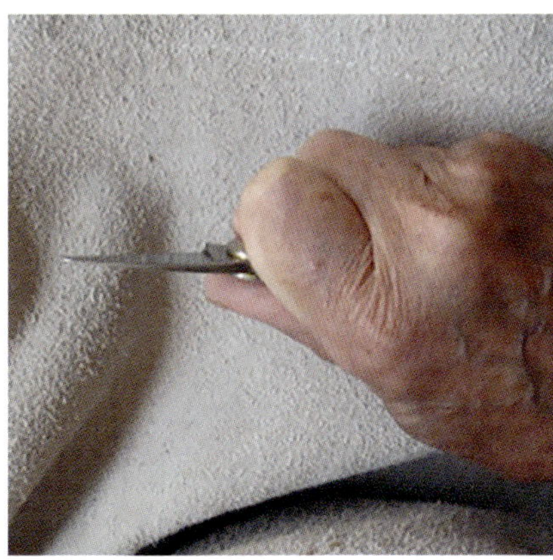

Der Mittel- oder Abwärtsgriff.

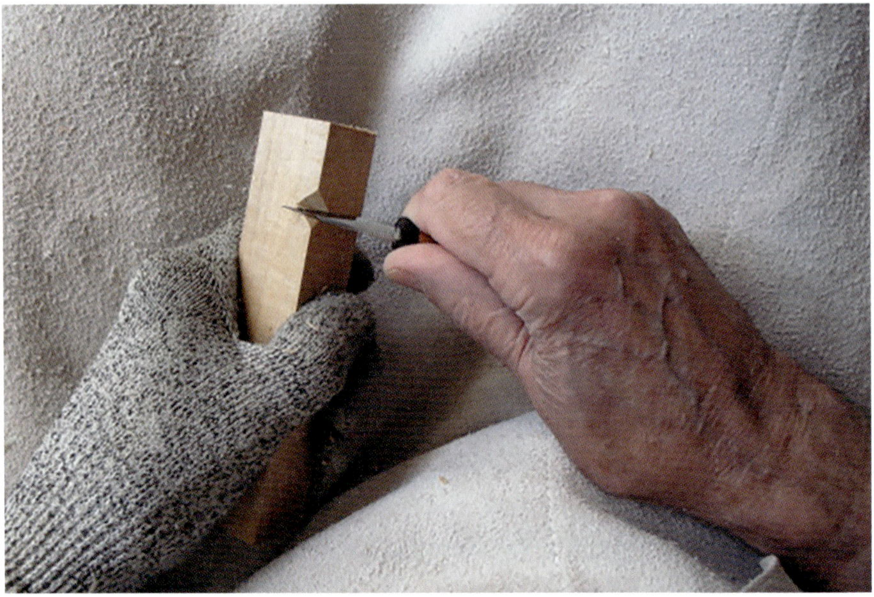

Ausführung eines V-Schnittes.

DIE GRUNDSCHNITTE

Es gibt drei Grundschnitte, die Sie zum Schnitzen kennen sollten.

Der V-Schnitt

Dieser wird verwendet, um mit zwei Schnitten in einem V-förmigen Winkel in die Oberfläche des Holzes zu schneiden. Er bildet damit das, was als Stoppschnitt bekannt ist. Sie können von beiden Seiten sicher in das V schneiden, ohne dass die Klinge aus dem Holz rutscht. Dieser Schnitt kann verwendet werden, um große Mengen überschüssigen Holzes zu entfernen.

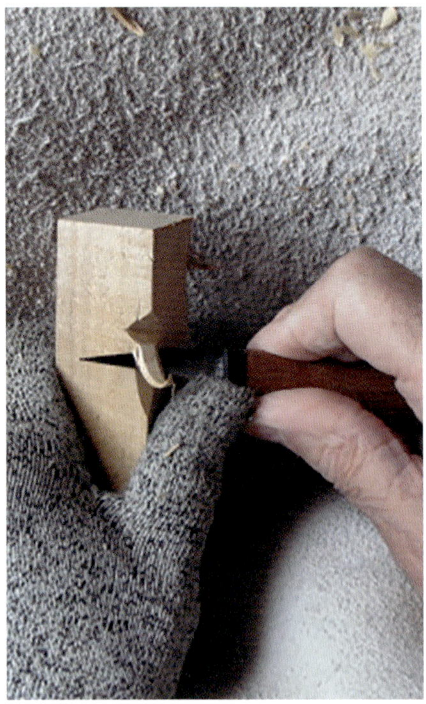

Der V-Schnitt als Stoppschnitt.

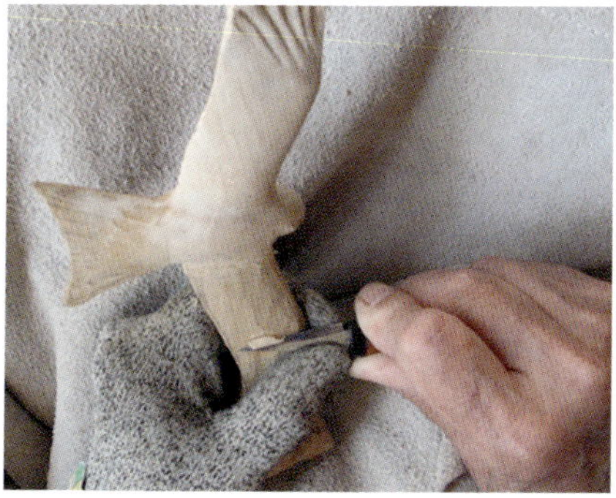

Der Schiebeschnitt.

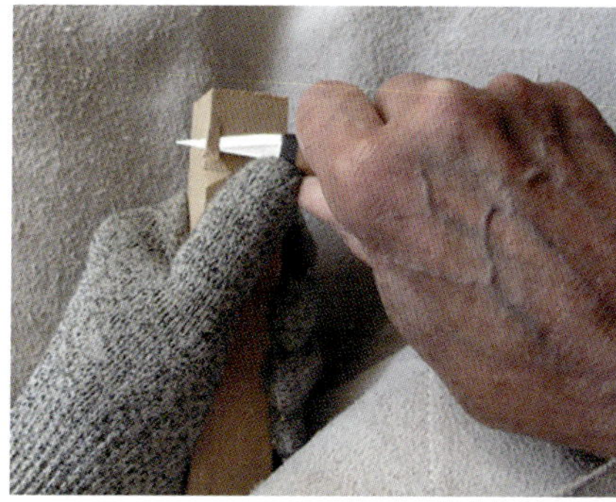

Üben Sie mit dem Daumen Ihrer Stützhand zusätzlichen Druck auf einen Schiebeschnitt aus.

Schiebeschnitt

Dieser kann mit einem Vor- oder Rückhandgriff gesetzt werden und wird genutzt, um entlang der Maserung zu schneiden, normalerweise weg vom Körper, um einen dünnen Span zu entfernen. In Verbindung mit einem Stoppschnitt (siehe gegenüber) können Sie auch eine große Menge Holzüberschuss entfernen, indem Sie das Holz beim Schneiden reißen lassen, wodurch viel Energie gespart wird.

Zusätzlicher Druck kann ausgeübt werden, indem Sie den Daumen Ihrer Stützhand auf den Klingenrücken legen und schieben oder ihn als Angelpunkt verwenden und das Handgelenk der Messerhand drehen, um mit einer Hebelwirkung zu schneiden.

Schälschnitt

Auch „Ziehschnitt"; durch Schließen der Hand wird Richtung Daumen geschnitten. Er sollte nur zum Entfernen kleiner Mengen Holz verwendet werden und in der Regel nur dann, wenn es Probleme mit Zugänglichkeit oder Maserungsrichtung gibt. Tragen Sie einen Daumenschutz, wenn Sie diesen Schnitt setzen.

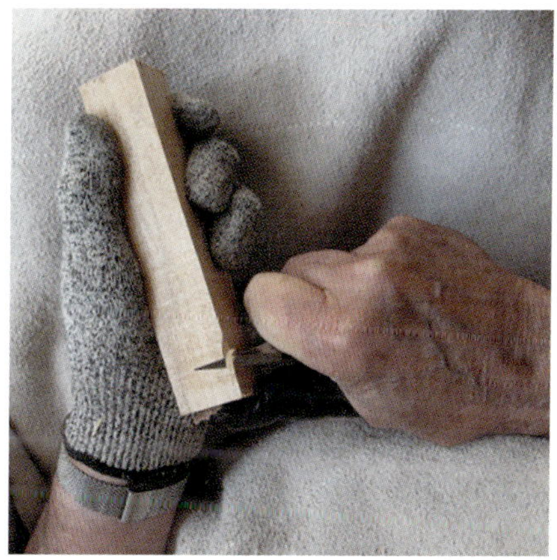

Der Schälschnitt.

Dies sind meine Vorschläge zur Verwendung des Messers, aber Sie werden zweifellos Wege finden, die am besten zu Ihnen passen. Die Hauptsache ist, sicher zu arbeiten, denn es wird Sie nichts so sehr vom Schnitzen abhalten wie ein tiefer Schnitt in Ihrer Hand! Und denken Sie daran, dass ein scharfes Messer leichter schneidet als ein stumpfes und Sie Ihres deshalb regelmäßig schärfen müssen – etwa nach jeder halben Stunde Schnitzzeit.

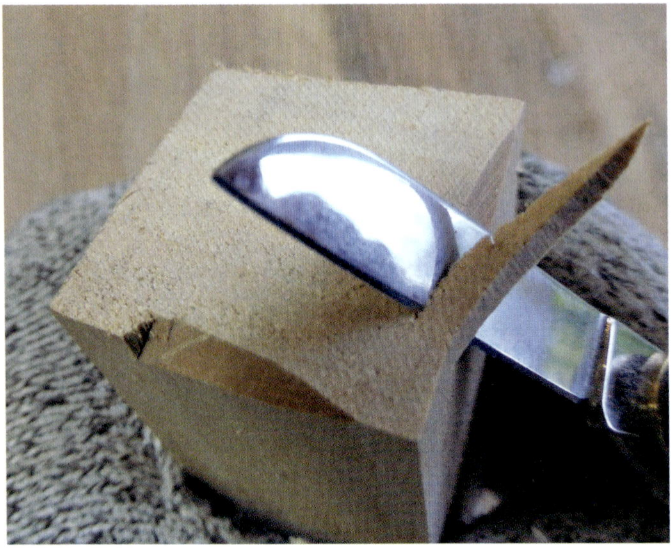

Testen Sie die Schärfe der Klinge, indem Sie das Werkzeug an der Kante eines Holzstücks entlangführen.

Das Schärfen

BEVOR SIE VERSUCHEN, IN IHR KOSTBARES STÜCK HOLZ ZU SCHNEIDEN, MÜSSEN SIE SICHERSTELLEN, DASS IHRE WERKZEUGE FÜR DIE ARBEIT GEEIGNET SIND UND SIE BEIM STREBEN NACH EINEM ANSTÄNDIGEN FINISH KEINE ZEIT VERSCHWENDEN. ES GIBT VIELE ANGEHENDE SCHNITZER DA DRAUSSEN, DIE SICH PLAGEN UND WAHRSCHEINLICH AUFGEBEN, WEIL ES SO ANSTRENGEND IST, MIT DER ARBEIT VORANZUKOMMEN. SIE DENKEN, DASS ES AN FEHLENDEM KÖNNEN LIEGT, OBWOHL DER EINZIGE FEHLER DARIN LIEGT, DASS IHR WERKZEUG STUMPF IST.

Wie also erkennen Sie, ob das Werkzeug scharf ist? Fragen Sie zunächst beim Kauf, ob es geschärft ist, da einige nur geschliffene Kanten haben. Schauen Sie sich die Fase an – wenn Kratzer zu sehen sind, ist sie nicht scharf. Eine geschärfte und abgezogene Klinge hat eine sehr glatte, glänzende Fase. Ein guter Test besteht darin, ein kleines Stück des Holzes zu nehmen, das Sie schnitzen möchten, an einem Ende eine Kante zu wählen und das Messer oder den Beitel, leicht mit den Fingerspitzen gehalten, entlang der Kante zu führen, um zu sehen, ob Sie einen sauberen Span abtragen können. Wenn das der Fall ist, ist das Werkzeug scharf, wenn nicht, müssen Sie sich darum kümmern. Die Schärfe an einem Stück Papier oder den Haaren am Arm zu testen, ist Unsinn, da hier auch eine eher stumpfe Klinge schneiden wird.

Nehmen wir an, dass Sie Ihr Messer schärfen müssen. Wie sollen Sie vorgehen? Schauen Sie sich zuerst die Fase an der Schneidkante an.
Sie sollte nicht zu steil sein – mindestens

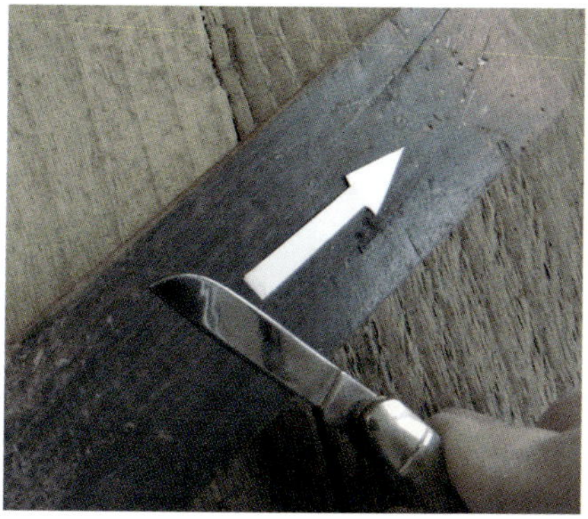

Ziehen Sie die Messerklinge regelmäßig an einem Streichriemen ab.

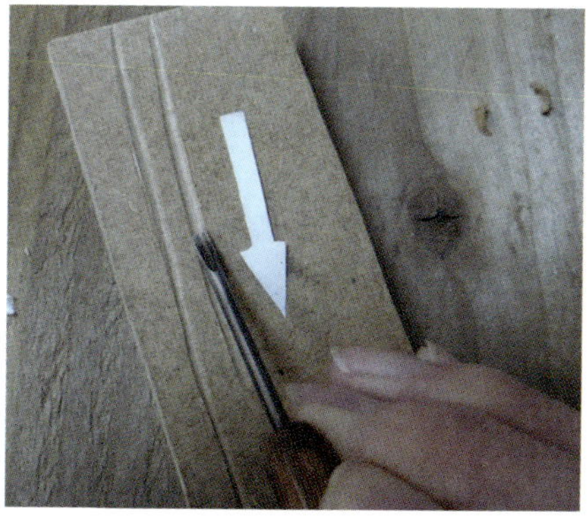

Beitel können an einer Mitteldichten Faserplatte (MDF) geschärft werden.

4 mm breit und flach. Wenn dies nicht der Fall ist, müssen Sie sie an einer abtragenden Oberfläche korrigieren.

Hierfür eignen sich ein Abziehstein, eine Diamantplatte, Schleifpapier oder Schmirgelleinen oder sogar ein Bandschleifer oder Ähnliches. Wenn Sie nichts davon haben, können Sie diese Arbeit eventuell von einem Techniker oder Holzarbeiter machen lassen. Während die Länge der Fase je nach Größe des Werkzeugs variiert, müssen Sie diese stets über eine gewisse Breite von der Kante flach halten, und es ist wichtig, dies während der gesamten Verwendungsdauer aufrechtzuerhalten.

Das kann ganz einfach durch Abziehen des Messers auf einem Streichriemen erfolgen. Dieser sollte mit einem Schleifmittel behandelt sein (Chromreiniger ist ideal), und die Klinge sollte entlang der Oberfläche laufen, mit der Schneide entgegen der Bewegungsrichtung und der Fase flach am Leder. Wiederholen Sie dies etwa sechs bis acht Durchgänge lang, um alle Unebenheiten zu glätten. Dieser Vorgang sollte etwa alle 30 Minuten der Verwendung wiederholt werden, um das Beste aus Ihrem Werkzeug herauszuholen.

Auch wenn Sie das Gleiche mit Ihren Beiteln machen können, habe ich festgestellt, dass der beste Weg, diese scharf zu halten, in der Verwendung eines kleinen Stückes Mitteldichte Faserplatte (MDF) besteht. Sie müssen mit dem Werkzeug, das Sie schärfen möchten, eine Kerbe in die Oberfläche der MDF schneiden und es dann ein paar Male in konstantem Winkel durch diese Kerbe ziehen. Es wird kein Schleifmittel benötigt, aber Sie brauchen für jedes weitere Werkzeug eine neue Kerbe. Diese Methode eignet sich besonders gut für V-förmige Stechbeitel, da sie die gesamte Schnittfläche schärft. Auch hier gilt es, den Vorgang häufig zu wiederholen, um optimale Ergebnisse zu erzielen.

Wie bei den meisten Tätigkeiten werden Sie im Laufe der Zeit besser werden und es wird Ihnen bald in Fleisch und Blut übergehen, Ihre Werkzeuge so scharf zu halten, wie sie sein müssen.

Welches Holz soll ich schnitzen?

SIE KÖNNEN NATÜRLICH JEDES HOLZ SCHNITZEN, DAS SIE MÖCHTEN. WÄHREND MEINER LEBENSLANGEN SCHNITZARBEIT HABE ICH DIE MEISTEN AUSPROBIERT – EINIGE EIGNEN SICH GUT, EINIGE SIND NICHT SCHLECHT UND EINIGE ABSOLUT SCHRECKLICH! IHRE WAHL HÄNGT DAVON AB, WIE STARK IHRE HÄNDE SIND UND WIE VIEL ZEIT SIE FÜR EIN STÜCK AUFWENDEN MÖCHTEN. JE HÄRTER UND ENGER GEMASERT ES IST, DESTO SCHÖNER WIRD AUCH DAS FINISH SEIN, ABER UMSO KLEINER SIND DIE SPÄNE, DIE SIE ENTFERNEN KÖNNEN.

Ich habe mich bei den meisten dieser Projekte für Lindenholz entschieden, da es in kleinen Mengen relativ leicht erhältlich und auch leicht zu schnitzen ist, man damit ein vernünftiges Finish erzielt und die meisten Details gut herausarbeiten kann. Die Linde gehört zur Familie der Malvengewächse und liefert das historisch beliebteste Material für Holzarbeiten. Es ist problemlos erhältlich, und die genaue Lindenart spielt für die Bearbeitung keine Rolle.

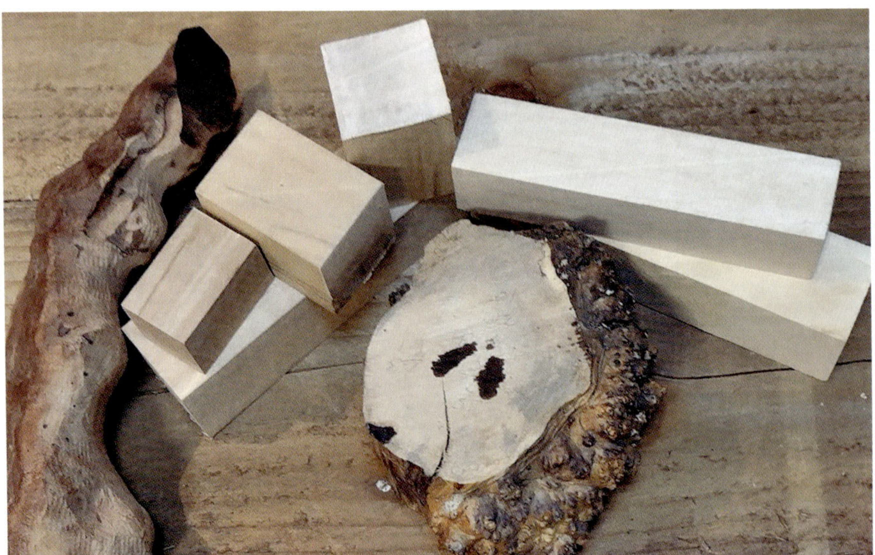

Lindenholzklötze (links) und Jelutong (rechts), außerdem Holz als Boden.

Wenn Ihnen die Maserung nicht wichtig ist, können Sie Jelutong verwenden. Es stammt vom Baum, aus dem Latex für die Herstellung von Gummi gewonnen wird.

Für welches Holz Sie sich auch entscheiden, Sie werden bei Sorten, die sich einfach schnitzen lassen, Abstriche machen müssen. Je weicher das Holz ist, desto schwieriger ist es, die Arbeit während des Schnitzens sauber zu halten, und Sie sollten nicht zu viele kleine Details herausarbeiten, wenn Sie nicht viel Zeit zum Säubern haben. Für kleine Schnitzereien ziehe ich es vor, deutlich härteres Holz zu nutzen, das sehr feine Details ermöglicht, aber ein solches Stück fertigzustellen kann bis zu zehnmal länger dauern als bei einem weicheren Holz. Wenn Sie ein härteres Holz ausprobieren möchten, können Sie Buchsbaumholz, Zitronenholz oder eines der Obsthölzer (Apfel, Birne, Pflaume oder Kirsche) verwenden. Diese sind angenehm zu schnitzen und aus meiner Sicht den zusätzlichen Aufwand wert, aber sie sind nicht unbedingt für Anfänger geeignet.

Ich habe für jedes Projekt die Maße des Holzes angegeben, das ich verwendet habe, aber Sie können sie in jeder beliebigen Größe herstellen. Im Internet finden Sie unzählige Quellen für Lindenholzklötze, aber die meisten Größen sind zu klein. Suchen Sie auch nach lokalen Händlern, die Ihnen Holz gern auf die gewünschte Größe zuschneiden werden. Wenn Sie Lindenholz suchen, beachten Sie, dass sich europäische und amerikanische („Basswood“) Hölzer merklich unterscheiden.

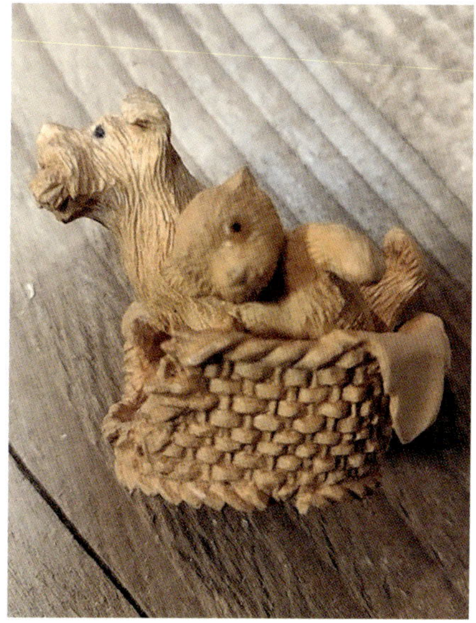

Feinere Details an einem 5 cm großen Buchsbaumholz-Netsuke.

Wenn Sie mit einem Messer schnitzen, verwenden Sie kein altes Stück Holz, das Sie im Schuppen oder in der Natur gefunden haben. Totholz kann sehr hart sein, und es gibt einige Hölzer da draußen, die vielleicht ideal für Möbel, aber zum Schnitzen ein Albtraum sind. Außerdem können viele exotische oder kranke Hölzer sehr giftig sein, besonders wenn sie geschliffen werden, sodass sie nicht zu empfehlen sind. Besorgen Sie sich lieber anständiges Holz für etwas mehr Geld; Sie werden es nicht bereuen!

Wie forme ich die Augen?

DIE MEISTEN SCHNITZER, DENEN ICH BEGEGNET BIN, HATTEN SCHWIERIGKEITEN DAMIT, DIE AUGEN EINER SCHNITZFIGUR EINIGERMASSEN LEBENSNAH ZU FORMEN. DESHALB WARTEN SIE MIT DEN AUGEN OFT BIS KURZ VOR FERTIGSTELLUNG DER ARBEIT, WAS UMSO MEHR STRESS VERURSACHT.

Hier zeige ich Ihnen die Möglichkeiten. Zunächst einmal gibt es ein paar Punkte, die vielleicht auf der Hand liegen, aber klar sein müssen.

Das Auge ist im Grunde eine Kugel, und wie diese im Kopf sitzt, variiert je nach Lebewesen. Die Augen von Raubtieren sind in der Regel nach vorn gerichtet, da sie die Beute fokussieren müssen. Von der Seite wird nur die Hälfte des Auges sichtbar sein. Die Augen von Beutetieren sitzen meist mehr seitlich am Kopf, sodass sie alles um sich herum sehen können, insbesondere auch hinten. Von der Seite wird das gesamte Auge sichtbar sein.

Die meisten Säugetier- und Vogelaugen sind nicht rund und haben klar definierte Augenlider. Das obere ragt etwas weiter vor und bedeckt mehr vom Auge als das untere, wie Sie auf der Skizze sehen können. Das bedeutet, dass der Unterteil des Auges weiter hinten als der Oberteil zu sein scheint. Fische, Reptilien und Amphibien neigen dazu, runde Augen ohne deutlich sichtbare Augenlider zu haben. Bei diesen bietet sich die Verwendung von Glasaugen an, die leicht zu bekommen und einzusetzen sind.

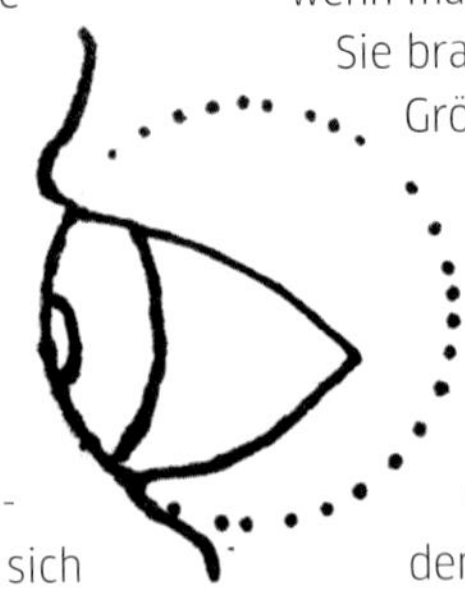

Welche Augen Sie auch hinzufügen, die vordere Oberfläche sollte vertikal und gewölbt sein, damit man sieht, dass sie Teil der Kugel ist, bevor Sie daran gehen, die tatsächliche Form des offenen Auges zu schnitzen.

Sobald Sie die gewölbte Form geschaffen haben, müssen Sie den Umriss jedes Auges zeichnen, um sicherzustellen, dass sie die gleiche Größe, Form und Position im Kopf haben.

Wenn die Augen kreisförmig sind, können Sie einen passend großen Hohlbeitel verwenden, um den Umriss zu schneiden. Alle Hohlbeitel mit einer Stichnummer von 3 bis 9 schneiden einen genauen Kreis, wenn man sie sorgfältig ins Holz dreht – Sie brauchen nur einen in der richtigen Größe.

Bei Augen, die nicht kreisförmig sind, funktioniert es am besten, mit einem Messer oder V-förmigen Stechbeitel entlang der vorgezeichneten Linie zu schneiden und dann den Bereich innerhalb dieser Linien abzurunden.

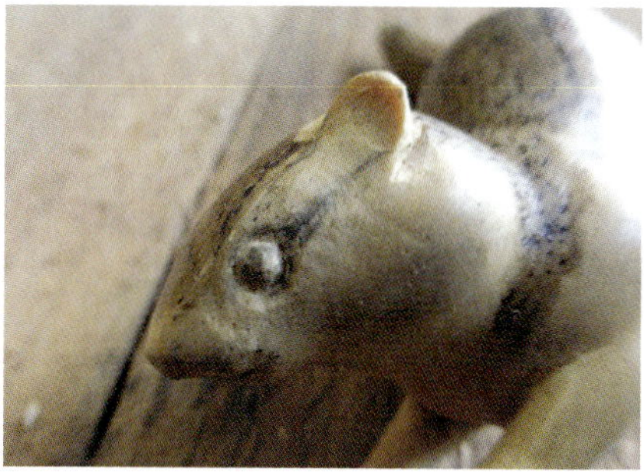

Ein kleines geschnitztes Auge.

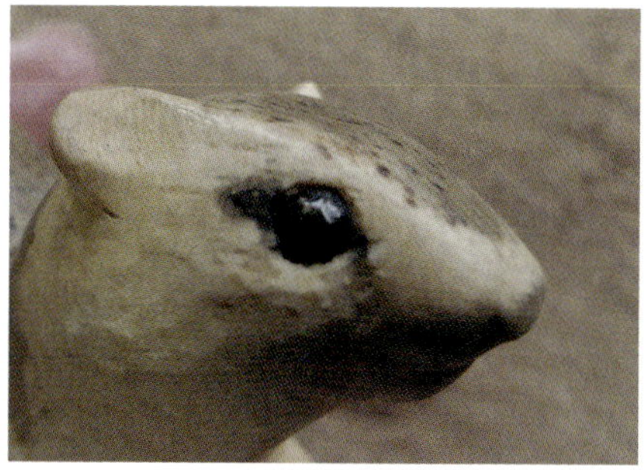

Ein geschnitztes und bemaltes Auge.

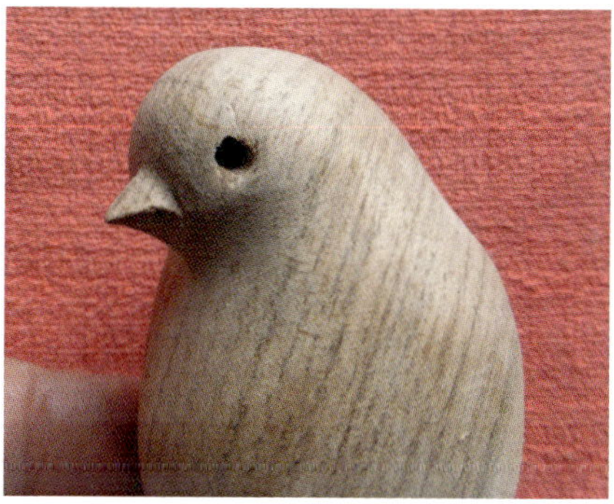

Ein gebohrtes Augenloch.

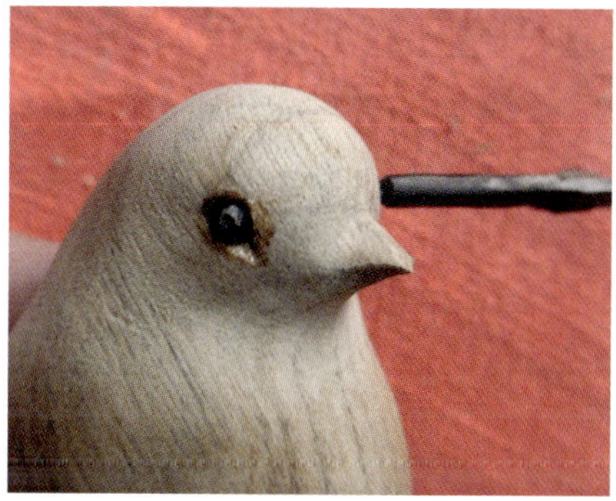

Ein eingesetztes Stück Horn erschafft ein Auge.

Da es sich bei den meisten Projekten um kleine Tiere handelt, können Sie die Augen auch einfach nur „andeuten", anstatt zu versuchen, sie zu schnitzen. Schließlich würden Sie an der Stelle, an der die Augen liegen, wahrscheinlich nicht viel mehr als eine Linie oder einen Schatten sehen. Sehen Sie sich beispielsweise den Bären, den Hasen oder den Kauz an!

Es gibt Alternativen für sehr kleine Augen. Sie können das Auge natürlich einfach mit schwarzem Lack aufmalen – das kann einen sehr schönen Effekt haben. Sie können das Auge schnitzen und dann bemalen, entweder mit Lack oder mit matter Acrylfarbe, und dann einen Tropfen klaren Nagellack auftragen, um ihm einen schönen Glanz zu verleihen – ich habe das schon oft so gemacht und war immer sehr zufrieden mit dem Ergebnis.

Ein sehr realistisches Auge können Sie gestalten, indem Sie ein kleines Loch bohren und einen kleinen Dübel aus kontrastierendem Holz, einem Stück dunklen Kunststoffes oder Büffelhorn (das leicht zu schnitzen ist) einsetzen. Das Horn lässt sich gut polieren und ergibt ein sehr realistisches Auge, erfordert aber ein wenig Sorgfalt und Geduld. Ich habe etliche Augen auf den Boden fallen lassen und im Laufe der Jahre einige Zeit auf Händen und Knien verbracht, aber es lohnt sich.

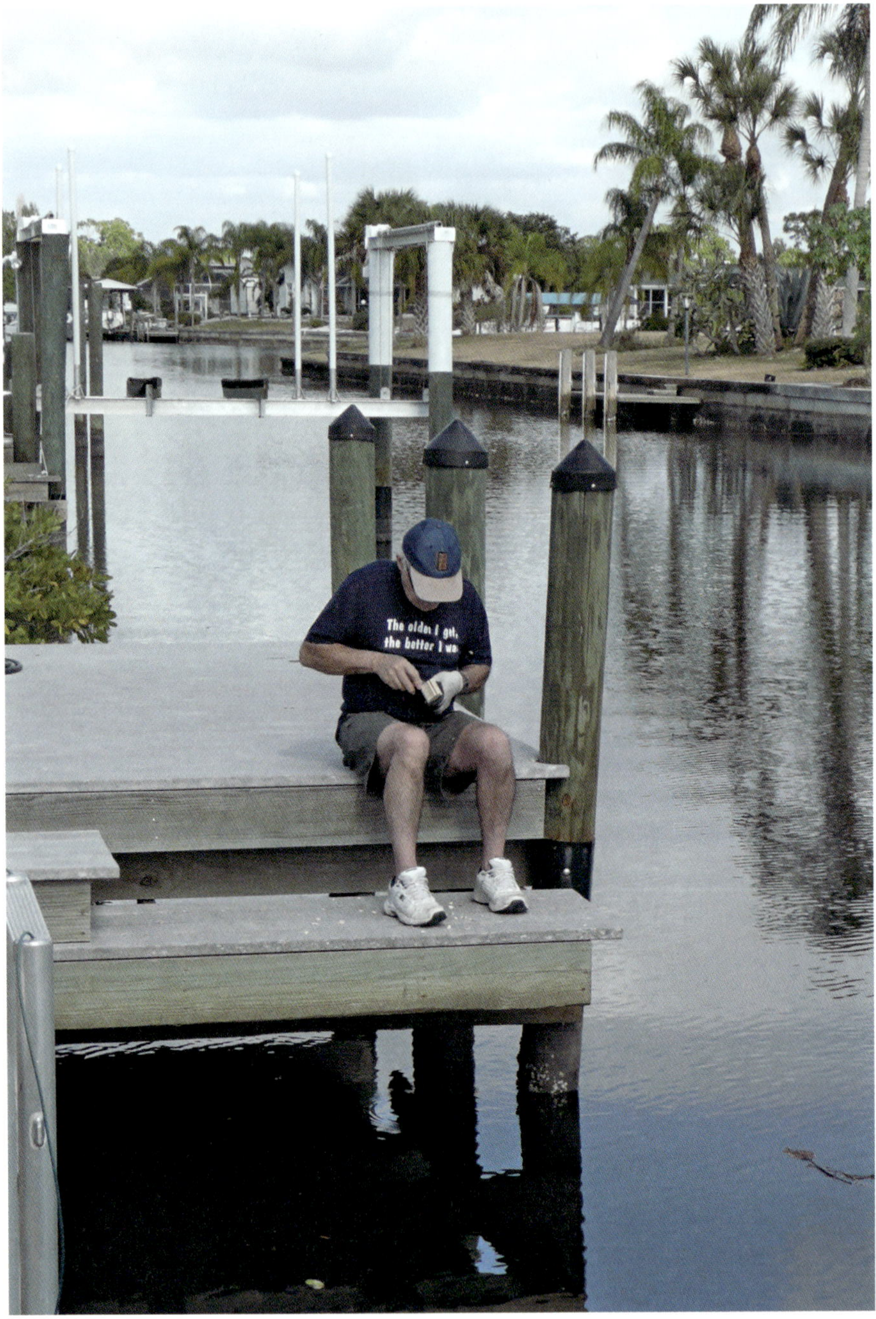

Schnitzen kann man fast überall.

Allerlei Tipps und Tricks

WENN SIE NICHT ALLE PROJEKTE SCHNITZEN, ENTGEHEN IHNEN MÖGLICHERWEISE MANCHE INFORMATIONEN, DIE ICH EINGEFLOCHTEN HABE, DARUM FASSE ICH HIER DIE WICHTIGSTEN PUNKTE ZUSAMMEN.

1 Da die meisten Modelle zwei Vorlagen haben, kann es manchmal schwierig sein, sie richtig anzuordnen. Das Wichtigste ist, auf jeder einen Mittelpunkt zu markieren und sicherzustellen, dass diese zusammentreffen. Möglicherweise müssen Sie eines oder beide drehen, um sie auf das Holz zu bringen – das macht nichts, aber ich würde ein wenig zusätzliches Holz lassen an Stellen, wo es feine Details wie Ohren gibt, oder wenn der Kopf des Tieres gedreht ist.

2 Ich habe eine Bandsäge, daher ist es für mich nicht schwierig, Grundformen auszuschneiden, aber ich weiß, dass die meisten Leser nur eine Grundausstattung haben werden. Eine Laubsäge kann für kleine Bereiche hilfreich sein, ist aber nicht immer zum Sägen langer Strecken geeignet. Beim Schnitzen der Gabelweihe (siehe Seiten 110–117) habe ich eine Methode verwendet, die Sie nützlich finden könnten. Zeichnen Sie gerade Linien vom Rand des Blocks zur aufgezeichneten Vorlage, so nah beieinander, wie Sie möchten, rund um den gezeichneten Umriss. Sägen Sie dann entlang dieser Linien mit einer normalen Rückensäge oder Ähnlichem.

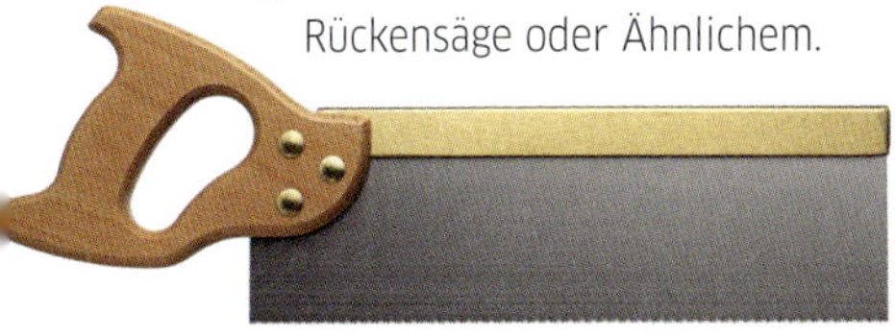

Sobald dies erledigt ist, können Sie den Überschuss zwischen den Linien mit einem Beitel oder Messer herausschneiden.

3 Da fast alle diese Projekte ein wenig Zeit brauchen werden, müssen Sie Ihre Werkzeuge während des Prozesses ein- oder zweimal nachschärfen. Im Allgemeinen würde ich empfehlen, dass Sie Ihr Messer oder Ihren Beitel mindestens alle halbe Stunde abziehen. Sie werden vielleicht nicht bemerken, dass Ihre Werkzeuge stumpf werden, nur, dass die Qualität Ihrer Schnitte schlechter und die Kraft, die Sie aufwenden müssen, größer wird. Sobald Ihr Werkzeug seine Schärfe verliert, ist es viel wahrscheinlicher, dass Sie Schäden an Ihrer Arbeit und Schnitte an Ihren Händen bekommen.

4 Das größte Problem beim Schnitzen ist nicht, das Holz zu schneiden und abzutragen; es liegt darin, herauszufinden, wo sich das Holz befindet, das abgetragen werden muss. Mit anderen Worten, es geht mehr darum, zu suchen und zu sehen, als darum, zu schneiden. Wenn Sie nicht genug über Ihr Modell wissen und nicht erkennen können, wo seine Bestandteile liegen, haben Sie keine Chance, es zu schnitzen. Infolgedessen besteht der größte Teil des Prozesses darin, die Lage der verschiedenen (Körper-)Teile festzustellen. Die grobe Form sollte ausreichen, um erkennen zu können, was die Schnitzerei darstellen soll. Jedes Detail, das Sie hinzufügen, sollte die Form verbessern und den bereits vorhandenen Charakter der Figur verfeinern.

5 Während das Bemalen von Schnitzereien in den USA sehr verbreitet ist, wehren sich Schnitzer in Großbritannien seit Jahrhunderten dagegen. Obwohl die meisten Gebäude und Statuen einmal hell gestrichen waren, gibt es bei Schnitzarbeiten eine deutliche Zurückhaltung, mehr zu tun als zum Abschluss Öl, Lack oder Wachspolitur hinzuzufügen. Es gibt viele verschiedene Möglichkeiten, Farbe einzubringen: Sie können ein Stück sehr einfach mit leicht verfügbaren Produkten beizen oder färben. Darüber hinaus können Reaktivfarben, die zum Färben von Stoffen verwendet werden, sehr effektiv sein, ohne das Risiko, dass die Farbe an Stellen verläuft, an denen sie nicht gewünscht ist.

Eine gute Möglichkeit, graue, braune oder sogar schwarze Farbe hinzuzufügen, ist es, das Holz mit Stahlwolle (oder einem Nagel) zu behandeln, die für einen oder zwei Tage in Essig oder Cola eingelegt wurde. Durch das enthaltene Tannin färbt sich das Holz bei Kontakt grau oder braun. Wenn Sie mehr Tannin hinzufügen (beispielsweise durch Betupfen mit einem feuchten Teebeutel), können Sie ein noch dunkleres Braun oder Grau und vielleicht sogar Schwarz erzielen. Diesen Prozess müssen Sie vorab auf einem Reststück des Holzes testen, da die Ergebnisse von Holz zu Holz abweichen.

Wenn Sie Ihr Holz bemalen wollen, rate ich Ihnen, mit stark verdünnter Farbe zu beginnen und bei Bedarf mehr Farbe hinzuzufügen. Deckende Farbe zu benutzen kann die Maserung völlig verschwinden lassen, weshalb diese Variante weniger beliebt ist.

6 Es gibt Probleme, die der Holzschnitzer haben wird, über die sich der normale Holzwerker keine Sorgen machen muss. Das liegt daran, dass er das Werkstück in der Hand hält und es immer das Risiko eines Bruches durch zu festen Griff gibt. Abgesehen davon, dass Sie darauf achten sollten, gibt es Vorsichtsmaßnahmen, die Sie treffen können. Sorgen Sie dafür, dass während des Schnitzprozesses alle heiklen Bereiche durch andere Teile der Schnitzerei gestützt sind, und arbeiten Sie diese erst dann heraus, wenn der Großteil der Arbeit erledigt ist (sehen Sie sich als Beispiel hierfür die Zwergmaus auf den Seiten 124–131 an). Versuchen Sie außerdem, das Stück an einer stabilen Stelle zu halten, um die zerbrechlicheren Bereiche so gut wie möglich zu schützen.

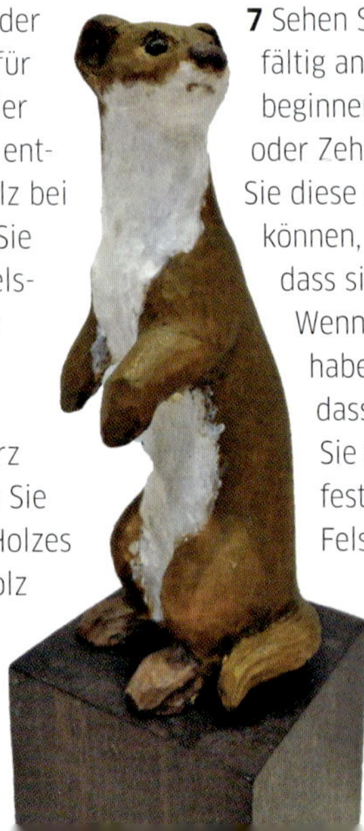

7 Sehen Sie sich Ihren Entwurf sorgfältig an, bevor Sie mit dem Schnitzen beginnen. Wenn die Figur feine Finger oder Zehen hat, gehen Sie sicher, dass Sie diese auch tatsächlich schnitzen können, ohne dass sie brechen, und dass sie am Ende auch stabil sind. Wenn die Zehen keine Unterlage haben, ist es sehr wahrscheinlich, dass sie bald abbrechen werden. Sie sollten ihnen unbedingt einen festen Boden geben, wie einen Felsen, ein Blatt, einen Ast oder dergleichen. Sie können sie sogar in hohem Gras verste-

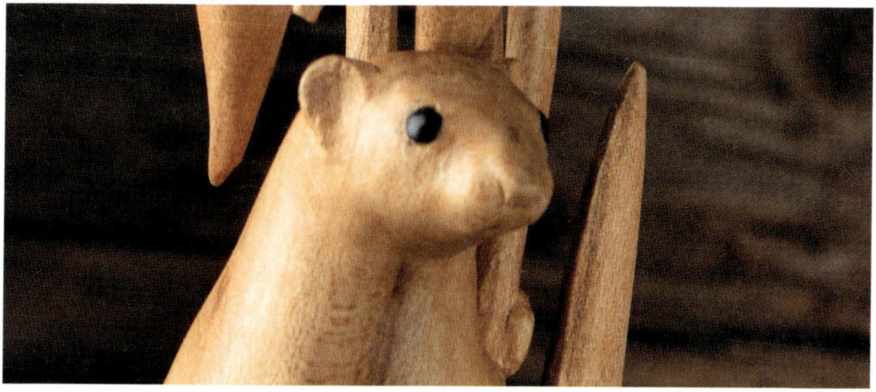

cken. Wenn es diese Möglichkeit bei einem herausragenden Teil, wie einem Schnabel, nicht gibt, können Sie ein paar Schichten Cyanacrylat-Kleber auftragen. Tun Sie dies bitte draußen, um keine giftigen Dämpfe einzuatmen.

8 Alle Figuren in diesem Buch haben Augen, und diese zu formen, kann einigen Herzschmerz verursachen und Nerven kosten, bei Anfängern wie auch erfahrenen Schnitzern. Sie müssen prüfen, welche Augenform das Tier hat. Wenn sie rund sind, können Sie den Umriss mit einem passenden Hohlbeitel schnitzen und dann entweder das Auge formen, bohren und ein Stück kontrastierendes Holz oder Horn einsetzen oder ein Glasauge verwenden, das leicht im Internet zu beziehen ist. Wenn sie eine bestimmte Form haben, haben Sie keine Alternative, als sie mit einem sehr kleinen Hohlbeitel, einem Meißel oder einem Messer zu schnitzen. Wenn Sie sich dafür entscheiden, das Auge zu schnitzen, können Sie es in einer geeigneten Farbe bemalen, in der Regel schwarz, und einen winzigen Tropfen klaren Nagellack auftragen, der ihm ein funkelndes Finish verleiht. Ich habe festgestellt, dass dies der effektivste Weg ist, um realistische kleine Augen zu formen. Jeder beliebigen Figur einfach nur Glasaugen zu verpassen, kann sehr leicht die ganze Arbeit zerstören, die Sie hineingesteckt haben, und ich habe das oft gesehen. Beim Igel und der Zwergmaus habe ich die Augen gestaltet, indem ich einen kleinen Dübel aus einem Stück Büffelhorn (das online gekauft werden kann) oder alten schwarzen Knöpfen geschnitten habe. Diese Methode habe ich bei beiden Projekten anschaulich erklärt.

9 Zu guter Letzt: Wenn Sie neu im Messerschnitzen sind, schnitzen Sie zunächst nicht zu lange und versuchen Sie nicht, bei jedem Schnitt viel Holz wegzuschneiden. Entspannen Sie sich und genießen Sie den Prozess, und machen Sie sich keine Sorgen, wie lange es dauert. Wenn Sie schnell Ergebnisse sehen wollen, arbeiten Sie lieber mit Ton oder Aquarellfarben. Steigern Sie sich langsam, bis sich Ihre Hände und Finger an den Prozess gewöhnen, und denken Sie daran, dass die Arbeit einfacher ist, je schärfer das Messer ist.

Wenn Sie bis zum Ende sorgfältig arbeiten, wird Ihre Arbeit hervorragend aussehen!

Los geht's!

DIE MEISTEN PROJEKTE BEINHALTEN GEZEICHNETE VORLAGEN, UM IHNEN DEN EINSTIEG ZU ERLEICHTERN. DIESE MÜSSEN SO GROSS KOPIERT ODER ABGEPAUST WERDEN, WIE SIE IHR SCHNITZPROJEKT PLANEN. SIE KÖNNEN EINEN DRUCKER NUTZEN ODER ERST AUF KARIERTEM PAPIER UND DANN NOCH EINMAL MIT GRÖSSEREN QUADRATEN ZEICHNEN. DER BESTE WEG, DIESE VORLAGEN ZU VERWENDEN, IST, SIE AUS STEIFEM KARTON NACHZUSCHNEIDEN, DAMIT SIE BEIM ABZEICHNEN AUF DEN HOLZBALKEN NICHT VERFORMT WERDEN. SIE ZEIGEN IN DER REGEL KEINERLEI DETAILS, DIE SIE BENÖTIGEN, UM DIE SCHNITZEREI FERTIGZUSTELLEN. ICH EMPFEHLE IHNEN, EINE VORLAGE AUF IHREN HOLZBLOCK ZU ZEICHNEN UND DIE ZU ENTFERNENDEN BEREICHE ZU SCHRAFFIEREN. WENN SIE BEIDE MUSTER ZEICHNEN, WIRD EINES VERLORENGEHEN, SOBALD SIE MIT DEM AUSSCHNEIDEN BEGINNEN, WENN SIE NICHT SEHR VORSICHTIG SIND.

Entfernen Sie allen Überschuss, die Sie schraffiert haben, und zeichnen Sie dann das zweite Muster auf die ausgeschnittenen Bereiche. Halten Sie dabei das Muster nicht flach gegen die Schnittfläche. Übertragen Sie es, als wäre es in der ursprünglichen Position auf dem flachen Block. Es ist wichtig, dass die Muster richtig positioniert und oben und unten plan sind. Schraffieren Sie erneut den Überschuss und entfernen Sie diese Bereiche. Sie haben jetzt einen eckigen Block, der den Umrissen Ihrer Vorlagen entspricht. In einigen Fällen können die Muster Seiten- und Draufsicht zeigen. Kümmern Sie sich in so einem Fall nur um einen Blickwinkel zur Zeit.

Das ist der einfache Teil.

Ab jetzt müssen Sie Details zeichnen und im Verlauf des Schnitzens neu zeichnen, wobei Sie die Vorlagen und die Anleitungsbilder als Referenz verwenden. Darüber hinaus werden natürlich alle Abbildungen des Tieres, die Sie haben, hilfreich sein.

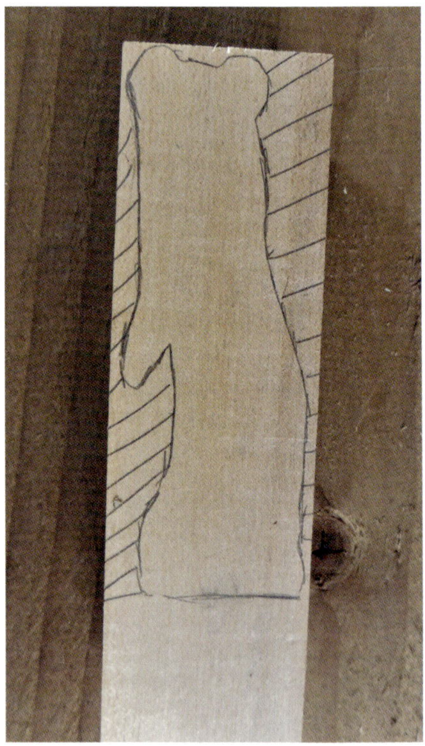

Beginnen Sie, indem Sie die Vorlage auf Ihren Klotz übertragen und das überflüssige Holz schraffieren.

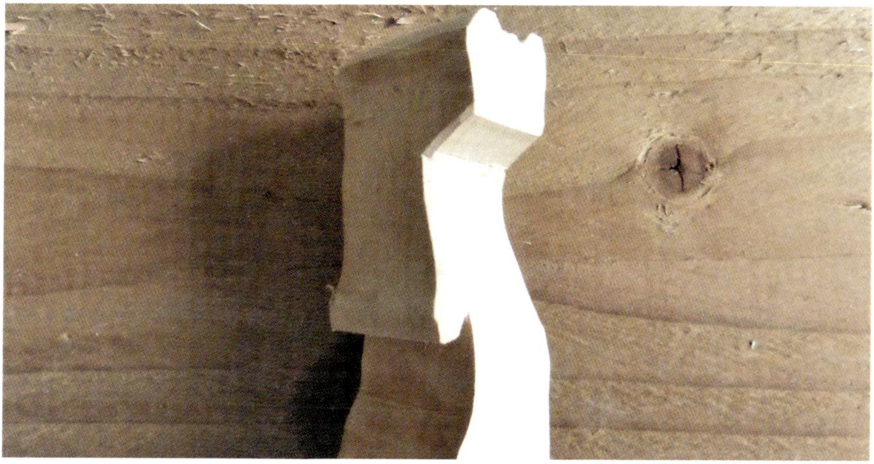

Schneiden Sie den Überschuss weg, um einen eckigen Block zu schaffen.

Wenn Sie sich selbstsicher fühlen, können Sie die Details während der Arbeit verändern, sogar die Pose oder in einigen Fällen das gesamte Tier. Alles Notwendige sollte in den einzelnen Projektanleitungen enthalten sein.

Die Projekte werden immer komplizierter, je weiter sie im Buch vorankommen, und in den meisten Fällen gibt es zusätzliche Fähigkeiten und Lerninhalte, die Sie dabei mitnehmen. Das bedeutet nicht, dass Sie sie in der exakten Reihenfolge erledigen müssen, aber Sie werden im Laufe der Projekte verschiedene neue Dinge lernen. Der Schnitzvorgang für diese Projekte ist nicht so schwierig. Das größte Problem besteht darin, zu eruieren, wo in dem Holzstück sich die einzelnen Details befinden. Dazu gehört fundiertes Wissen über Ihr Motiv, aber der Rest ist hauptsächlich Herumprobieren. Ich neige dazu, viel auf meine Schnitzereien zu zeichnen, bis ich sicher bin, wie es am Ende aussehen soll. Oft unterscheidet sich das stark von dem, was ich ursprünglich beabsichtigt hatte. Haben Sie keine Angst, die Richtung zu ändern, wenn Sie einmal feststecken. Es ist, als würde man auf einer Autofahrt auf eine Straßensperre stoßen – Sie werden trotzdem ans Ziel kommen, aber auf einer anderen Route.

Denken Sie nur daran, dass Sie anders als beim Malen nicht einfach etwas verbergen oder ein Detail andeuten können. Sie müssen wissen, was Sie schnitzen, also schneiden Sie nicht weiter, wenn Sie sich nicht sicher sind, was Sie erreichen wollen. Wenn Sie zweifeln, machen Sie eine Pause und lesen Sie noch einmal in der Anleitung, im Internet oder in einem Buch nach. Sie finden all die Informationen, die Sie benötigen werden.
Am wichtigsten ist es, die grundlegende Form und den Charakter zu vollenden, bevor Sie versuchen, feine Details hinzuzufügen. Stellen Sie sich Ihre Schnitzerei als einen einfachen Umriss oder Schatten vor – erkennt man das Tier?

Wenn ja, fahren Sie fort. Wenn nicht, ändern Sie das. Zu diesem Punkt möchte ich Ihnen einen kleinen Rat geben. Es ist nicht einfach, die Essenz des Tieres zu erfassen. Damit meine ich, was genau es ist, woran Sie das Tier als solches erkennen und wie sein Wesen am ehesten sein wird. Wenn Ihr Stück während des Schnitzprozesses das Aussehen eines anderen Tieres annimmt, würde ich dazu tendieren, einfach weiterzumachen, da Sie vielleicht nie wieder auf Linie kommen und Sie verlieren könnten, was Sie bereits geschafft haben. Wenn Ihr Wiesel eher wie ein Otter aussieht, warum nicht einfach damit weitermachen anstatt gegen das Holz zu kämpfen – Sie werden diesen Kampf wahrscheinlich nicht gewinnen!

Sie müssen auch entscheiden, wie weit Sie mit dem Motiv gehen wollen. Wenn Sie noch nicht viel geschnitzt haben, schlage ich vor, dass Sie es eher einfach halten. Wenn Ihre fertige Schnitzerei als das Tier erkennbar ist, das sie darstellen soll, belassen Sie es dabei. Viele Schnitzereien, die ich gesehen habe, sind misslungen, weil ein bisschen zu viel gemacht wurde.

Sobald Sie Erfahrung haben, können Sie anfangen, ein wenig ehrgeiziger zu sein, indem Sie die Details steigern, z.B. durch das Hinzufügen von Einlegeaugen, die Texturierung des Fells und so weiter. Denken Sie jedoch daran, dass Sie wissen müssen, wie die Wuchsrichtung des Fells ist, wenn Sie es richtigmachen wollen. Im Allgemeinen ist der Haarwuchs bei fast allen Tieren ziemlich ähnlich, sodass Sie sich nicht sehr viel merken müssen. Fell hält das Tier nicht nur kühl oder warm, sondern leitet auch den Regen von Gesicht und Körper ab. Es teilt sich normalerweise in der Körpermitte und verläuft nach hinten und unten. Das Fell läuft bei Vierbeinern auf den Beinen nach unten und hinten, bei Zweibeinern hingegen den Oberarm hinunter, aber quer über den Unterarm. Am Kopf läuft es auf der Schnauze nach unten und hinten, rund um die Augen und auf der Stirn nach hinten und unten. Aus irgendeinem Grund laufen die Haare auf der Nase einer Katze nach vorn.

Es gibt noch einen Punkt: Die meisten dieser Projekte sind aus quadratischem Lindenholz, das 3 oder 4 cm Seitenlänge im Querschnitt hat und 15 cm lang ist. Das bedeutet, dass die Posen darauf beschränkt sind, was in diesen Klotz passt. Es gibt nichts, was Sie davon abhält, die endgültige Pose anzupassen, indem Sie die Figur anwinkeln, damit sie natürlicher aussieht, oder sie sogar an einem anderen Stück Holz befestigen. Ich habe dies mit dem Waschbären und dem Backenhörnchen gemacht und denke, die Ergebnisse sind eine Verbesserung gegenüber der ursprünglichen Schnitzerei. Vergessen Sie auch nicht, dass Sie eine Schnitzerei kitten und bemalen können, wenn Ihnen Macken oder Risse im Holz auffallen (oder unbeabsichtigte Designänderungen, die Sie eigentlich nicht wollten).

Letzten Endes ist es nur ein Stück Holz. Wenn Sie etwas falsch machen, können Sie von vorn anfangen. Die Antwort auf jedes Problem, das Sie haben können, ist, mehr Holz abzutragen – Sie müssen nur entscheiden, an welcher Stelle. Heutzutage gibt es auch einige sehr gute Klebstoffe! Vor allem aber sollten Sie Spaß haben.

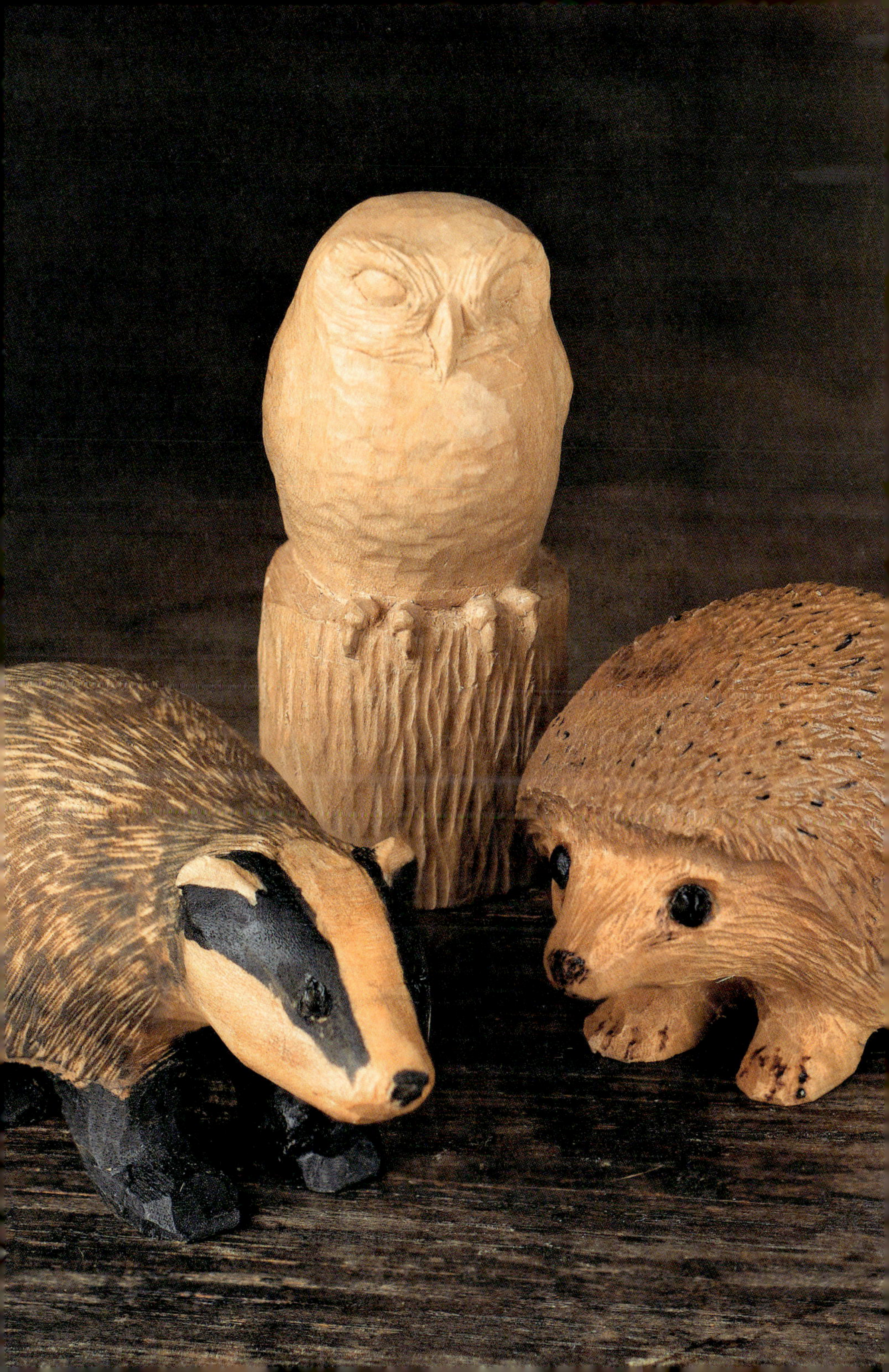

Steinkauz

VOR EINIGEN JAHREN, ALS ICH MEINE ARBEIT AUF BAUERNMÄRKTEN VORSTELLTE, LAGERTEN WIR AUF EINEM FELD NAHE DER CALKE ABBEY IN DERBYSHIRE, WÄHREND WIR AUF DER ALLJÄHRLICHEN LANDWIRTSCHAFTSMESSE ARBEITETEN. IN DER MITTE DES FELDES STAND EINE RIESIGE EICHE, DIE EINE GROSSE KOLONIE VON STEINKÄUZEN BEHEIMATETE; DIESE VÖGEL SORGTEN DAFÜR, DASS AM MORGEN ALLE ZEITIG WACH WAREN! ES WAREN WUNDERSCHÖNE GESCHÖPFE MIT EINER GANZ EIGENEN HALTUNG, DIE ÜBER IHRE GERINGE GRÖSSE HINWEGTÄUSCHTE. SEITDEM HABE ICH EINE SCHWÄCHE FÜR SIE UND WURDE OFT ANGEZISCHT, WENN ICH VERSUCHTE, MICH EINEM ZU NÄHERN, UM SEINE GESTALT ZU STUDIEREN.

WERKZEUG

- Messer
- Schutzhandschuh
- kleiner Hohlbeitel
- Öl- oder Wachspolitur

Diese Schnitzerei ist eigentlich sehr einfach, aber es ist wichtig, dass Sie versuchen, das scheinbar mürrische und aggressive Wesen der Eule darzustellen. Wenn Sie das hinbekommen, spielen feine Details keine allzu große Rolle.

Ich habe ein 7 cm langes Stück Vierkant-Lindenholz mit einer Seitenlänge von 3 cm verwendet, aber Sie können jede Größe nehmen – die Vorgehensweise bleibt die gleiche.

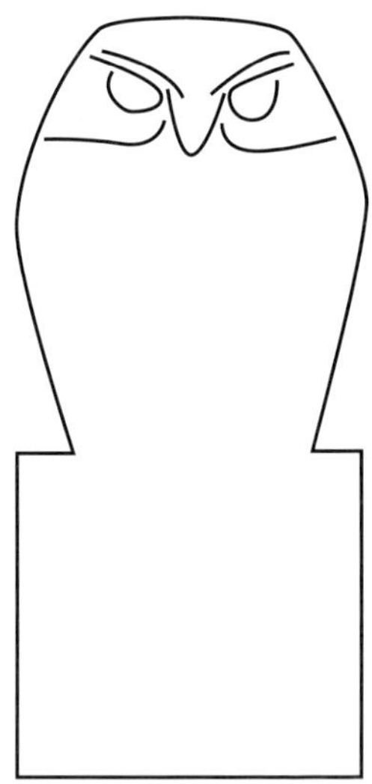

Vorlage Kauz Vorderansicht

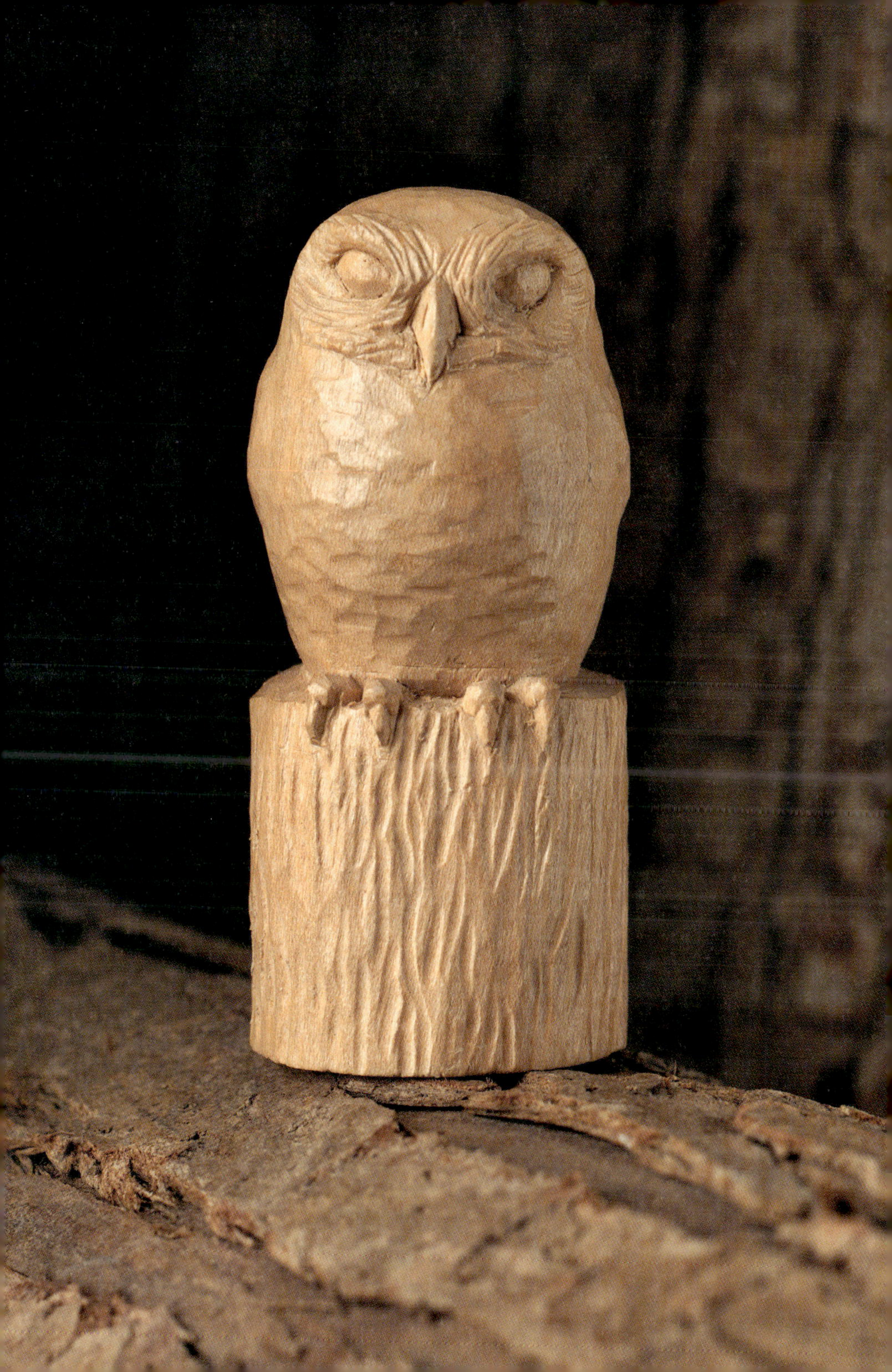

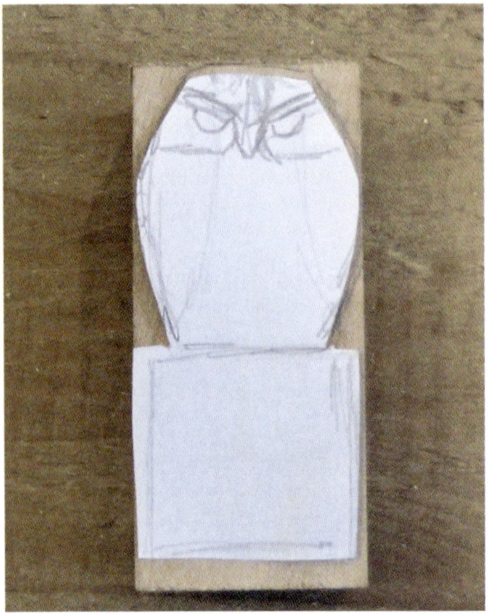

1 Übertragen Sie die Vorlage der Vorderansicht (siehe Seite 34) auf Ihren Klotz.

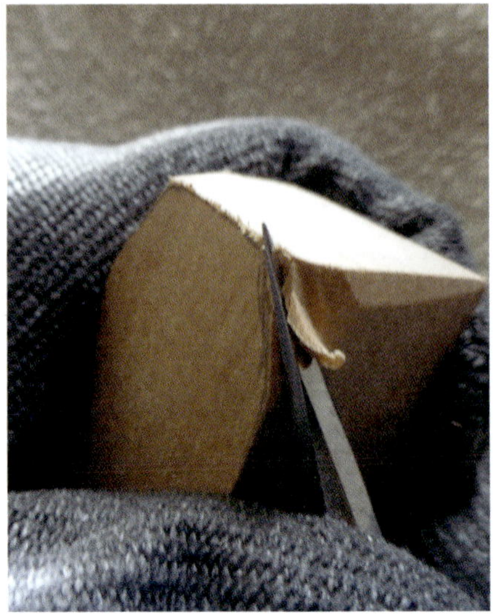

2 Entfernen Sie mit dem Messer den Überschuss.

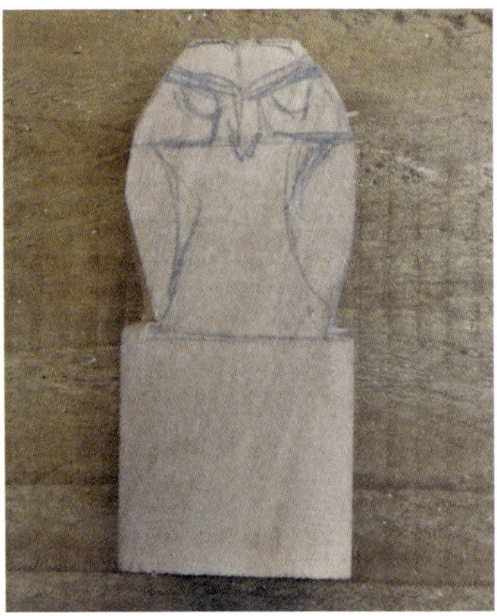

3 Stellen Sie sicher, dass Sie auf die Vorderseite zu schneiden.

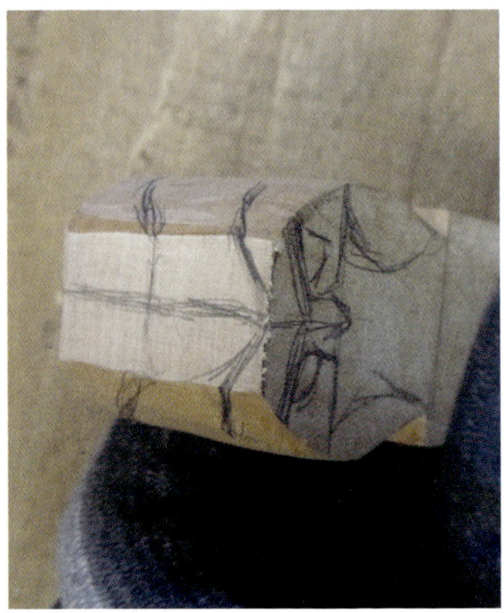

4 Zeichnen Sie den Winkel des Gesichtes ca. bei 90°.

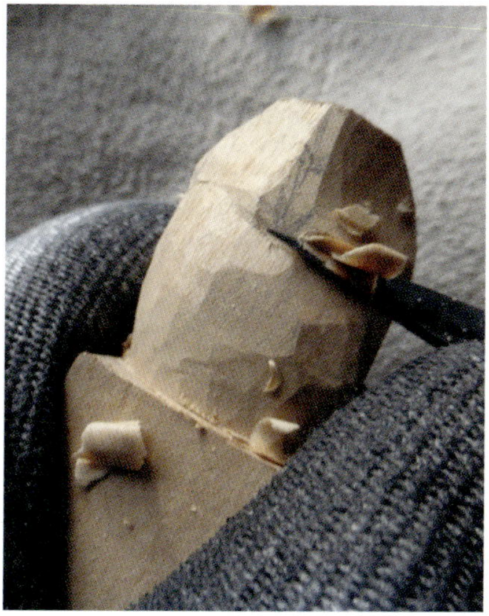

5 Entfernen Sie ungefähr 1 cm abwärts mehr Holz.

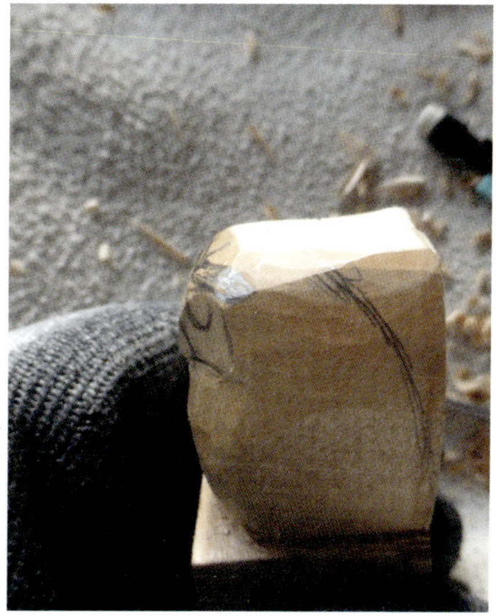

6 Runden Sie den Körper ab.

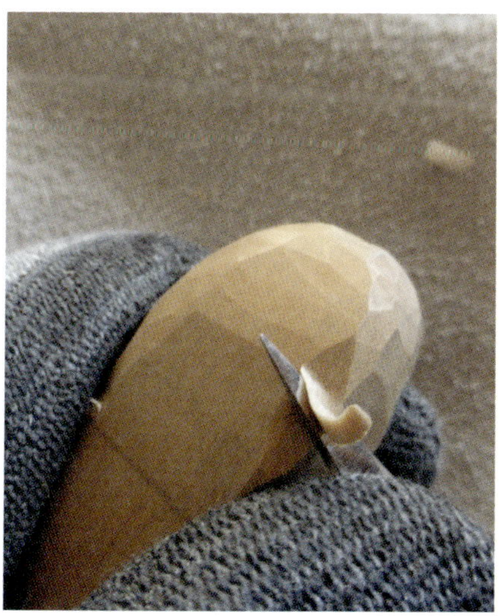

7 Schrägen Sie den Hinterkopf ab. Sie müssen jetzt noch nicht ganz genau arbeiten, da Sie später sicherlich noch mehr Holz abtragen müssen.

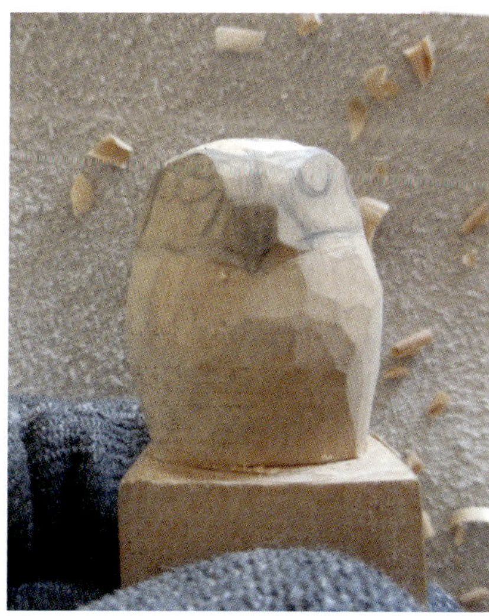

8 Arbeiten Sie auf beiden Seiten die Flächen zu Augenhöhlen aus.

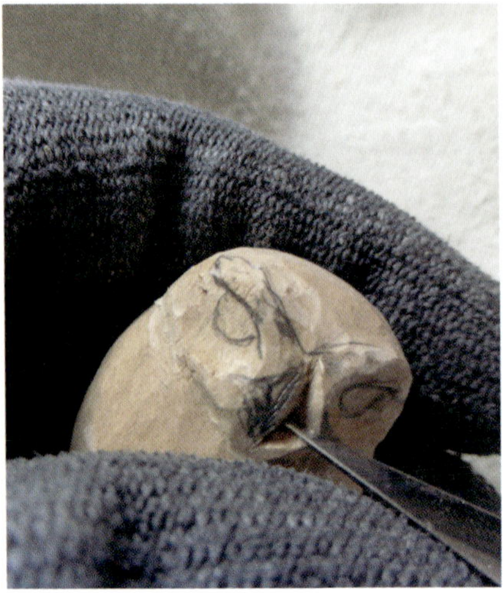

9 Entfernen Sie Restholz, um zu zeigen, wo der Schnabel sein wird.

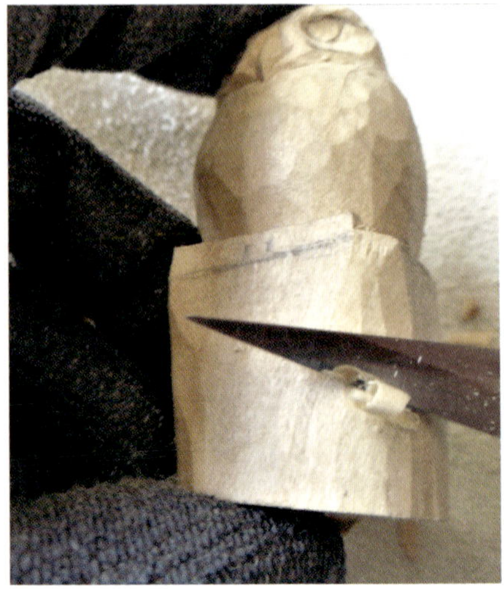

10 Beginnen Sie, den Baumstumpf zu formen. Passen Sie dabei auf, dass Sie genug Holz für die Füße übrig lassen.

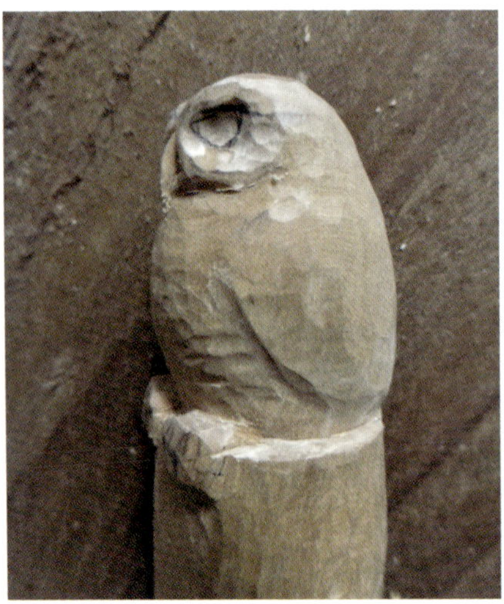

11 Zeichnen Sie die Füße schnitzfertig an. Beachten Sie, dass Eulen auf einem Ast meist mit zwei Zehen nach vorn und zwei nach hinten sitzen, aber auf einer Fläche mit dreien nach vorn und einer nach hinten.

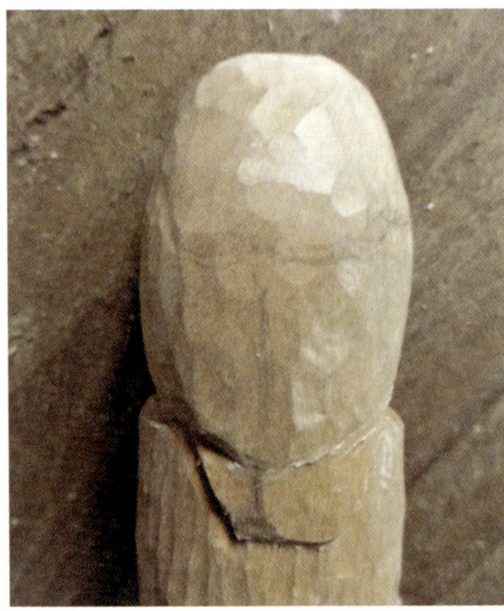

12 Platzieren Sie Flügel und Schwanz.

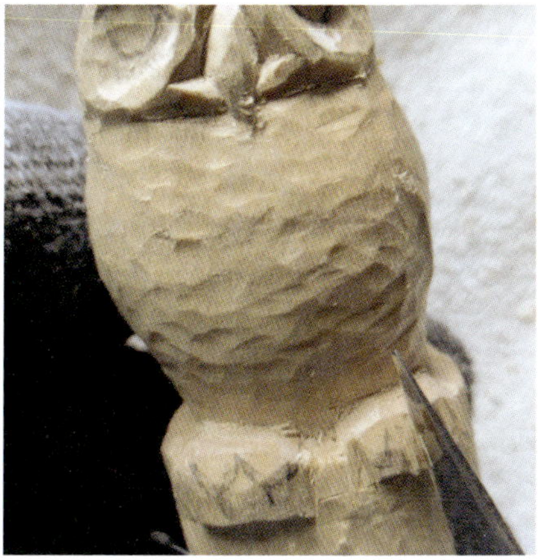

13 Schnitzen Sie vorsichtig die Zehen. Passen Sie dabei auf, keine wegzuschneiden.

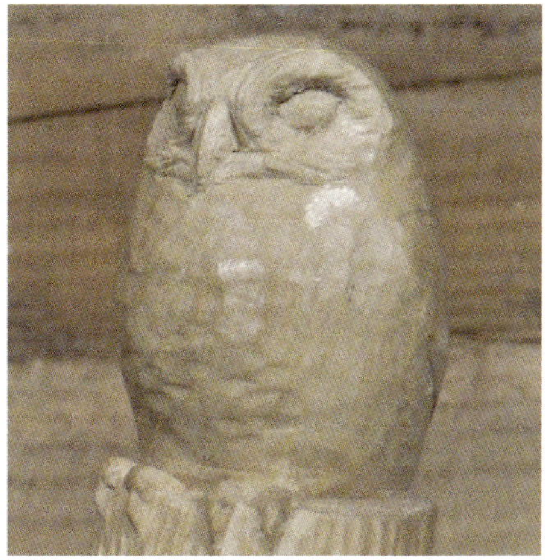

14 Schnitzen Sie als Nächstes die Augen. Das gelingt Ihnen möglicherweise leichter mit einem kleinen Hohlbeitel.

15 Gehen Sie mit geschärften Werkzeugen über die gesamte Schnitzerei, bessern Sie faserige Stellen und unsaubere Schnitte aus und arbeiten Sie alle Texturen heraus, von denen Sie denken, dass sie die Arbeit verbessern werden. Dies ist ein sehr kleines Stück, also übertreiben Sie es nicht. Polieren Sie es, um die Arbeit abzuschließen.

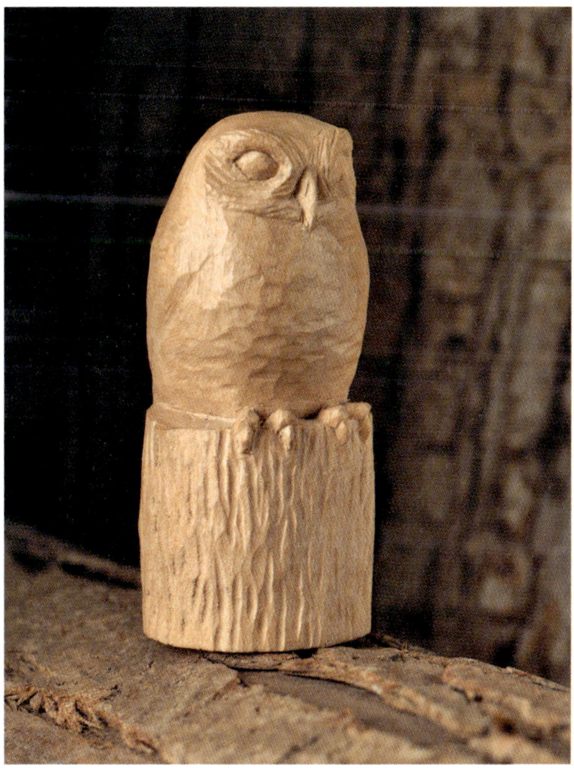

TIPP

Versuchen Sie, dieses Stück aus einem deutlich härteren Holz wie Buchsbaum oder einem Obstholz noch einmal zu schnitzen. Dies würde Ihnen ermöglichen, viel feinere Details zu ergänzen, und eine sehr schöne kleine Schnitzerei ergeben.

Dachs

IN GROSSBRITANNIEN WURDE DER DACHS FRÜHER ZIEMLICH GROB BEHANDELT. IM MITTELALTER WURDE ER WEITLÄUFIG GEJAGT UND IN KÄMPFE GEGEN HUNDE GEHETZT. IN JÜNGERER ZEIT WURDEN DACHSE MIT AUSBRÜCHEN VON TUBERKULOSE BEI RINDERN IN VERBINDUNG GEBRACHT UND IN GROSSER ZAHL GEKEULT. ICH WEISS NICHT, WIE VIEL WAHRHEIT IN ALL DEM STECKT, ABER MIR MISSFÄLLT DIE VORSTELLUNG, DASS EIN TIER AUF DIESE WEISE BEHANDELT WIRD.

WERKZEUG

- Messer
- Schutzhandschuh
- kleiner Hohlbeitel
- Essig und Stahlwolle
- V-förmiger Stechbeitel
- Dübel oder Horn (optional)
- schwarze Farbe
- Öl- oder Wachspolitur

Dachse sind scheue Wesen, die meist nachts in Familiengruppen herauskommen und niemandem schaden. Ich verstehe, dass es Probleme geben kann, aber ich hoffe, dass es bei uns auf dem Land noch viele Jahre Dachse geben wird.

Für diese Schnitzerei habe ich ein 10 cm langes Stück Lindenholz mit 4 cm Seitenlänge verwendet, aber Sie können selbst wählen, welche Holzmaße Sie bevorzugen. Sie können das Design auch abändern, etwa beim Winkel des Kopfes (siehe Tipp auf Seite 42).

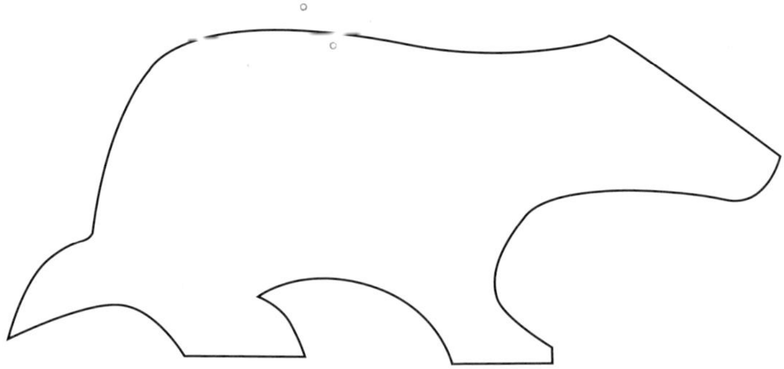

Vorlage Dachs Seitenansicht

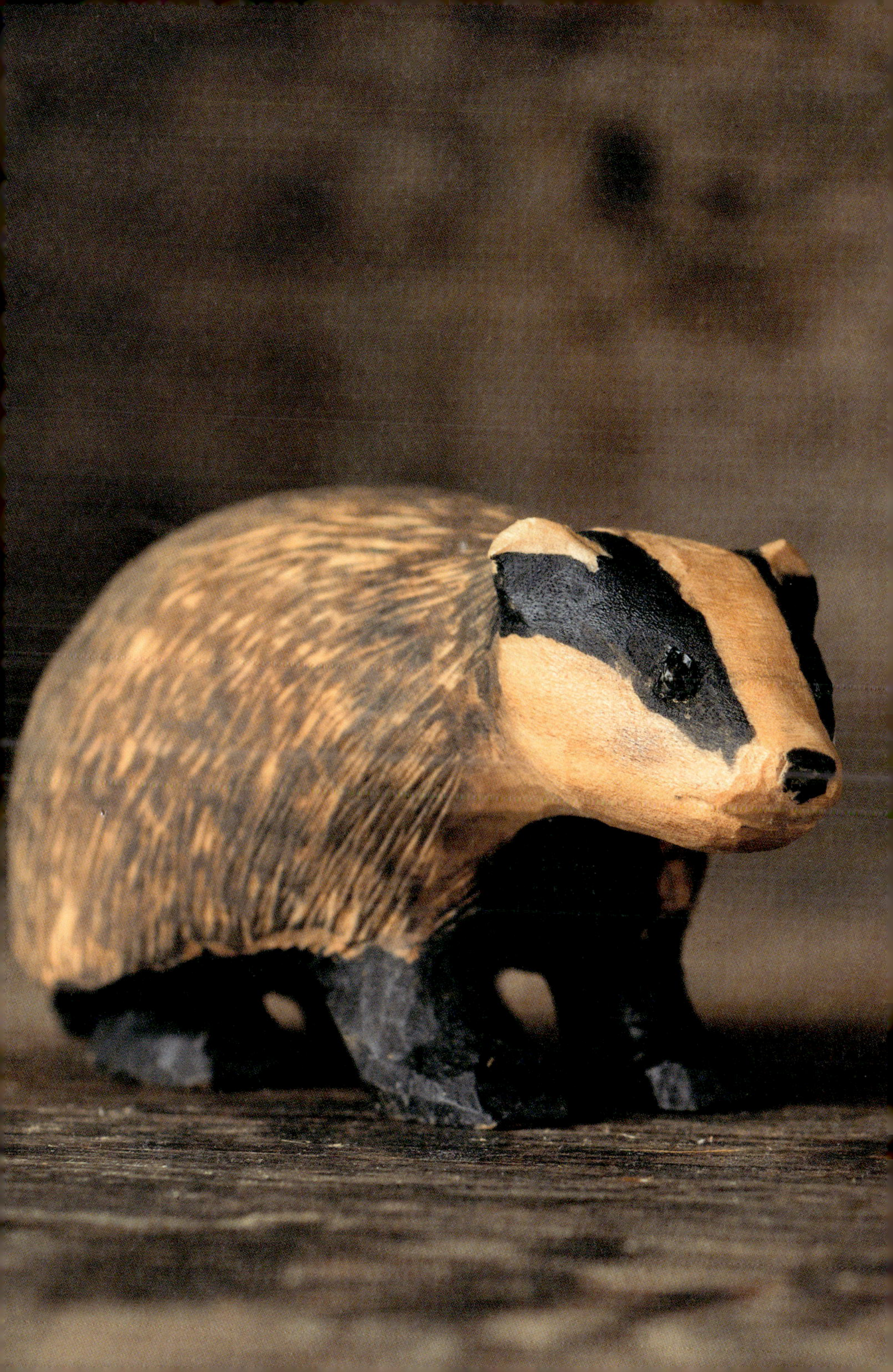

1 Übertragen Sie die Vorlage (siehe Seite 40) auf Ihr Holz.

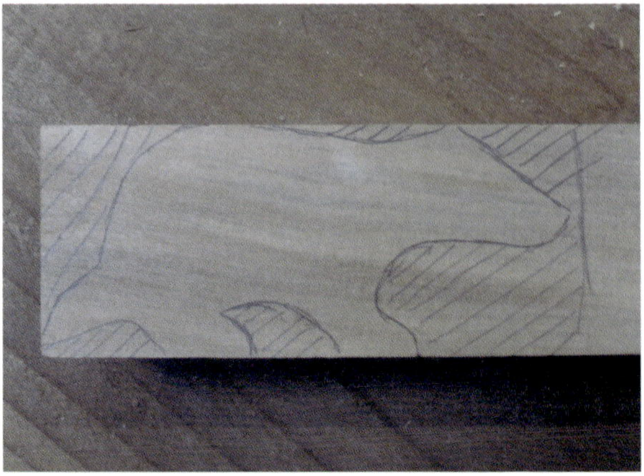

2 Schneiden Sie entlang der Umrisse auf dem Klotz.

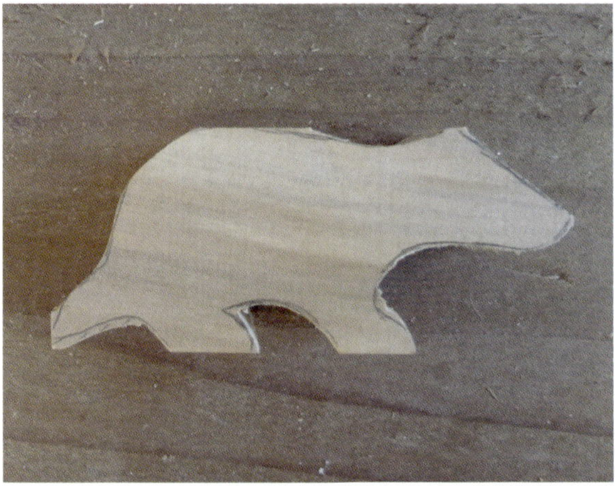

TIPP

Ich habe nur ein Muster verwendet, sodass Sie Ihren eigenen Kopfwinkel wählen können, wenn Sie möchten. Wenn Sie den Dachs geradeaus schauen lassen möchten, müssen Sie nur die Vorderseite verjüngen und die Rückseite abrunden.

3 Markieren Sie oben eine Mittellinie einschließlich einer möglichen Kopfdrehung (siehe Tipp oben). Stellen Sie sicher, dass die Mittellinie auf dem Kopf gerade ist – es ist leicht, hier einen Fehler zu machen und diese Linie zusammen mit der auf dem Körper zu biegen.

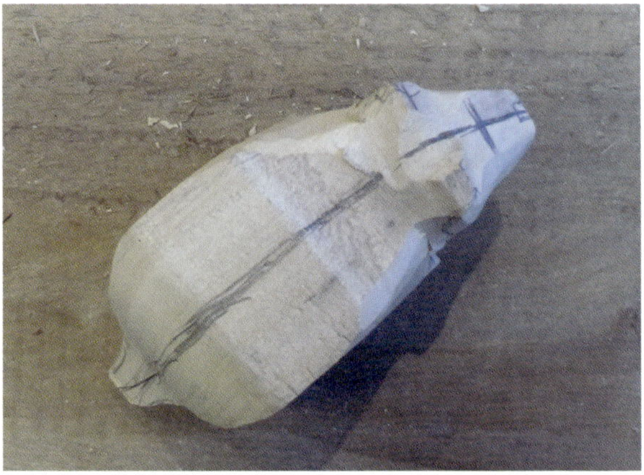

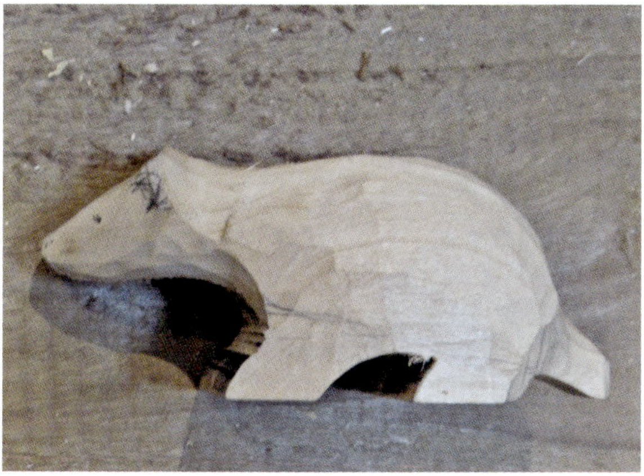

4 Beginnen Sie, den Körper des Dachses abzurunden.

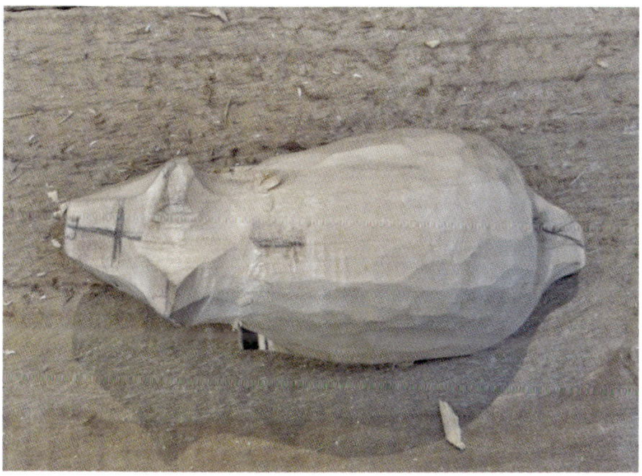

5 Geben Sie Kopf und Ohren eine einfache Form.

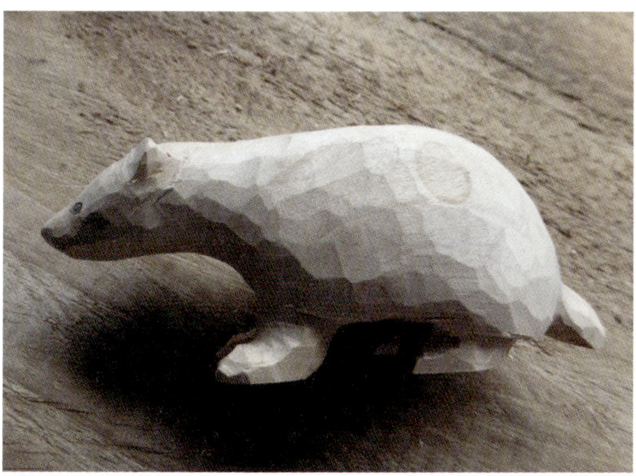

6 Fahren Sie fort, Körper und Kopf zu formen. Halten Sie es einfach, und arbeiten Sie die Füße heraus.

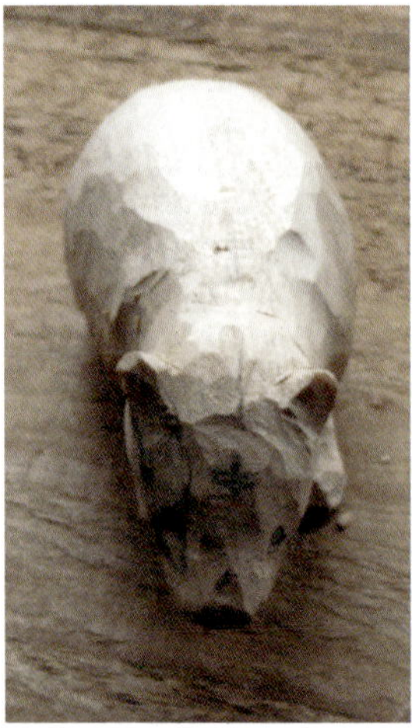

7 Vorderansicht der Grundform.

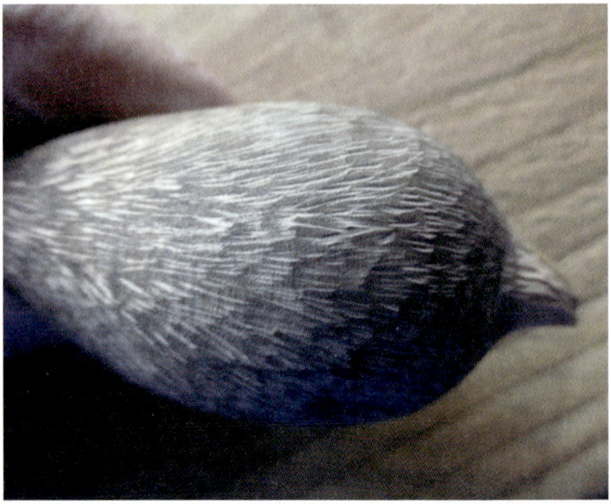

8 Wenn Sie mit der Grundform zufrieden sind, können Sie Textur hinzufügen. Färben Sie den Körper mit Essig und Stahlwolle grau und verwenden Sie dann einen V-förmigen Stechbeitel, um die Haartextur herauszuarbeiten. So erhalten Sie eine ziemlich genaue Nachbildung des Dachsfells.

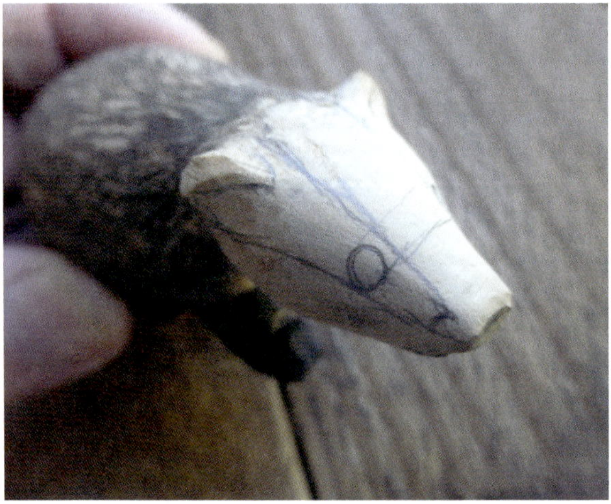

9 Verfeinern Sie als Nächstes den Kopf. Wenn Sie mit der Form zufrieden sind, markieren Sie die Position der Augen, indem Sie Linien über den Kopf ziehen und von vorn die Höhe überprüfen.

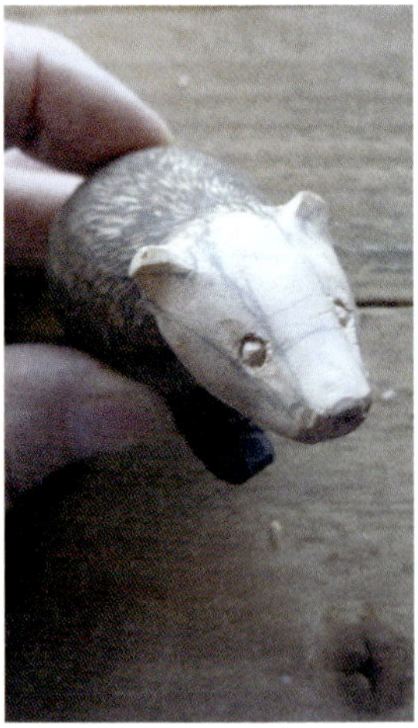

10 Schneiden Sie die Augen aus oder fügen Sie einen Dübel aus kontrastierendem Holz oder Horn ein.

11 Nachdem Sie die Augen abgerundet haben, malen Sie mit schwarzer Farbe die Kopfstreifen und Augen sowie Unterkörper und Kinnunterseite.

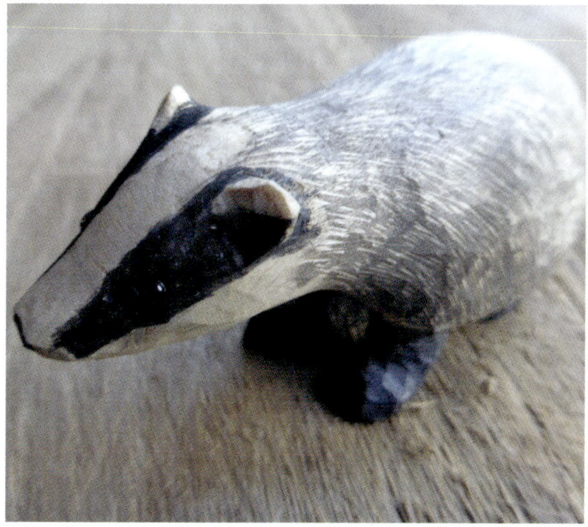

12 Wenn die Farbe getrocknet ist, verleihen Sie dem Stück noch eine Schicht Öl oder Wachspolitur.

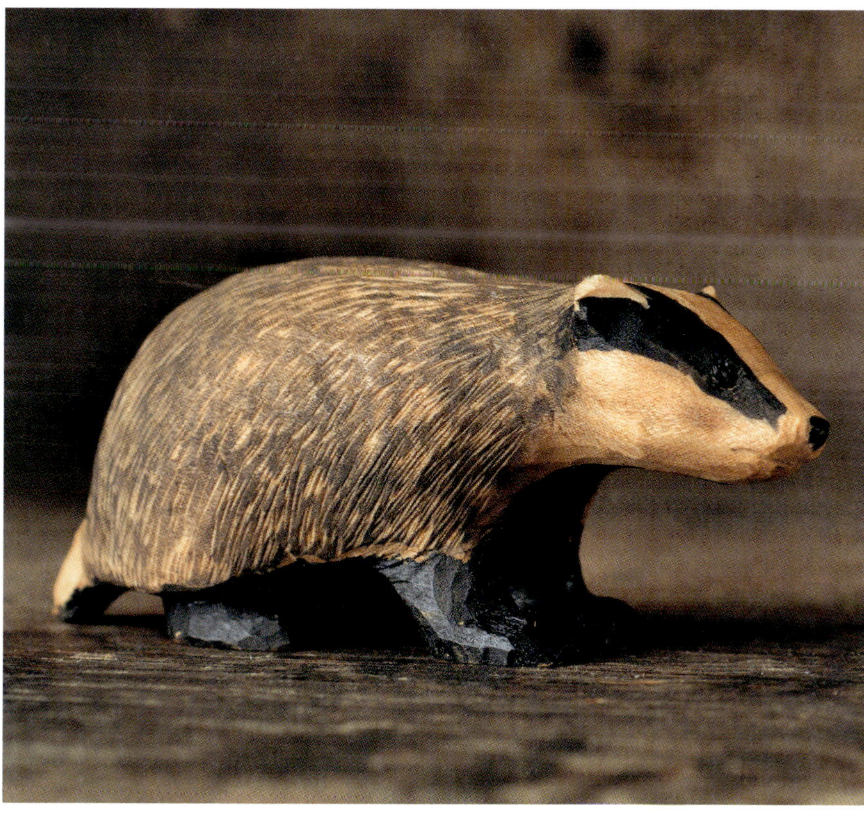

Schlange

ZU EINER ANDEREN ZEIT IN MEINEM LEBEN WAR ICH FÜR EINE GRUPPE SEEKADETTEN VERANTWORTLICH UND UNTERRICHTETE SIE UNTER ANDEREM IN NAUTIK, SEEMANNSKUNST UND KNOTENSTECKEN. ALS KLEINEN ANREIZ UND UM DIE WENIGE AUFMERKSAMKEIT ZU BEHALTEN, DIE ICH VON IHNEN BEKOMMEN KONNTE, BESCHLOSS ICH, DIE VERSCHIEDENEN KNOTEN IN FORM VON SCHLANGEN ZU SCHNITZEN UND SIE DAZU ZU BRINGEN, ES MIR NACHZUMACHEN. DIESES PROJEKT BESTEHT DARIN, EINE EINFACHE SCHLANGE ZU SCHNITZEN, DIE IN EINEM ÜBERHANDKNOTEN VERSCHLUNGEN IST. ABER WENN SIE WIRKLICH MOTIVIERT SIND, KÖNNTEN SIE AUCH EINEN FORTGESCHRITTENEREN KNOTEN SCHNITZEN. EINIGE DER KOMPLIZIERTEREN KNOTEN KÖNNEN EINE GROSSE HERAUSFORDERUNG SEIN!

WERKZEUG

- Messer
- Schutzhandschuh
- Schleifmittel
- Glas- oder Einlegeaugen (optional)
- Öl- oder Wachspolitur

Für dieses Projekt habe ich keine Vorlage zur Verfügung gestellt. Ich empfehle Ihnen, einen Knoten in eine Leine zu machen und ihn als Vorlage zu verwenden. Sie können mit einer Schlange in der gewünschten Haltung beginnen und irgendwo in der Mitte eine Holzkugel stehenlassen, um den Knoten unterzubringen.

Ich habe ein 15 cm langes Stück Lindenholz mit 3 cm Seitenlänge verwendet, aber Sie können die Größe nach Ihren Wünschen wählen.

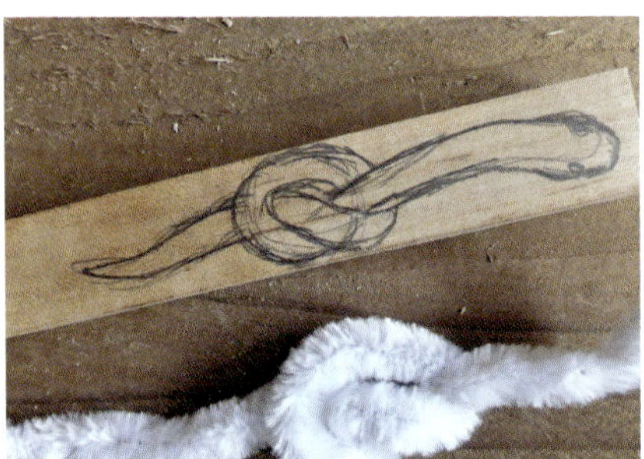

1 Binden Sie einen Knoten in ein Stück Schnur oder was Sie sich als Vorlage ausgesucht haben, und zeichnen Sie Ihre Schlange auf das Holz.

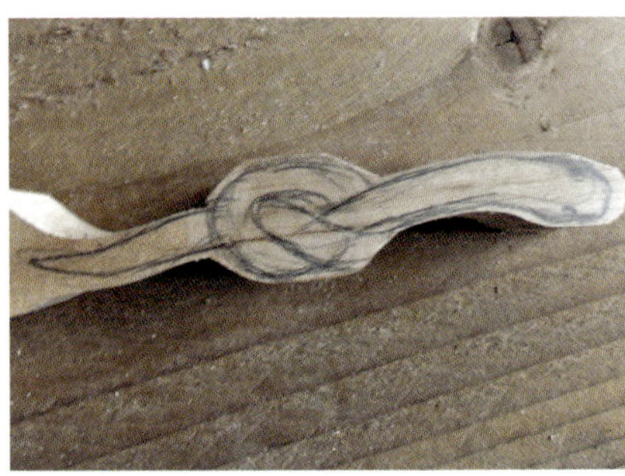

2 Entfernen Sie den Überschuss und zeichnen Sie den Knoten in die Mitte.

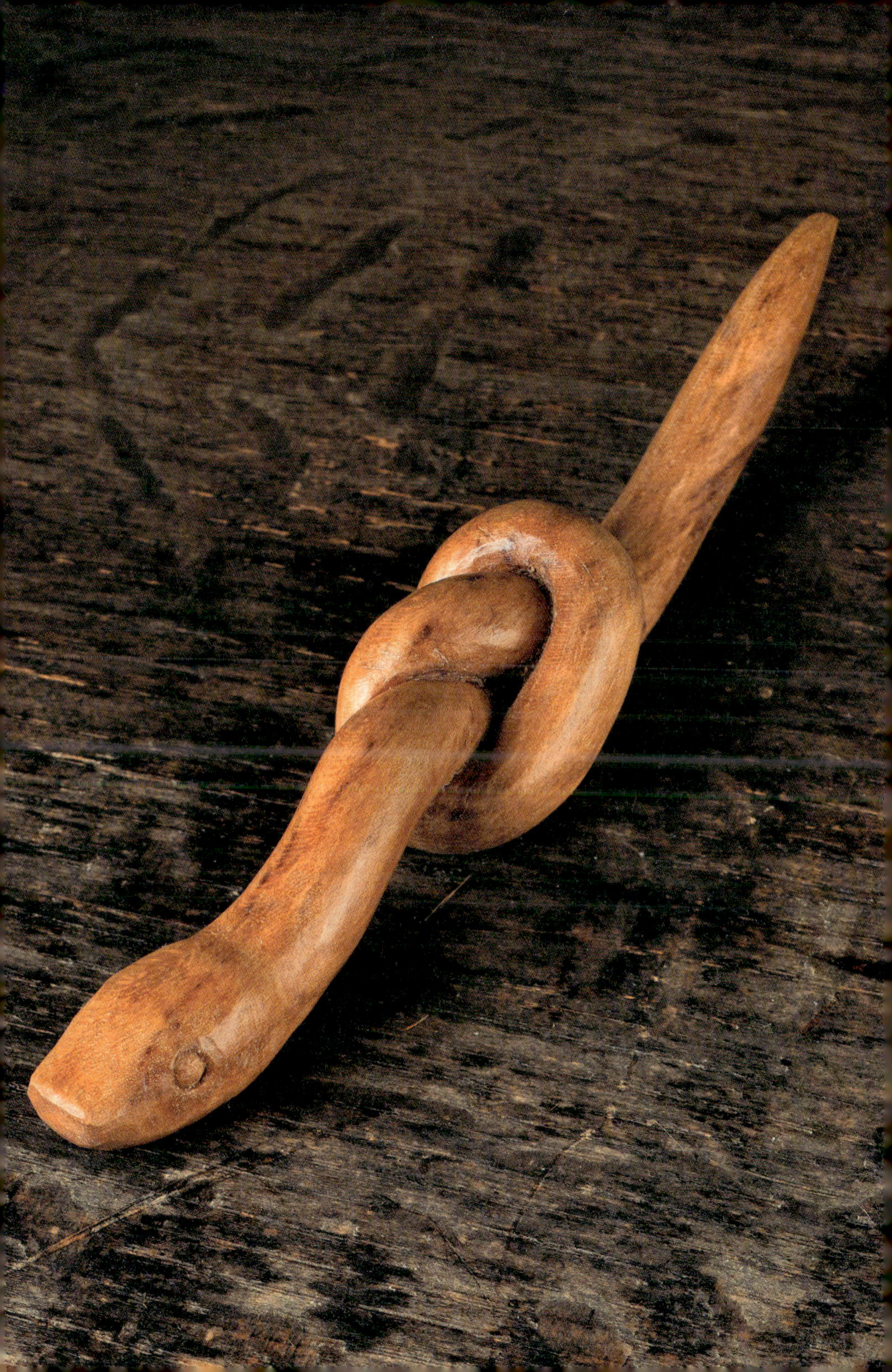

3 Es ist hilfreich, den Knoten von allen Seiten vorzuzeichnen, um sich die Form einzuprägen.

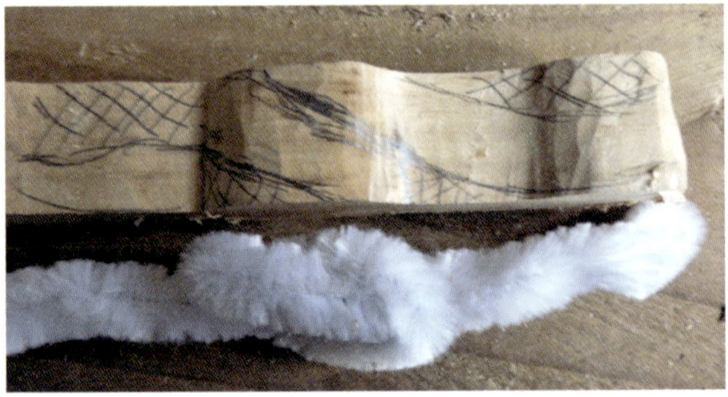

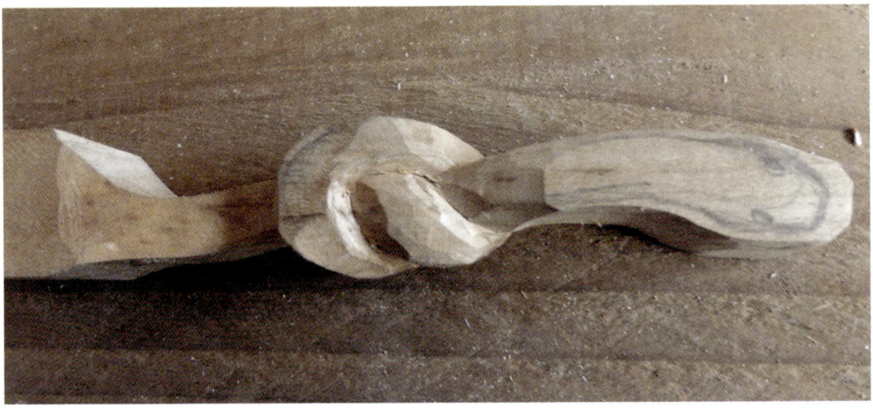

4 Schnitzen Sie sorgfältig die Grundform des Knotens und prüfen Sie während der Arbeit, ob alles richtig zusammenpasst. Die Gefahr ist, dass die Rundungen des Schlangenkörpers verloren gehen, also achten Sie darauf, nicht zu viel Holz zu entfernen. Das ist besonders wichtig, wo sich in der Mitte des Knotens zwei Körperteile treffen, da Sie beim Formen des einen sehr leicht Holz vom anderen Teil wegschneiden können. Sie werden merken, dass dieser Schritt zur Übung wird, wie man die ganze Schlange vorsichtig verjüngt, damit am Ende alles stimmt.

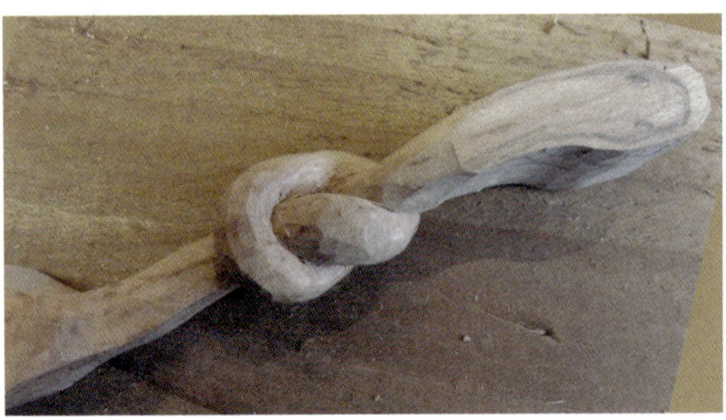

5 Runden Sie den Knoten ab und beginnen Sie, den Schlangenkörper zu formen, wobei Sie darauf achten müssen, die Form konstant zu halten.

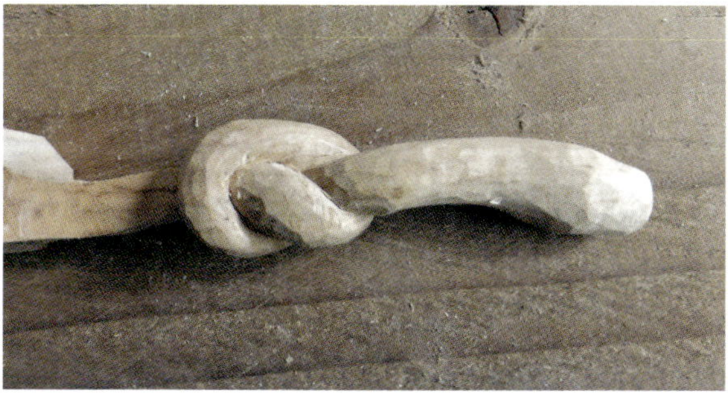

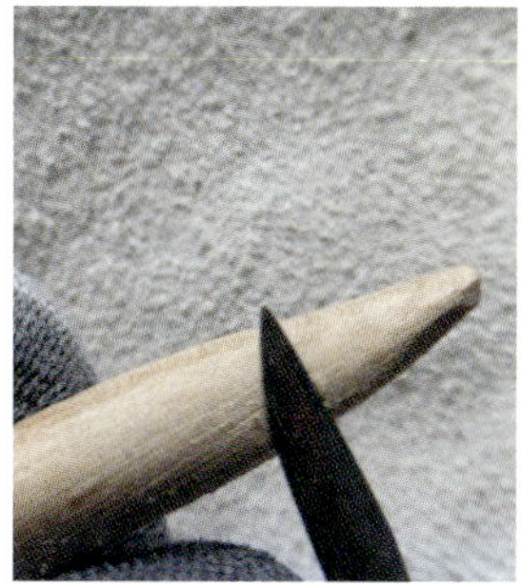

6 Bearbeiten Sie den Kopf so, dass er eben auf dem Boden liegt oder, wenn gewünscht, angehoben ist. Achten Sie darauf, ihn so zu arrangieren, dass die Augen parallel zum Boden sind – eine sehr wichtiges Detail, das Sie beim Schnitzen von Raubtieren stets bedenken sollten.

7 Entfernen Sie Überschuss vom Schwanzbereich und formen Sie den Schwanz.

8 Säubern und schleifen Sie die Schnitzerei.

9 Ich habe mich entschieden, die Augen zu schnitzen, aber Sie können genauso Glasaugen oder Einleger aus kontrastierendem Material verwenden. Verleihen Sie der Schnitzerei zum Abschluss eine Schicht Öl- oder Wachspolitur.

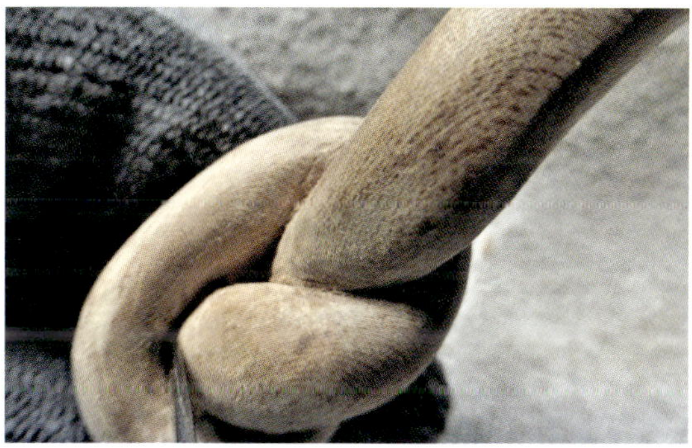

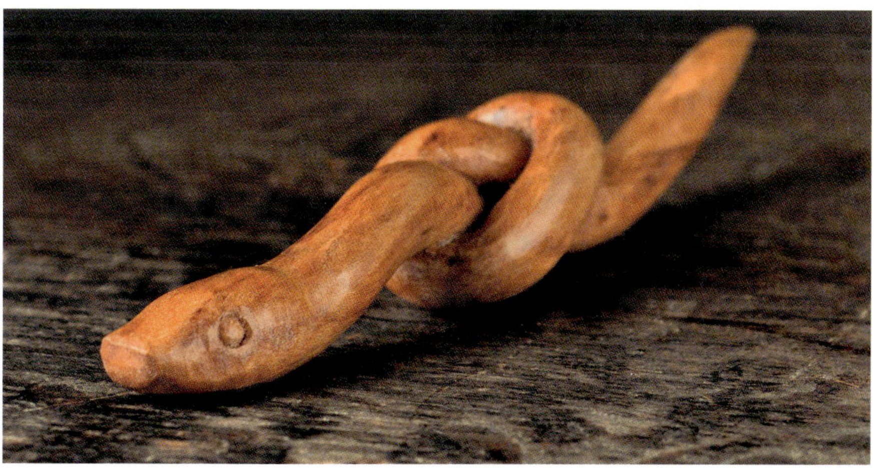

Fuchs

DER VIEL GESCHOLTENE ROTFUCHS WIRD ALLMÄHLICH ZUM EINZIGEN WILDEN TIER, DAS DIE MEISTEN BRITEN TATSÄCHLICH IM ECHTEN LEBEN SEHEN, ABGESEHEN VIELLEICHT VON EICHHÖRNCHEN. STADTFÜCHSE NEIGEN DAZU, EIN BISSCHEN SCHÄBIG AUSZUSEHEN, ABER AUF DEM LAND KÖNNEN FÜCHSE EXTREM HÜBSCH SEIN.

WERKZEUG

- Messer
- Schutzhandschuh
- Säge oder Beitel (optional)
- Schleifmittel
- Öl- oder Wachspolitur

Diese Schnitzerei ist mein Versuch, den Fuchs in seiner Jagd- oder Pirschhaltung abzubilden, und ist leicht stilisiert, um seinen Charakter zu zeigen.

Ich habe ein 15 cm langes Stück Lindenholz mit 3 cm Seitenlänge verwendet, aber Sie können jede gewünschte Größe verwenden.

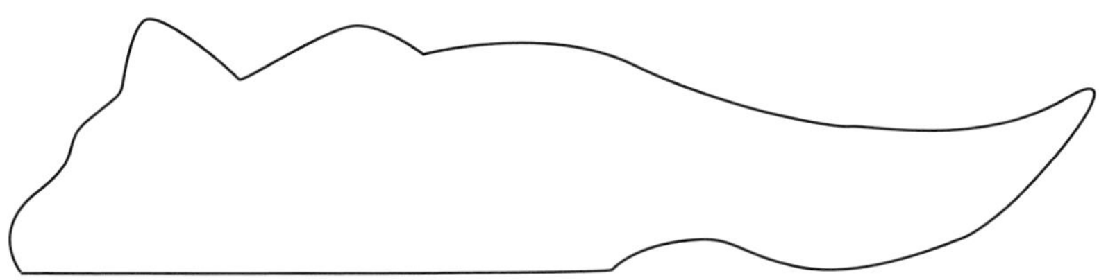

Vorlage Fuchs Seitenansicht

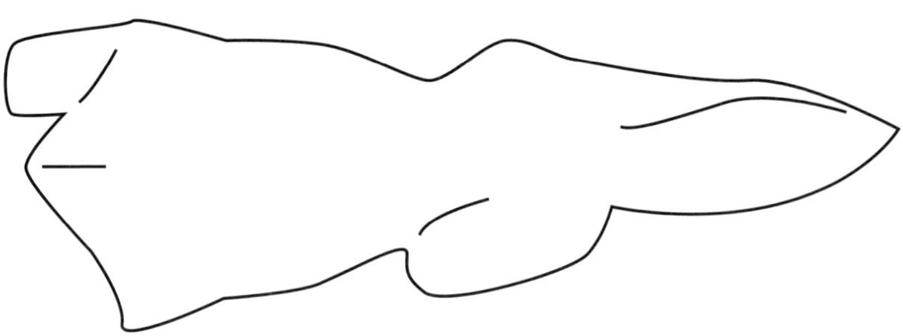

Vorlage Fuchs Draufsicht

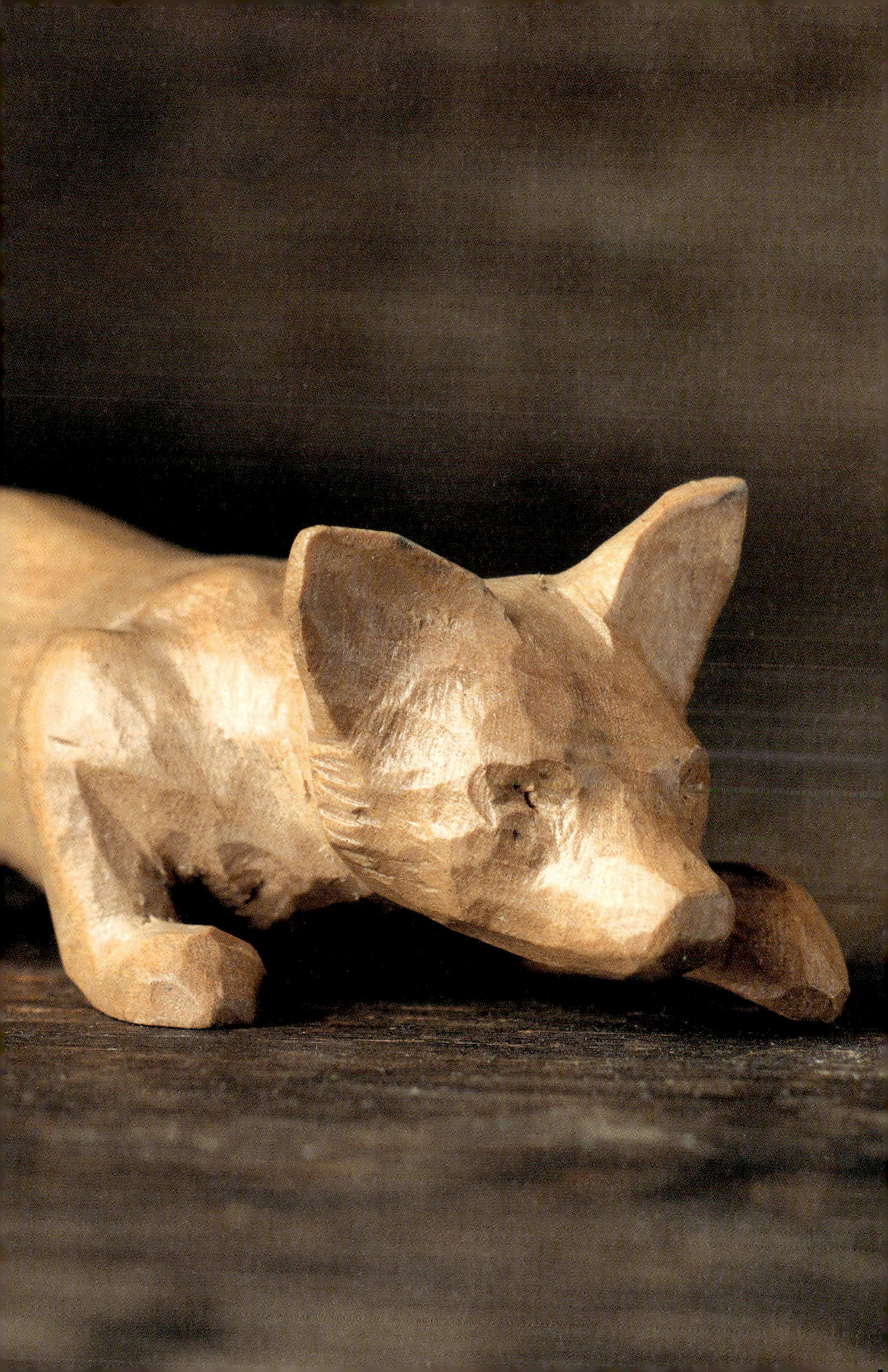

1 Übertragen Sie die Seitenansicht (siehe Seite 50) auf den Holzklotz.

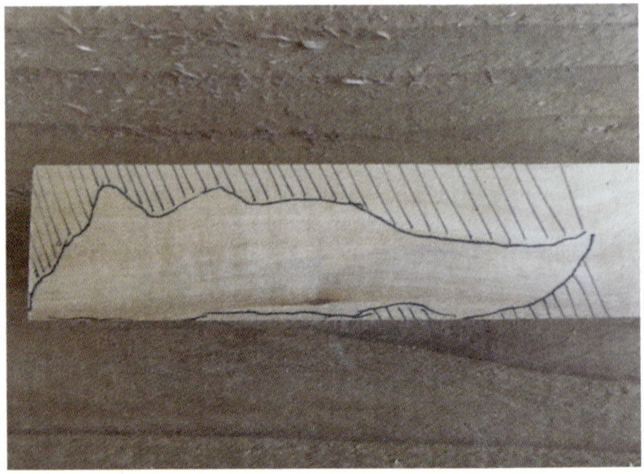

2 Schneiden Sie Überschuss (die schraffierten Bereiche im Bild) mit einer Säge, einem Messer oder einem Beitel weg.

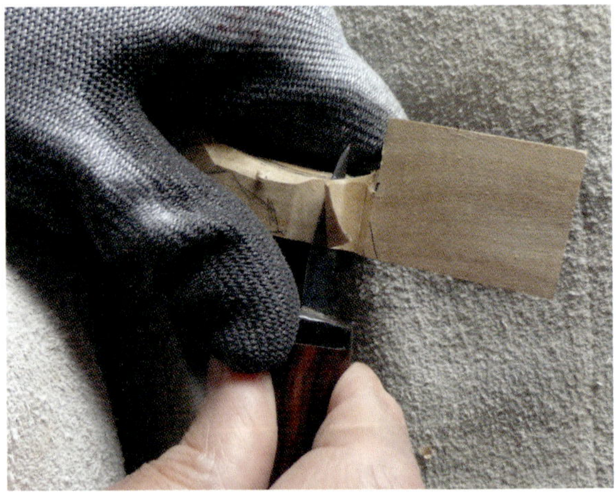

3 Übertragen Sie die Draufsicht (siehe Seite 50) auf den Bereich, den Sie geschnitten haben, und stellen Sie sicher, dass die beiden Vorlagen aneinander ausgerichtet sind. Sie müssen nicht zu genau sein, da Sie nur wissen müssen, wie viel Holz Sie entfernen können.

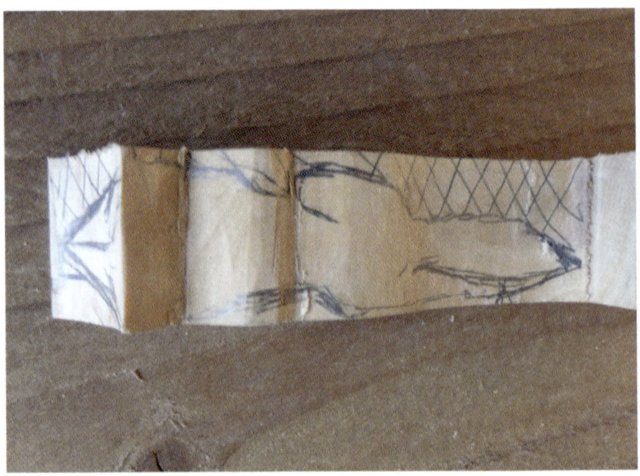

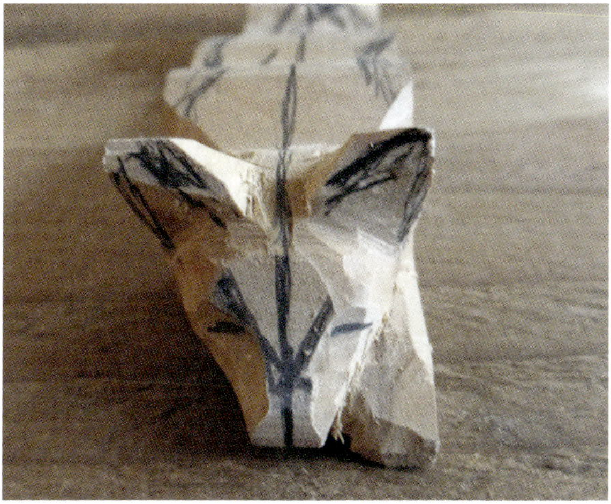

4 Schneiden Sie mit dem Messer nach eigenem Ermessen Überschuss weg. Wenn Sie Zweifel haben, lassen Sie das Holz stehen – Sie können später jederzeit verfeinern. Sie sollten jetzt eine eckige Form haben, in der sich Ihr Fuchs versteckt.

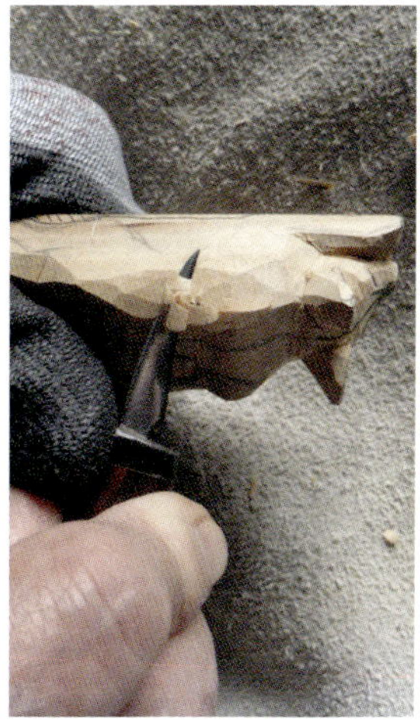

5 Beginnen Sie, die Form zu verfeinern, indem Sie Holz abtragen.

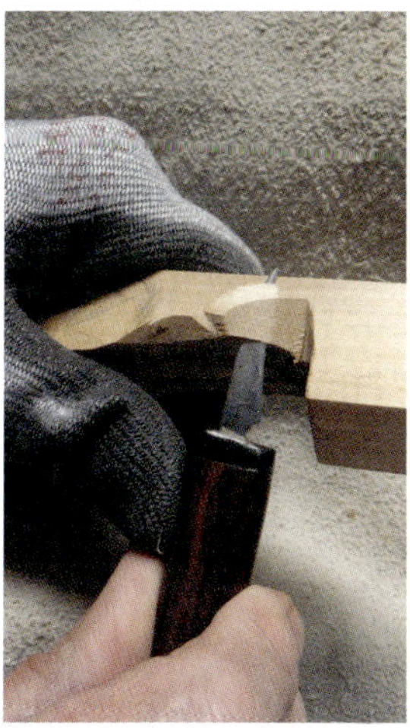

6 Hierbei geht es vor allem darum, alle Körperteile des Fuchses an den richtigen Stellen zu platzieren.

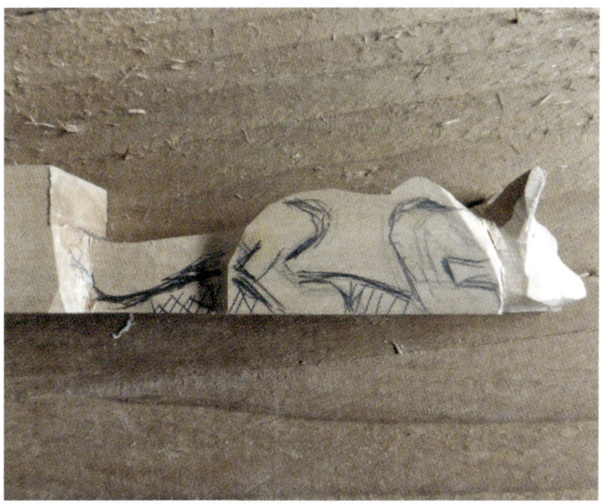

7 Bevor Sie weitermachen, markieren Sie alle Details, die Sie haben möchten, wie Schultern, Beckengürtel und Beinknochen, um sicherzustellen, dass sie richtig liegen.

8 Draufsicht der Schnitzerei in Arbeit.

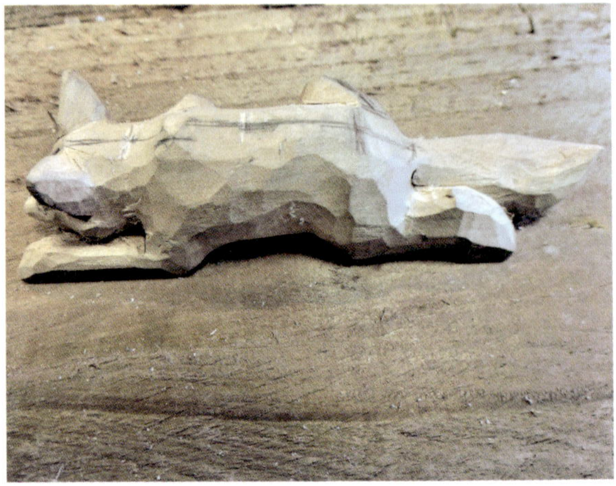

9 Seitenansicht der Schnitzerei in Arbeit.

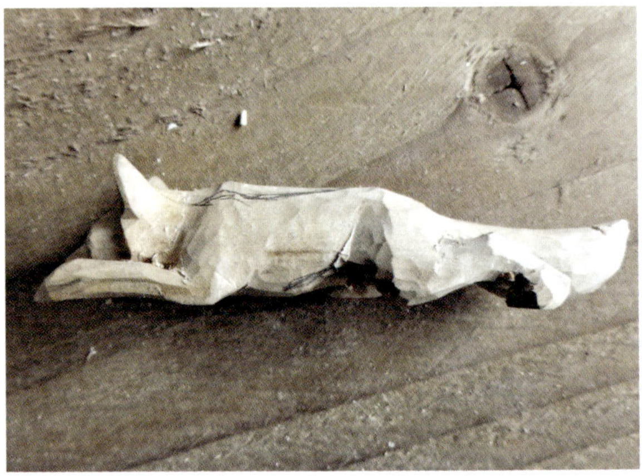

10 Von diesem Punkt an können Sie so viele oder so wenige zusätzliche Details hinzufügen, wie Sie möchten. Da die Schnitzerei klein ist, habe ich meine einfach gehalten.

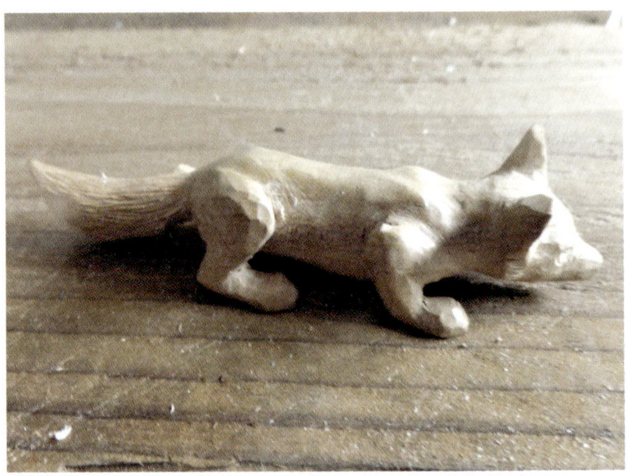

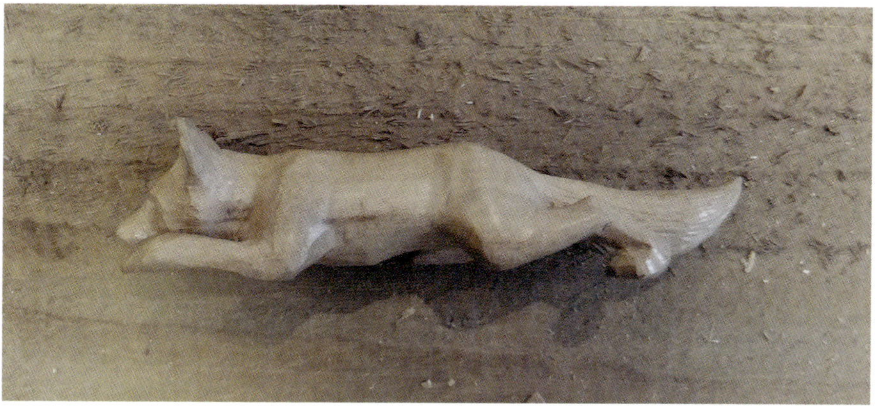

11 Nach dem allgemeinen Säubern habe ich das ganze Stück geschliffen, damit es ordentlicher aussieht. Wenn Sie sich entscheiden, das Gleiche zu tun, bedenken Sie, dass sich der Zeitaufwand für dieses Stück verdoppeln kann, sobald Sie anfangen, die verschiedenen Körnungen des Schleifpapiers durchzugehen.

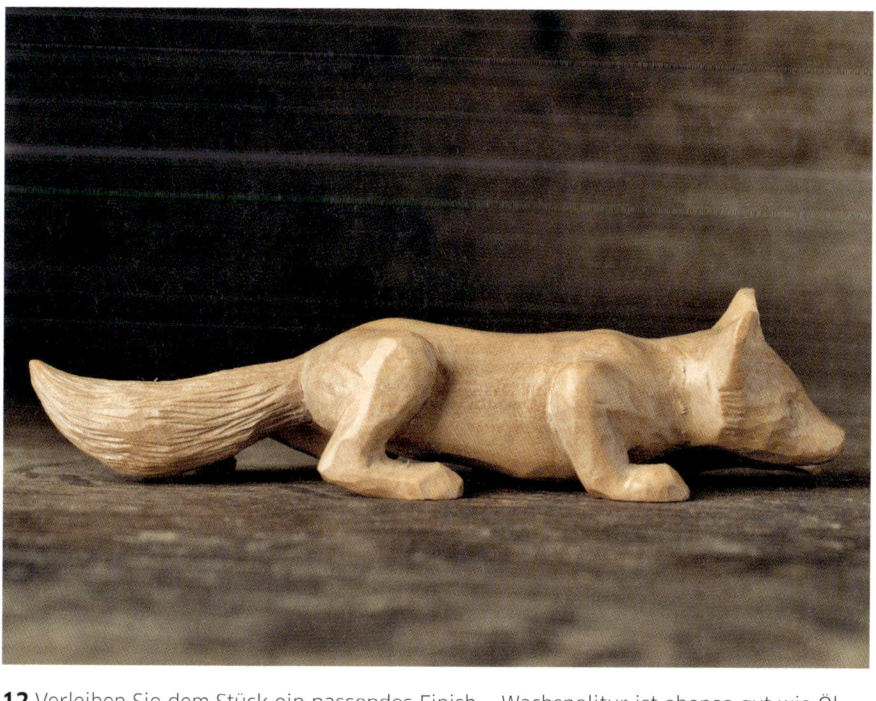

12 Verleihen Sie dem Stück ein passendes Finish – Wachspolitur ist ebenso gut wie Öl. Hier sehen Sie eine Seitenansicht der fertigen Schnitzerei.

Igel

IN MEINER JUGEND KONNTE MAN KEINE STRASSE ENTLANGFAHREN, OHNE AUF DIE TRAURIGEN LEICHEN VON IGELN ZU STOSSEN, DIE BEIM ÜBERQUEREN VOM VERKEHR ERWISCHT WORDEN WAREN. DIES UND DER VERLUST IHRES NATÜRLICHEN LEBENSRAUMES HAT DAZU GEFÜHRT, DASS MAN HEUTE NUR NOCH SELTEN AUF IGEL TRIFFT.

Es ist immer schwierig, eine Igelschnitzerei realistisch aussehen zu lassen, da es ziemlich unmöglich ist, die Stacheln so zu schnitzen, dass sie gut aussehen. Ich habe das Design ein wenig stilisiert und hoffe, dass das Ergebnis annehmbar ist.

Ich habe keine Vorlage für diese Schnitzerei bereitgestellt, da die Form sehr einfach ist und nach Belieben verändert werden kann. Es gibt viel Spielraum, um die Körperhaltung zu variieren, solange Sie die grundlegende Körperform beibehalten.

Ich habe ein 7 cm langes Stück Lindenholz mit 4 cm Seitenlänge verwendet, aber Sie können jede verfügbare Größe verwenden. Wenn Sie ein größeres Stück Holz haben, kann es hilfreich sein, am Ende etwas überstehen zu lassen, um es leichter halten zu können.

WERKZEUG

- Messer
- Schutzhandschuh
- Band- oder Laubsäge (optional)
- kleiner V-förmiger Stechbeitel
- Hohlbeitel
- Acryl-Aquarellfarbe
- schwarzes Büffelhorn (optional)
- feines Schleifmittel
- Ölpolitur

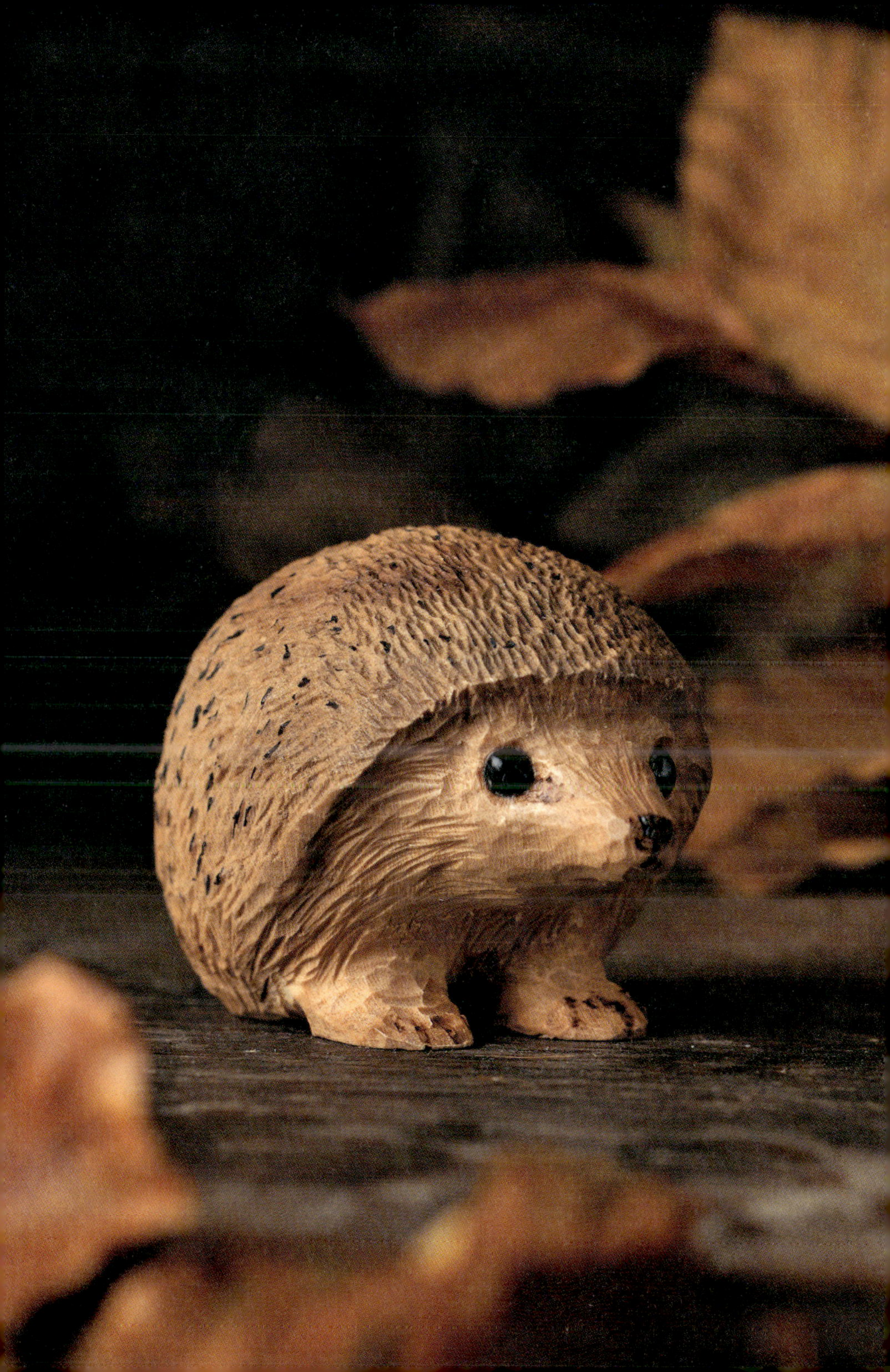

1 Zeichnen Sie die beiden Formen auf Ihren Holzklotz und stellen Sie sicher, dass sie richtig ausgerichtet sind.

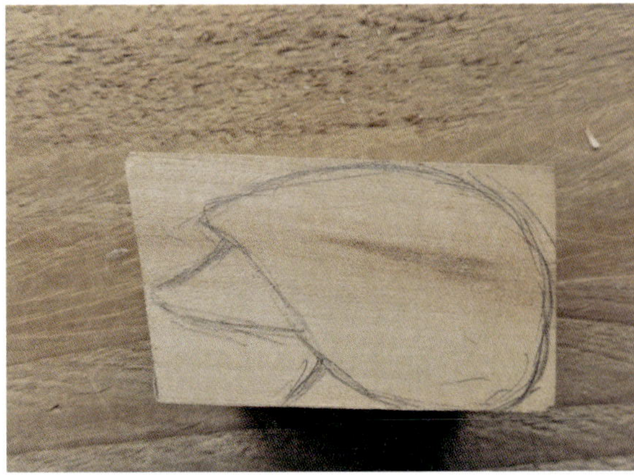

2 Draufsicht des angezeichneten Holzblocks.

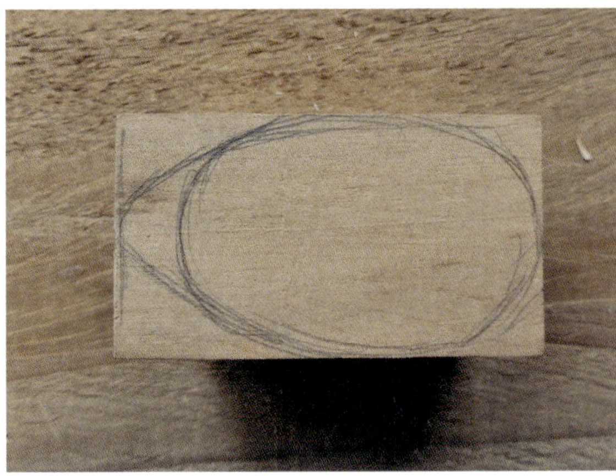

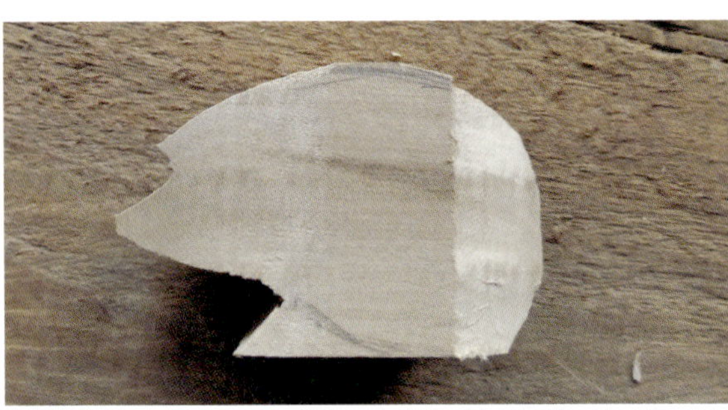

3 Schneiden Sie die beiden Umrisse mit einer Band- oder Laubsäge aus. Wenn Sie keines von beiden haben, können Sie Ihr Messer verwenden, da es nicht viel Holz zu entfernen gibt.

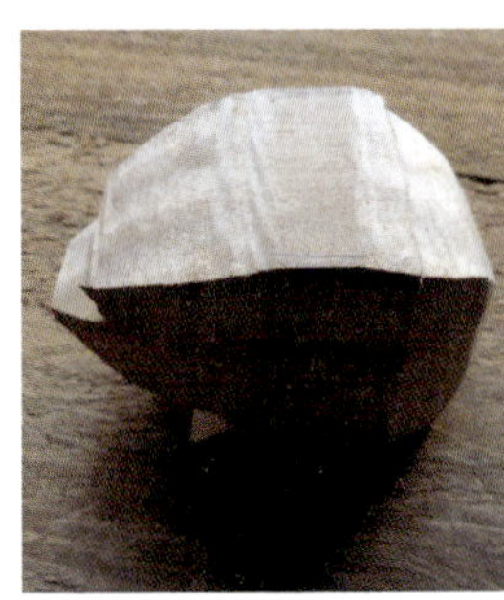

4 Draufsicht der groben Form.

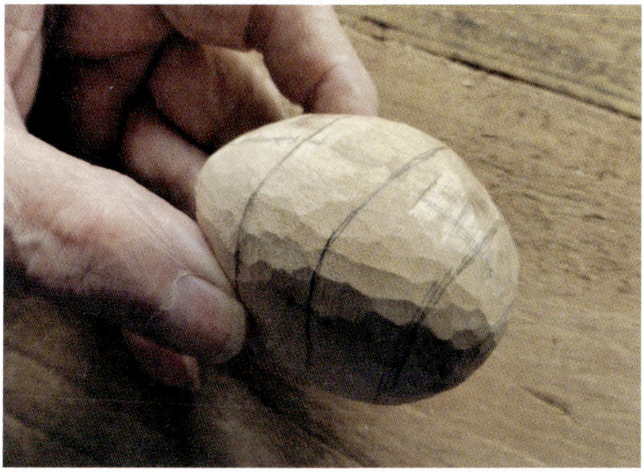

5 Beginnen Sie, die Körperform mit Ihrem Messer abzurunden. Zeichnen Sie die Linien immer wieder nach, während Sie schnitzen (siehe Tipp unten).

TIPP

In Schritt 5 fand ich es nützlich, die Markierung der Mittellinie sowie mehrere Linien um den Körper herum beizubehalten, um die Rundung besser erkennen zu können. Ohne diese Linien passiert es leicht, dass in den Rundungen Flächen entstehen, wie man in Bild 6 sehen kann. Wenn Sie diese Linien immer wieder nachziehen, während Sie schnitzen, können Sie sicherstellen, dass Sie am Ende ein sauberes Profil haben.

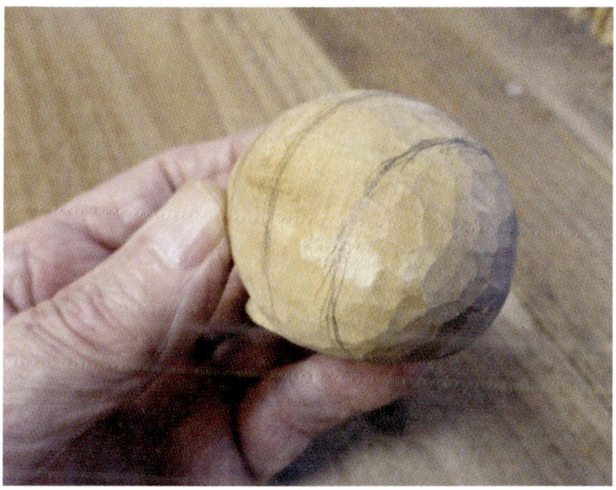

6 Sobald die Kurven des Körpers schön und glatt sind, können Sie die Körperform prüfen.

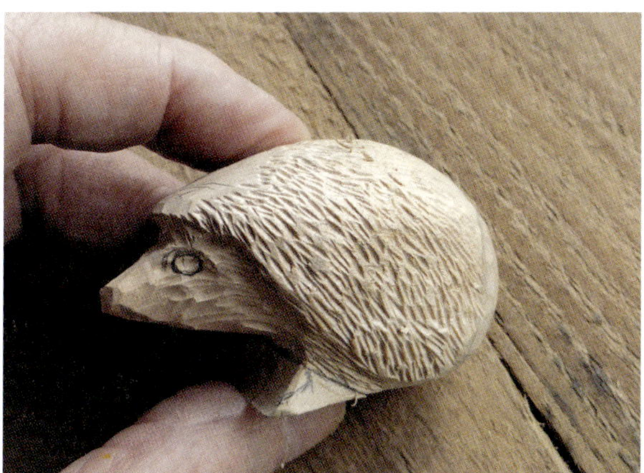

7 Jetzt ist es Zeit, sich an der Textur zu versuchen. Es ist aufgrund der Form und Anzahl fast unmöglich, realistische Stacheln aus Holz zu schnitzen (ein Igel hat Tausende davon), also versuchen Sie, etwas zu schnitzen, das angemessen naturgetreu aussieht.

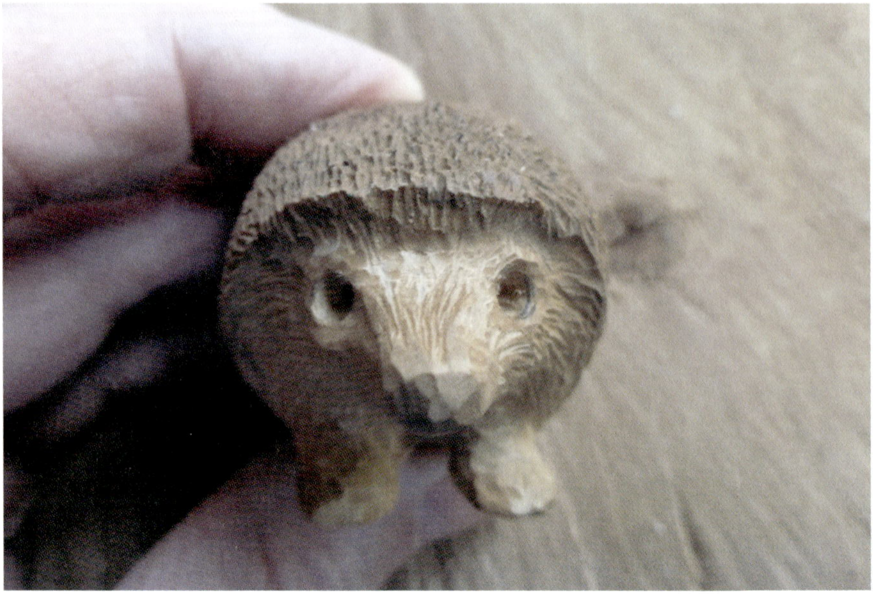

8 Dunkeln Sie die Stacheln mit etwas Acryl-Aquarellfarbe ab, damit sie realistischer aussehen; dann markieren und bohren Sie die Löcher für die Augen.

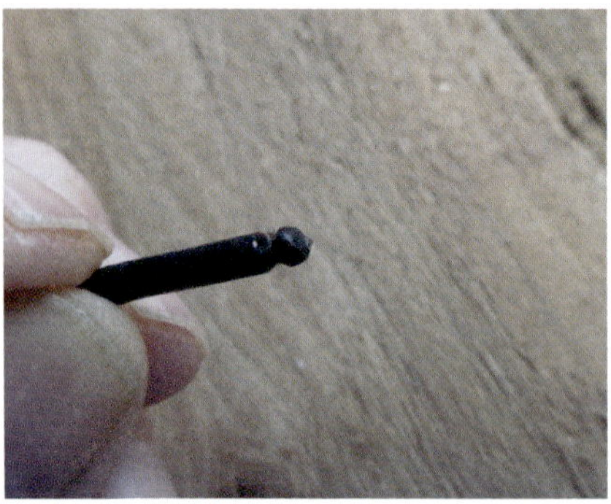

9 Ich dachte mir, dass Einlegeaugen gut zu diesem Stück passen würden. Schwarzes Büffelhorn ist ideal für Augen und kann leicht zu einem geeigneten Dübel geformt werden, der in das gebohrte Loch passt. Um das Einpassen zu erleichtern, schneiden Sie den Dübel etwa 2 mm vor dem Ende ringsum ein und schneiden ihn erst nach dem Verkleben vollständig ab.

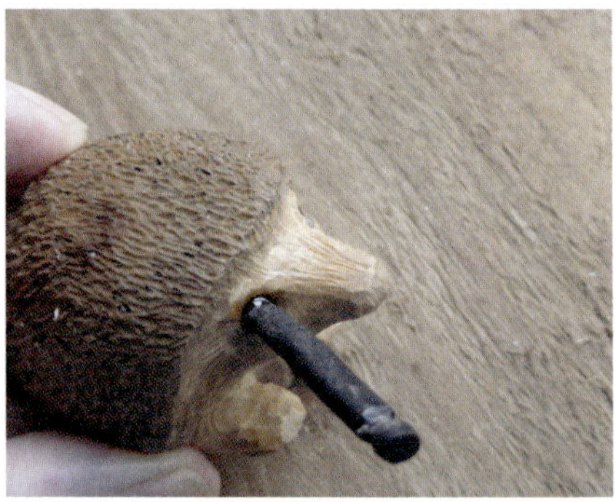

10 Kleben Sie das Auge mit einem Tropfen Sekundenkleber ein und schneiden Sie den Dübel ab, sobald es fest sitzt. Wiederholen Sie dies auf der anderen Seite.

11 Glätten Sie die Augenoberflächen mit feinem Schleifmittel. Wenn Sie sie eine Weile mit der Fingerspitze reiben, erzielen Sie einen schönen Glanz.

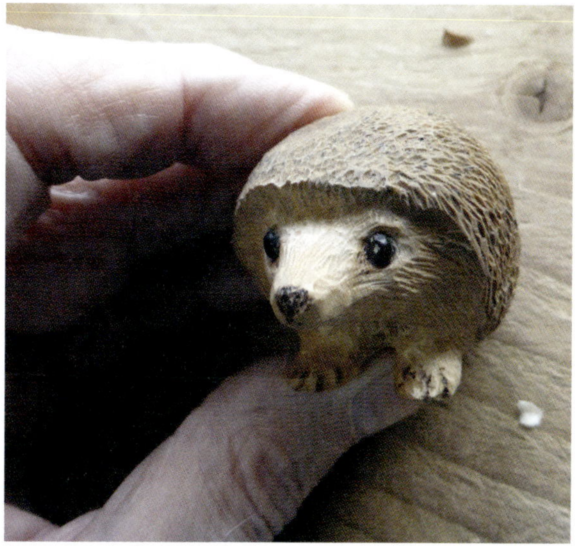

12 Verleihen Sie dem Stück eine Schicht Ölpolitur. Vielleicht möchten Sie die Stacheln noch etwas mehr betonen, aber ich würde davon abraten, sie mit Wachs zu polieren, da Sie dadurch möglicherweise an Textur verlieren.

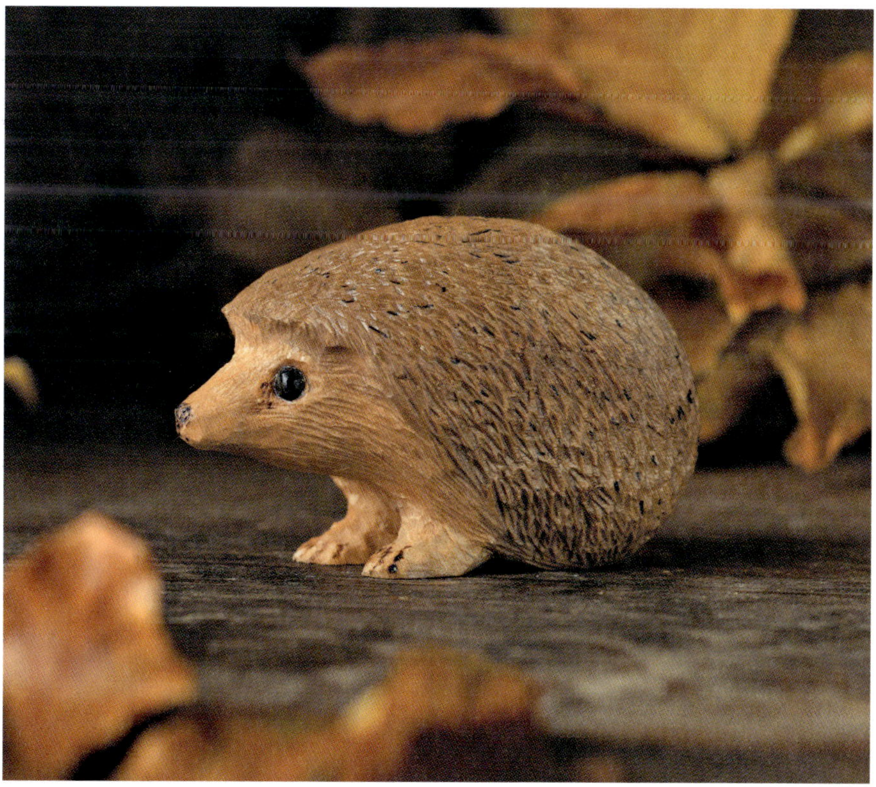

Waschbär

IN DEN USA SIND WASCHBÄREN ALLGEGENWÄRTIG UND MITTLERWEILE AUCH IN EUROPA VERBREITET. SIE SIND DIE UNRUHESTIFTER DER TIERWELT, BERÜCHTIGT DAFÜR, ÜBERALL CHAOS ZU VERURSACHEN. SIE SIND AUCH DAFÜR BEKANNT, IN DACHBÖDEN UND SCHORNSTEINE EINZUDRINGEN. TROTZDEM IST DER WASCHBÄR ZIEMLICH NIEDLICH UND EIN GROSSARTIGES MOTIV ZUM SCHNITZEN.

WERKZEUG

- Messer
- Schutzhandschuh
- Band- oder Laubsäge
- kleiner Hohlbeitel
- kleiner V-förmiger Stechbeitel (optional)
- Brennstift (optional)

Da dies ein ziemlich stämmiges Tier ist, habe ich ein 10 cm langes Stück Lindenholz mit 5 cm Seitenlänge gewählt und die Basis angewinkelt, um die Schnitzerei so groß wie möglich zu machen.

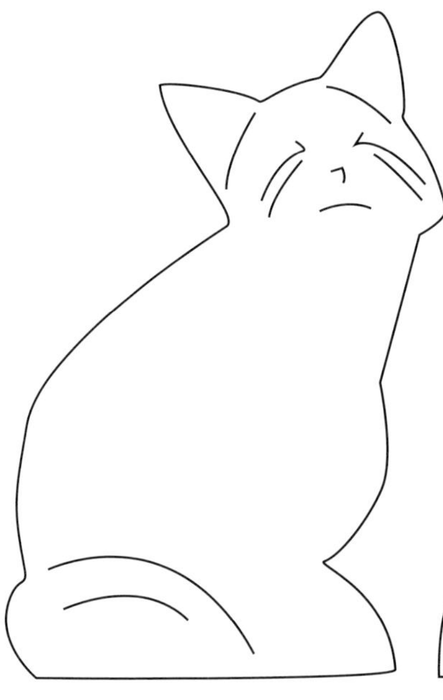

Vorlage Waschbär
Vorderansicht

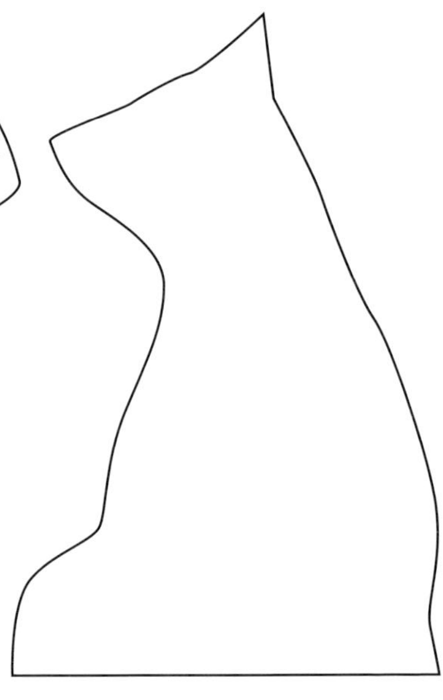

Vorlage Waschbär
Seitenansicht

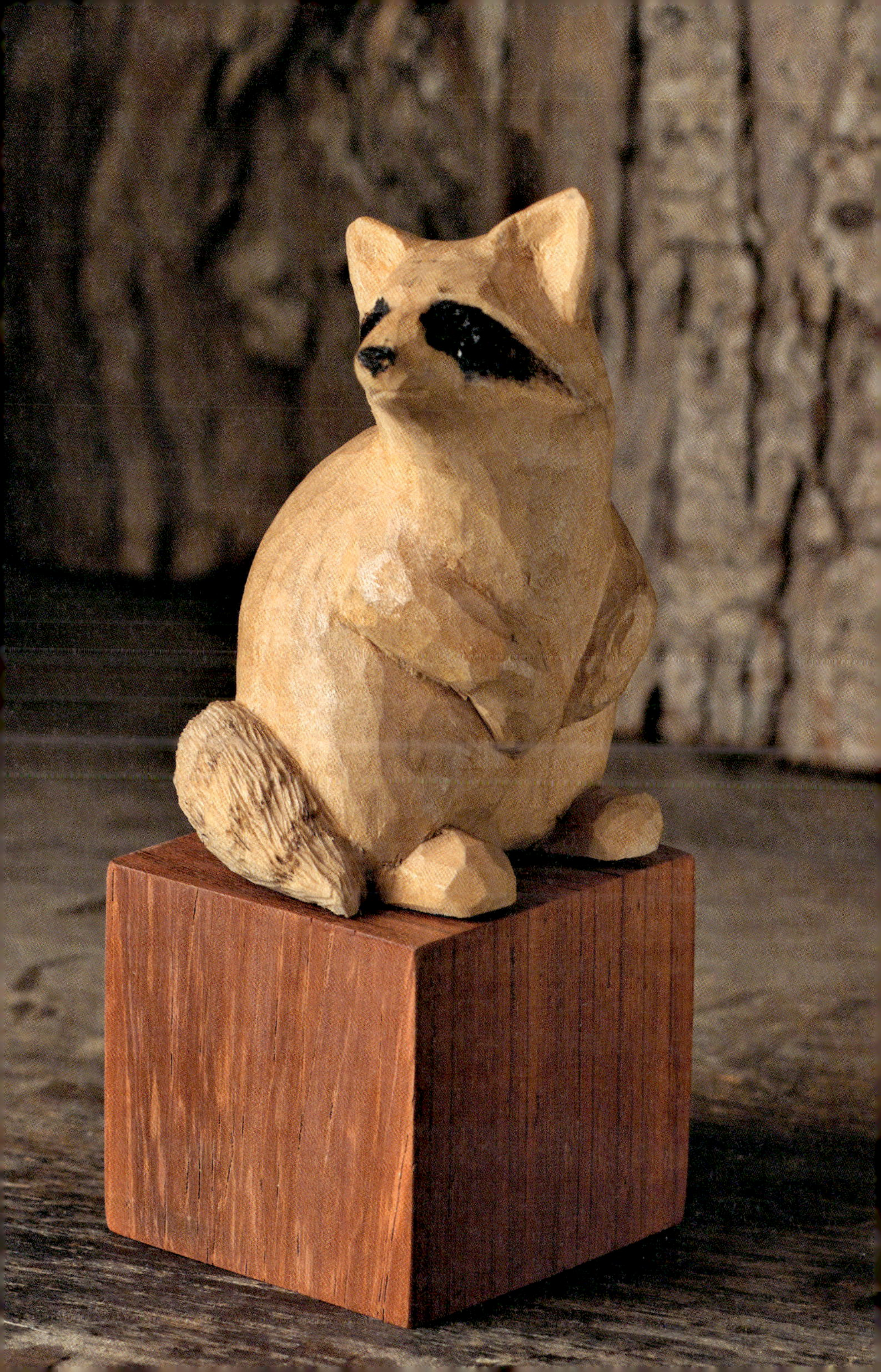

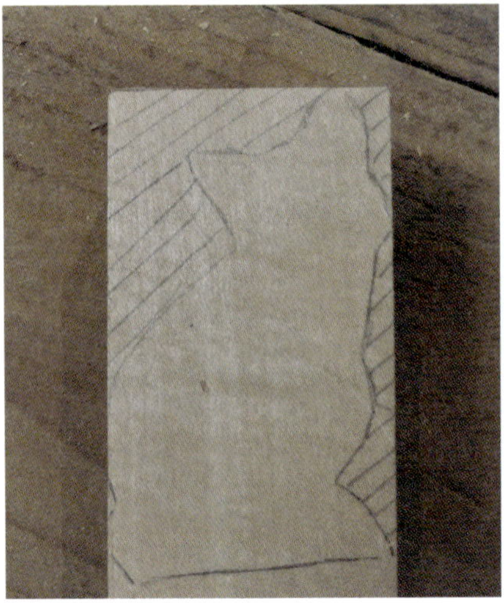

1 Zeichnen Sie die Vorder- und Seitenansicht (siehe Seite 62) auf das Holz.

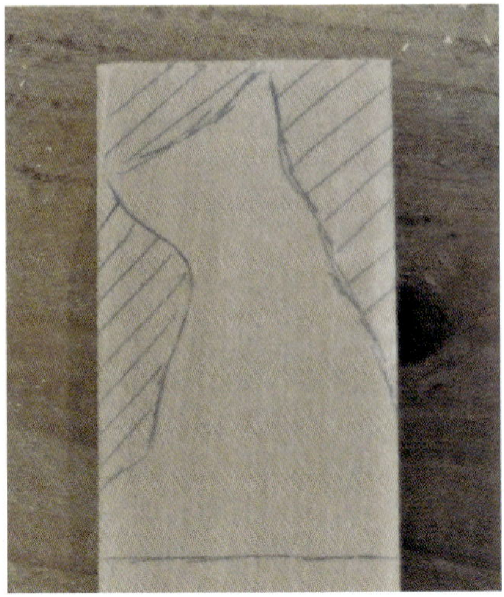

2 Stellen Sie sicher, dass die Seitenansicht in die richtige Richtung schaut und mit der Vorderansicht übereinstimmt.

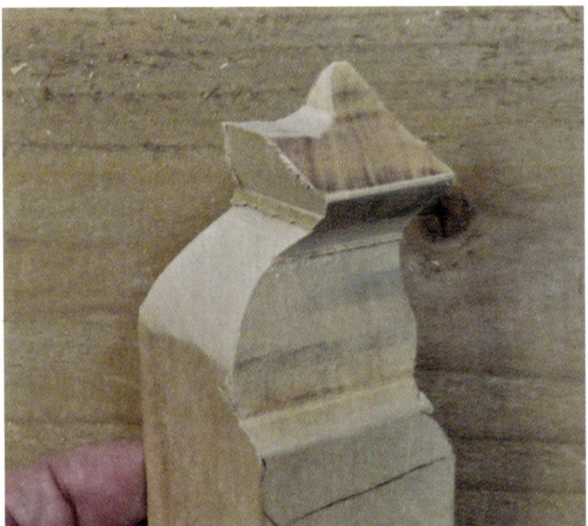

3 Schneiden Sie sie mit einer Säge nach – wenn Sie keine Bandsäge haben, können Sie dies einfach mit einer Laubsäge tun.

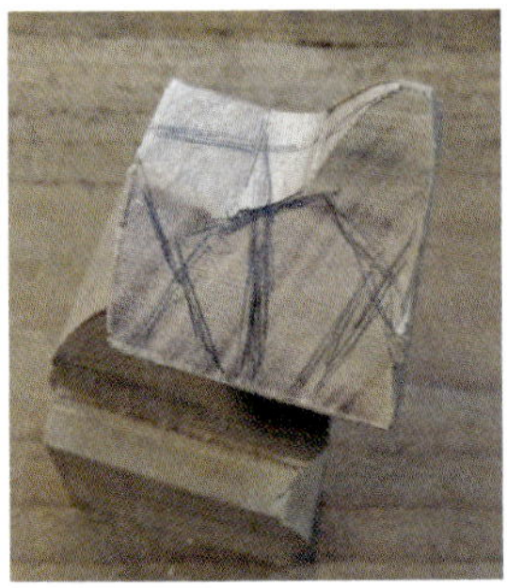

4 Markieren Sie als Nächstes den Winkel des Kopfes, da Sie diesen zuerst herausarbeiten müssen, bevor Sie mit dem Körper beginnen. Achten Sie darauf, dass Sie genug Holz für die Ohren übrig lassen und dass diese im gleichen Winkel wie der Kopf stehen.

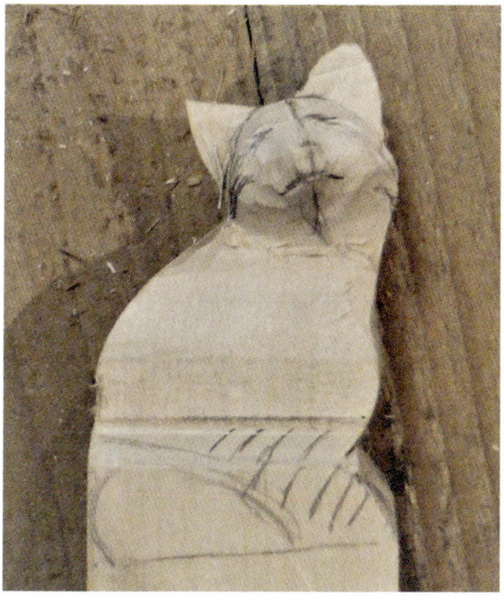

5 Arbeiten Sie an der groben Form des Kopfes, ohne sich um Details zu kümmern. Sobald Sie damit zufrieden sind, können Sie zum Körper übergehen.

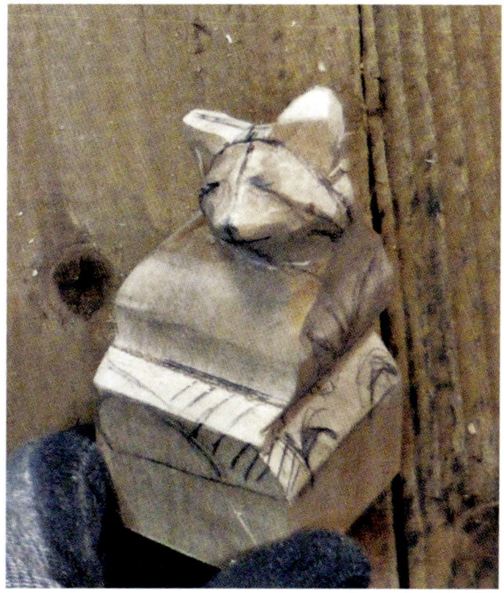

6 Zeichnen Sie alle relevanten Körperteile auf den Klotz.

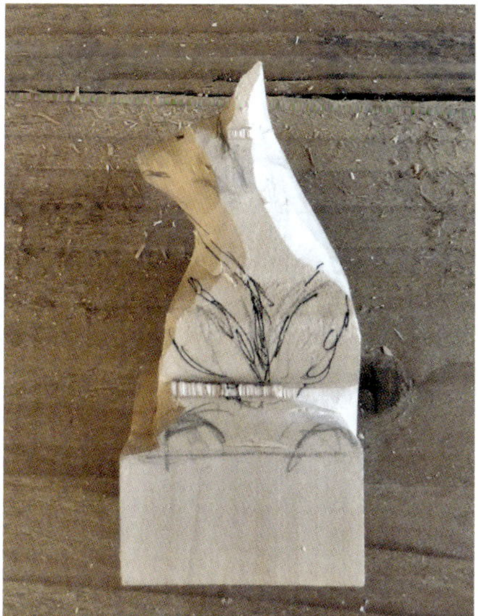

7 Markierungen wie hier helfen Ihnen, klar zu sehen, wo was liegen soll.

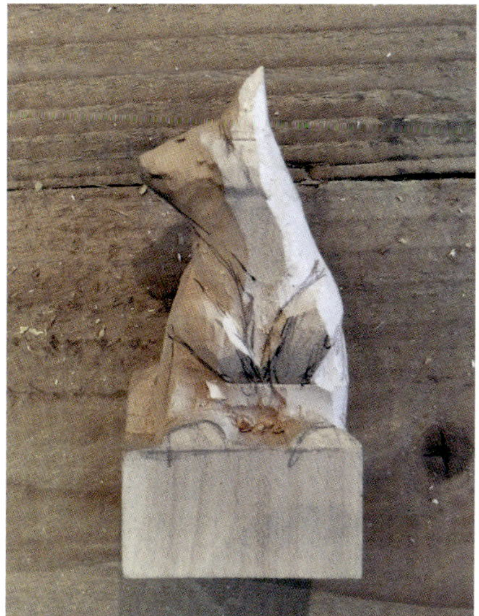

8 Nun können Sie den Körper abrunden.

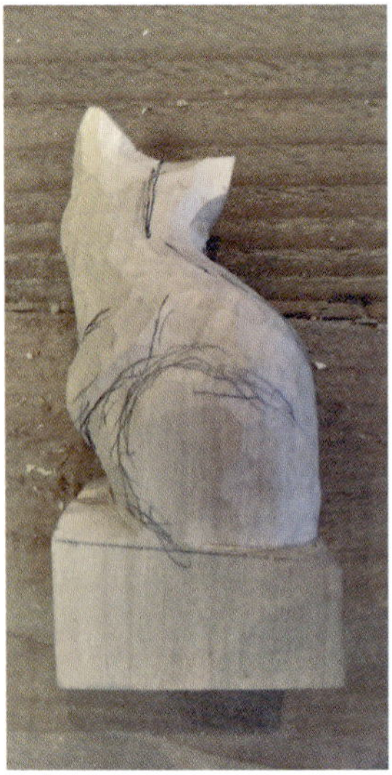

9 Zeichnen Sie die Gliedmaßen während der Arbeit immer wieder nach und geben Sie eine grobe Form.

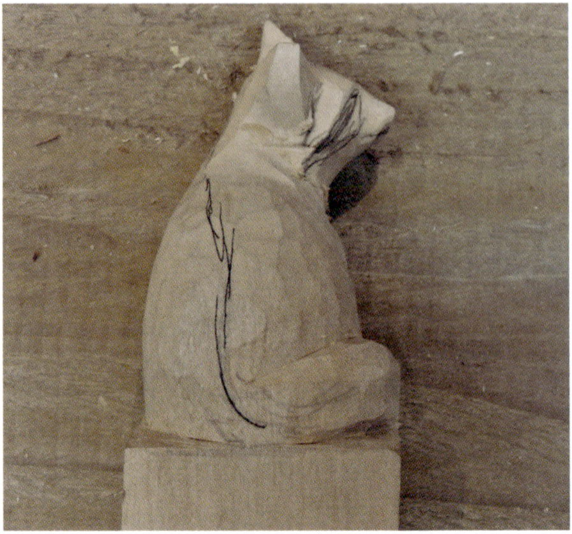

10 Zeichnen Sie die Mittellinie des Rückens auf und platzieren Sie den Schwanz. Formen Sie den Schwanz und stellen Sie eine gleichmäßige Kurve von der Linie der Wirbelsäule bis zum Schwanzansatz sicher.

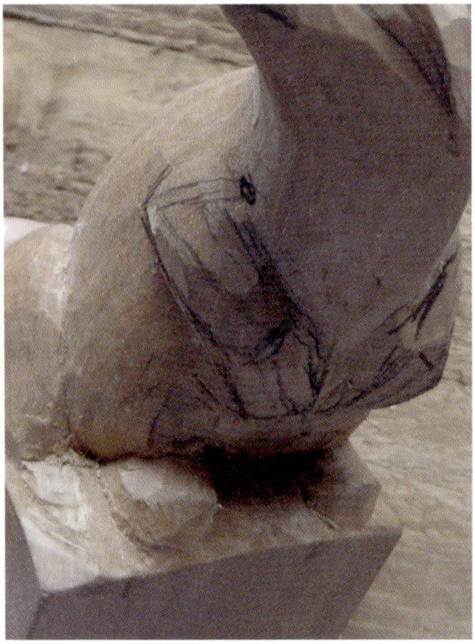

11 Zeichnen und schnitzen Sie die Füße.

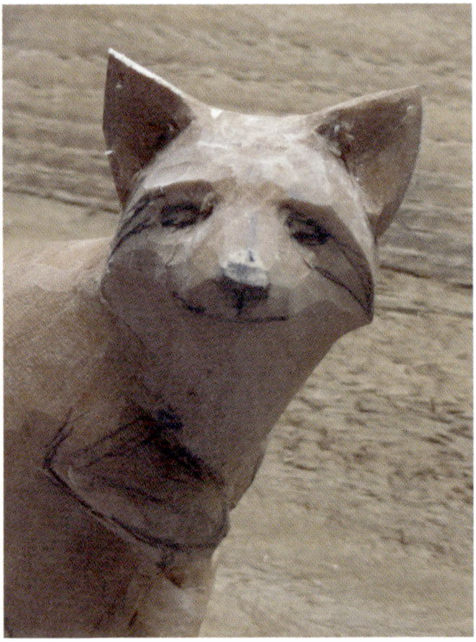

12 Verfeinern Sie den Kopf ein wenig.

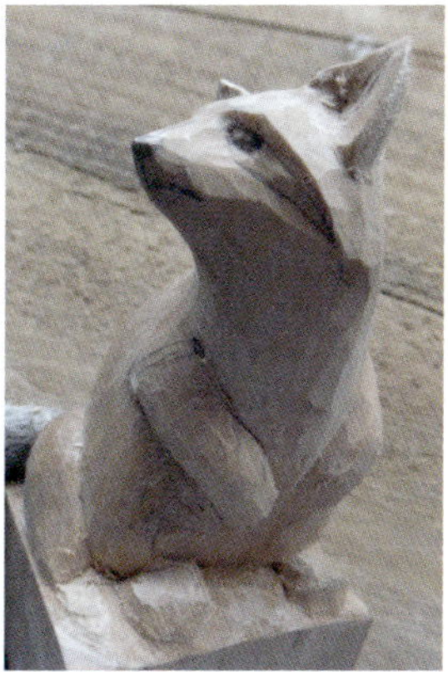

13 Stellen Sie die Vorderpfoten fertig.

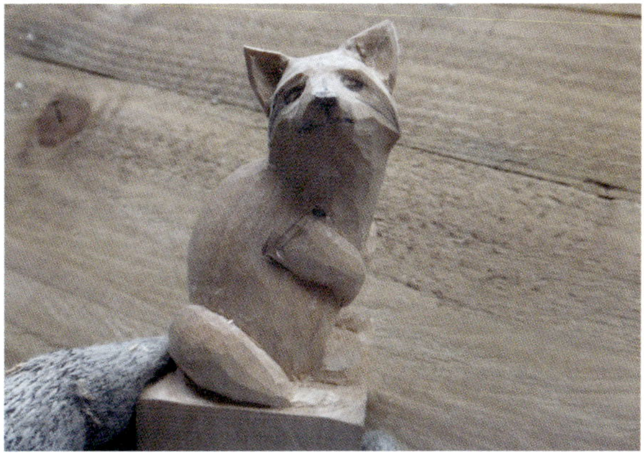

14 Das ganze Stück ist jetzt bereit zum Säubern. Sie können, wenn Sie möchten, mit einem V-förmigen Stechbeitel Textur hinzufügen.

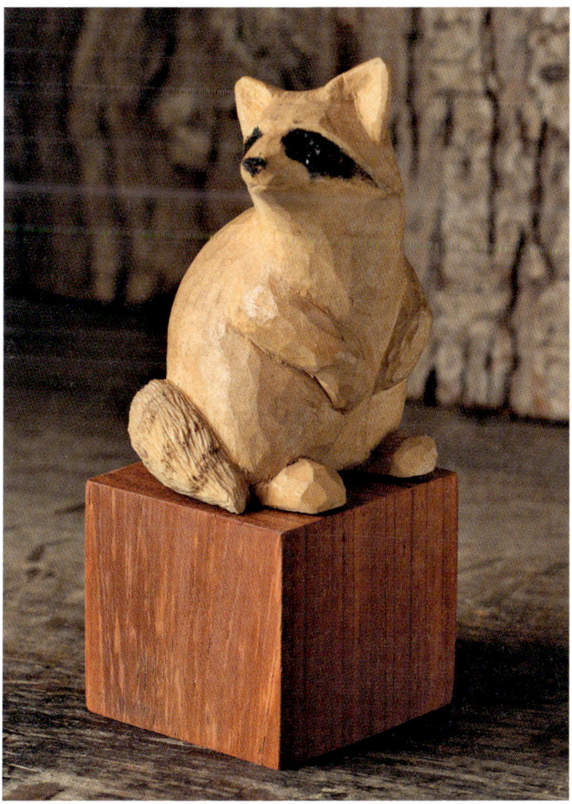

15 Sie könnten einfach eine Ölpolitur auftragen und die Arbeit beenden, aber ich denke, der Waschbär braucht Details. Ich habe einen Brennstift für die Streifen auf Gesicht und Schwanz verwendet. Alternativ können Sie Farbe oder Beize nehmen. Ich habe die Schnitzerei außerdem von ihrer Basis abgeschnitten und sie auf einen Boden aus einem anderen Holz montiert, der sie meines Erachtens besser betont – Sie haben die Wahl.

TIPP

Wenn Sie sich für Brandmalerei entscheiden, üben Sie vorher mit dem Stift auf einem Stück Holz, bevor Sie Ihre Schnitzerei brennen – sicher ist sicher!

Eichhörnchen

EICHHÖRNCHEN SIND EIN VERTRAUTER TEIL DER TIERWELT IN DER STADT UND AUF DEM LAND. UNSER LETZTES HAUS BEFAND SICH MITTEN IN EINEM EICHENWALD, UND WIR HATTEN REGELMÄSSIG EIN RIESIGES AUFGEBOT AN WILDTIEREN ZU BESUCH. EINIGE WAREN SEHR WILLKOMMEN, WÄHREND ANDERE NICHTS ALS ÄRGER VERURSACHTEN. DIE EICHHÖRNCHEN LAGEN IRGENDWO DAZWISCHEN. DIE, DIE EINE SEITE DES HAUSES BESUCHTEN, NEIGTEN DAZU, DIE HOLZFENSTERRAHMEN ANZUFRESSEN, WÄHREND WIR AUF DER ANDEREN SEITE DES HAUSES NIE SCHÄDEN HATTEN.

WERKZEUG

- Messer
- Schutzhandschuh
- kleiner Hohlbeitel
- V-förmiger Stechbeitel
- Wachspolitur

Ursprünglich sollte diese Schnitzerei ein Eichhörnchen werden, das auf einem Ast sitzt, wie Sie an der Vorlage sehen können. Dieses Design gab mir jedoch die Möglichkeit, später meine Meinung zu ändern.

Ich habe ein 7 cm langes Stück Lindenholz mit 5 cm Seitenlänge verwendet, aber Sie können verwenden, was Sie wollen.

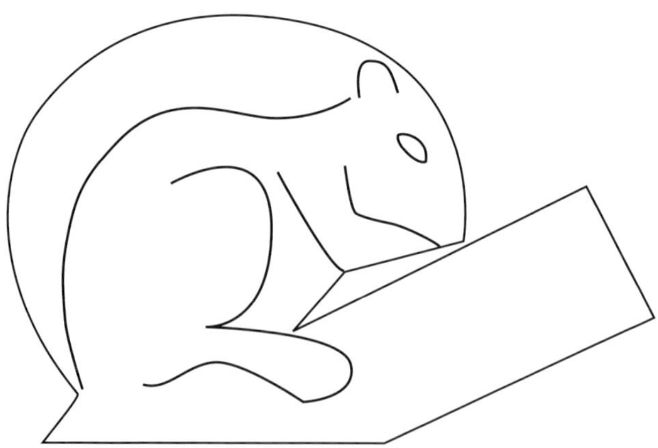

Vorlage Eichhörnchen Seitenansicht

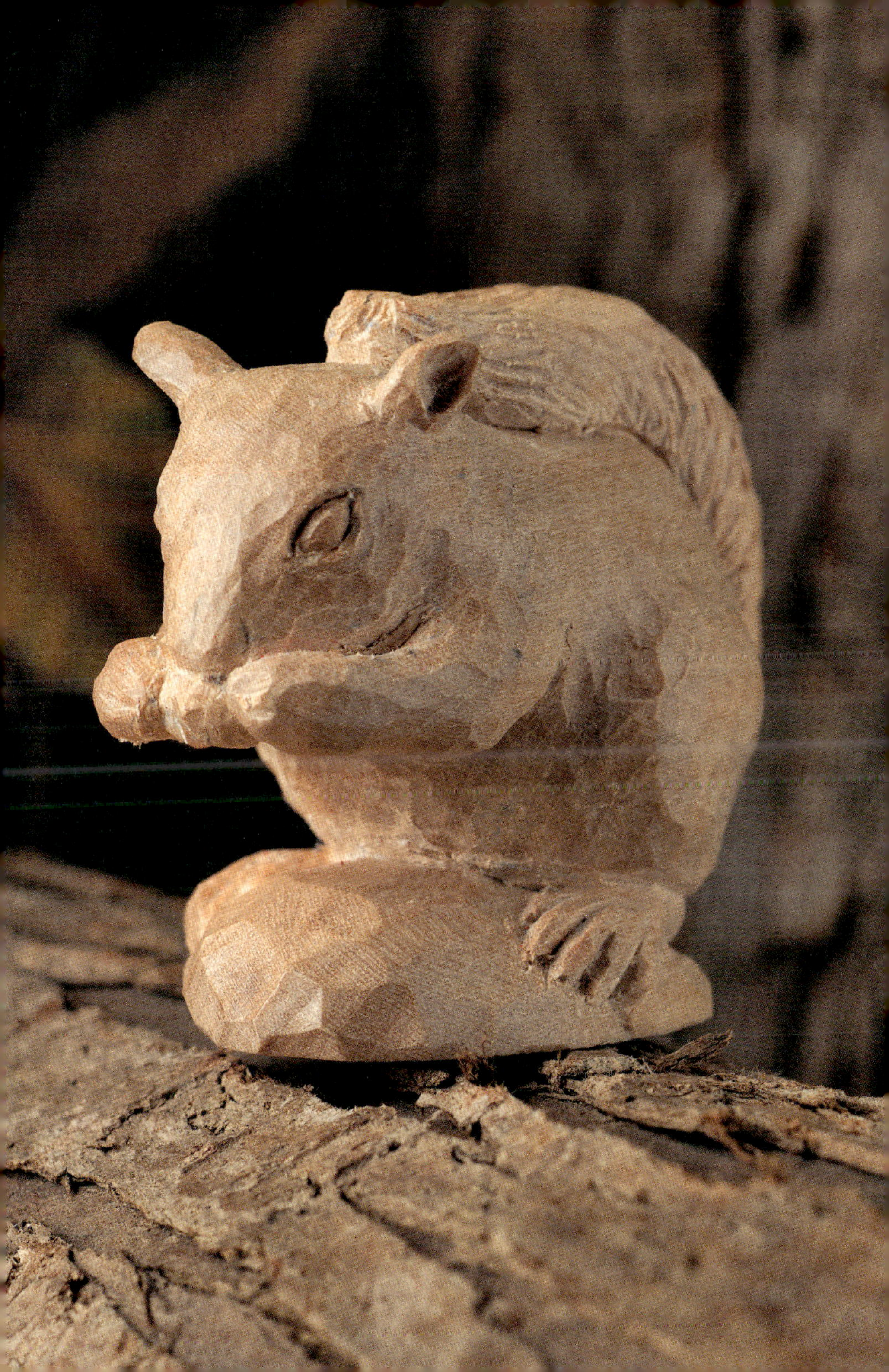

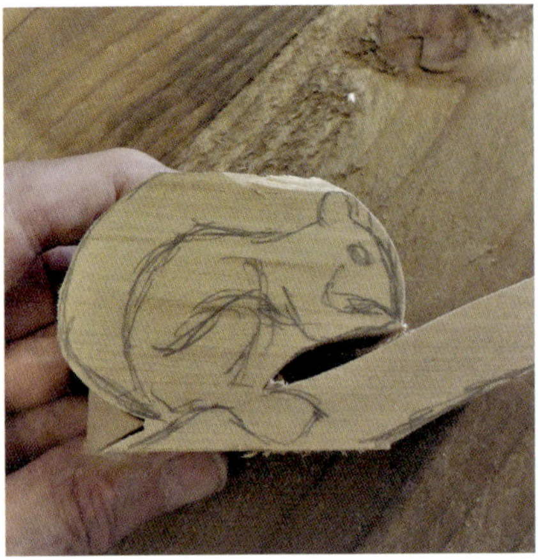

1 Übertragen Sie die Vorlage (siehe Seite 68) auf Ihr Holz und schneiden Sie sie aus.

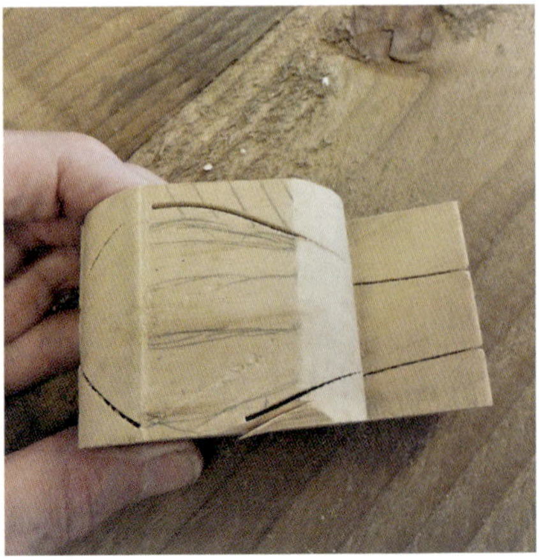

2 Hier sehen Sie die Draufsicht der Umrisse und die Bereiche, die offensichtlich weggeschnitten werden.

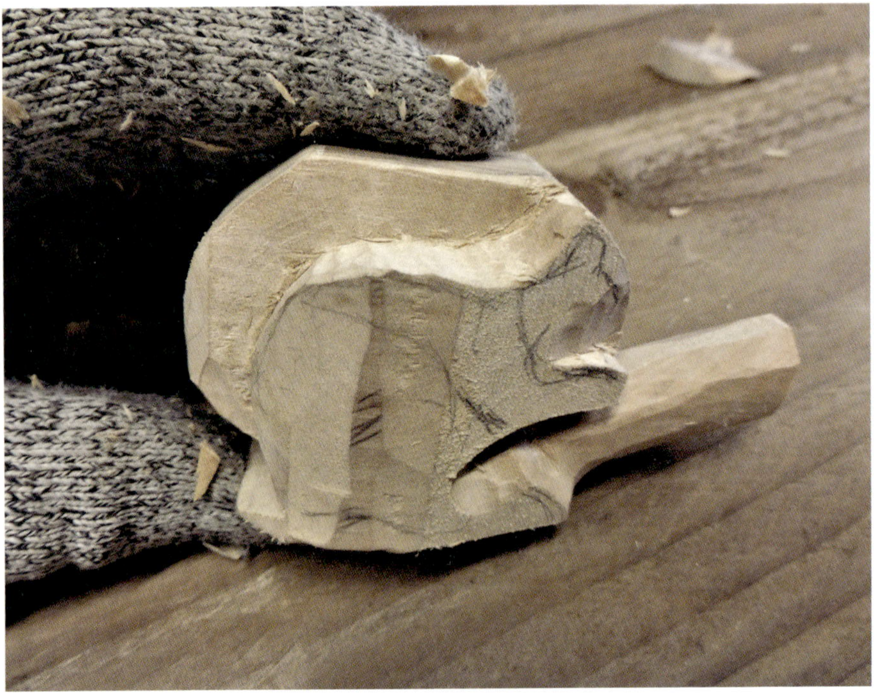

3 Entfernen Sie ohne Rücksicht auf Details den Überschuss von beiden Seiten des Schwanzes und des Astes. Setzen Sie eine kleine Rundung, wo nötig.

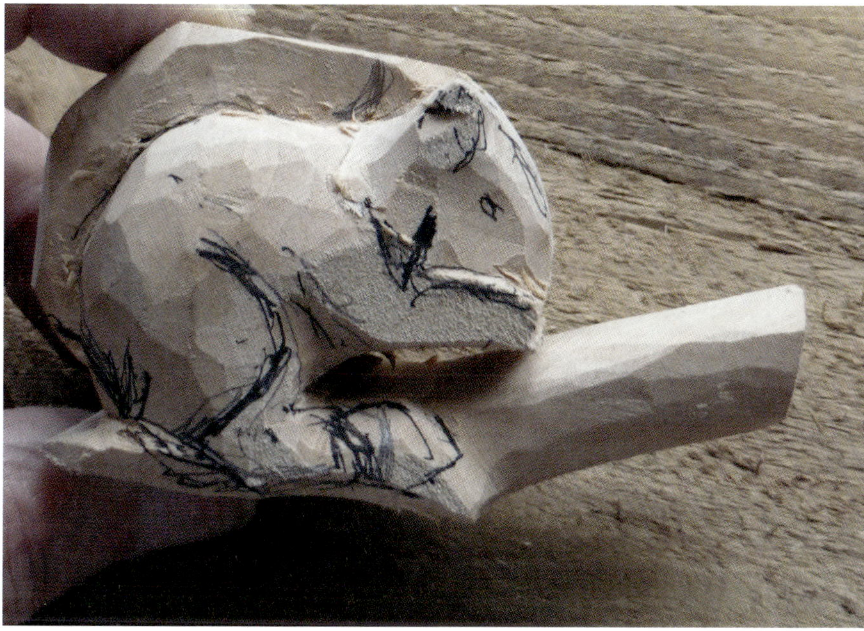

4 Markieren Sie die verschiedenen Teile der Schnitzerei, damit Sie genau wissen, wo sie liegen werden.

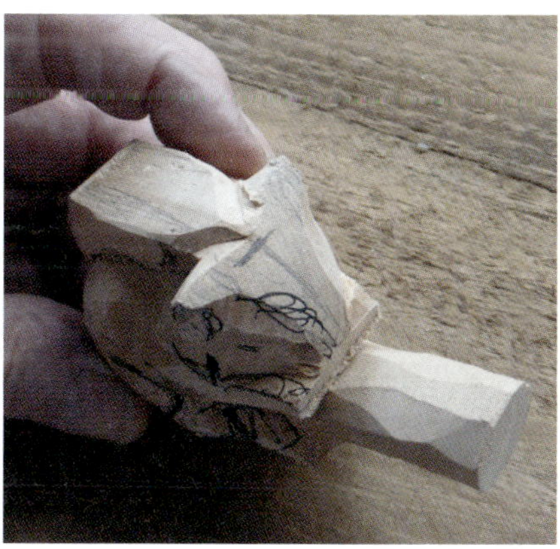

5 Das Markieren ist notwendig, damit Sie die gesamte Form des Tieres verstehen, da es leicht passieren kann, beim Schnitzen eines Teils einen anderen nicht zu beachten und am Ende nicht genug Holz übrig zu haben.

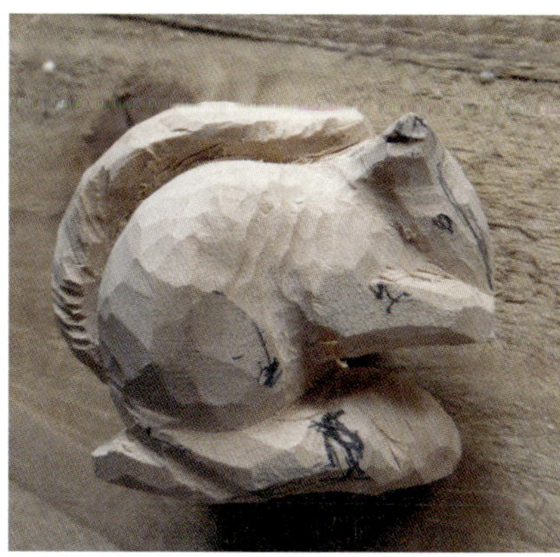

6 An diesem Punkt entschied ich, dass die Schnitzerei mit dem Eichhörnchen auf einem Felsen besser aussehen würde als auf einem Ast, also schnitt ich das vordere Stück Holz ab, aber Sie können frei wählen.

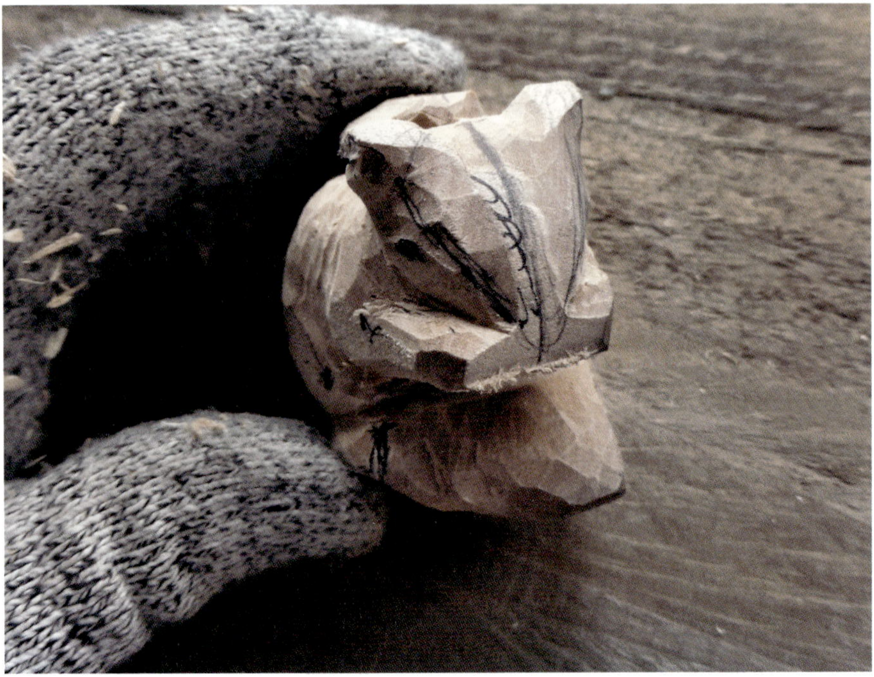

7 Beginnen Sie, den Kopf zu formen, ehe Sie die gesamte Schnitzerei verschlanken. Von diesem Punkt an brauchen Sie ein gutes Foto eines Eichhörnchens, damit Sie die Details richtig hinbekommen.

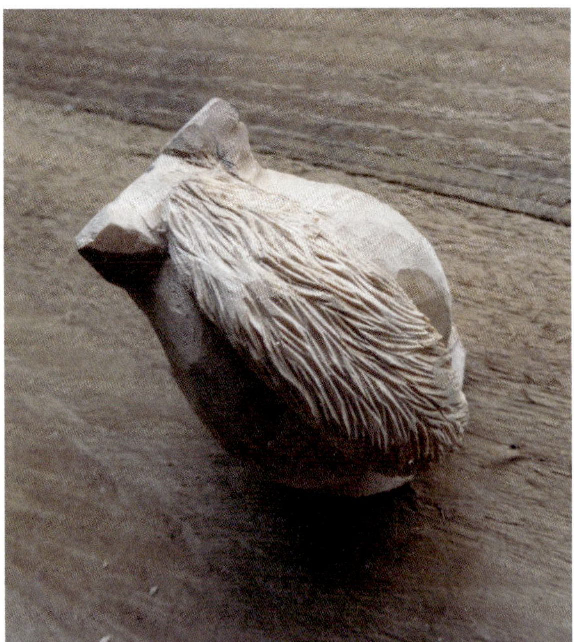

8 Da der Schwanz des Eichhörnchens sein ganzer Stolz ist, texturieren Sie diesen Bereich, bevor Sie weitermachen. Arbeiten Sie die Textur mit einem kleinen V-förmigen Stechbeitel heraus.

9 Setzen Sie frei verlaufende Schnitte, vermeiden Sie gerade Linien, schneiden Sie durcheinander und runden Sie den Schwanz dabei ab. Sie müssen dabei nicht allzu vorsichtig sein, da Sie sich diesem Teil später wahrscheinlich noch einmal widmen werden.

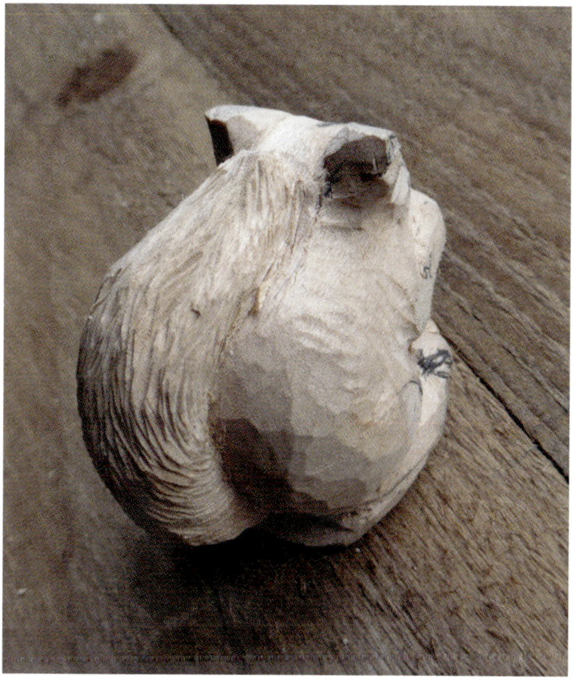

10 Als Nächstes markieren Sie die Beindetails. Stellen Sie sicher, dass jedes Bein zu seinem Gegenüber passt.

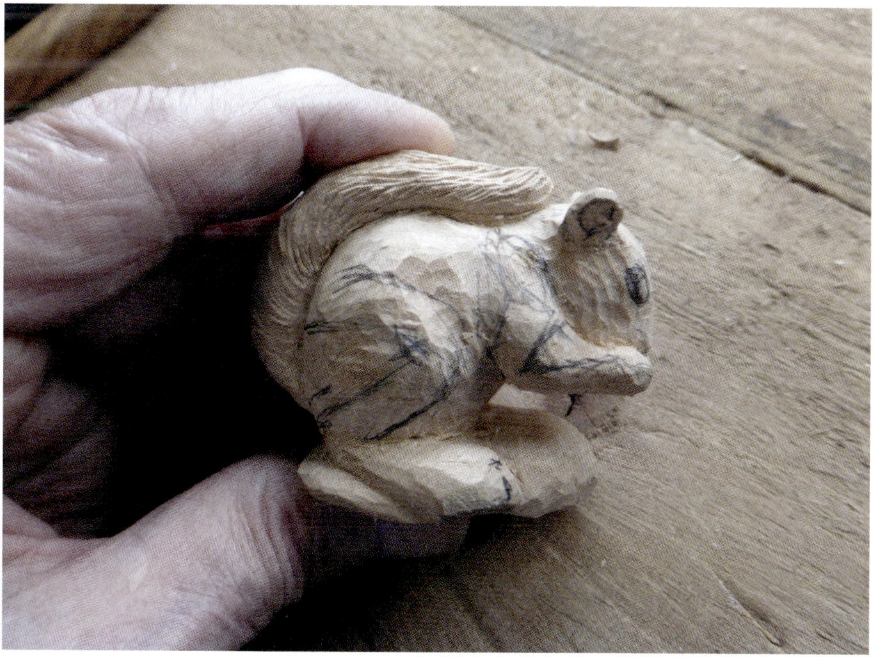

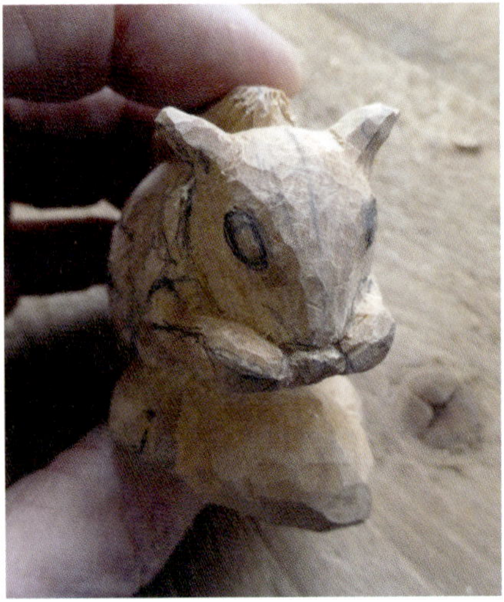

11 Markieren Sie dann die Kopfdetails und achten Sie darauf, dass die Augen symmetrisch sind.

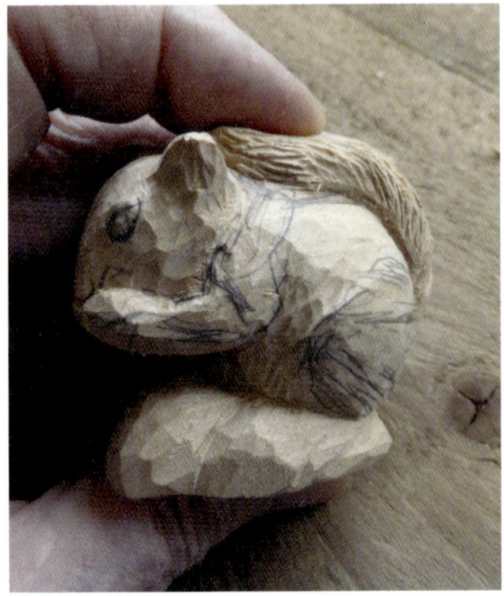

12 Seitenansicht des markierten Körpers.

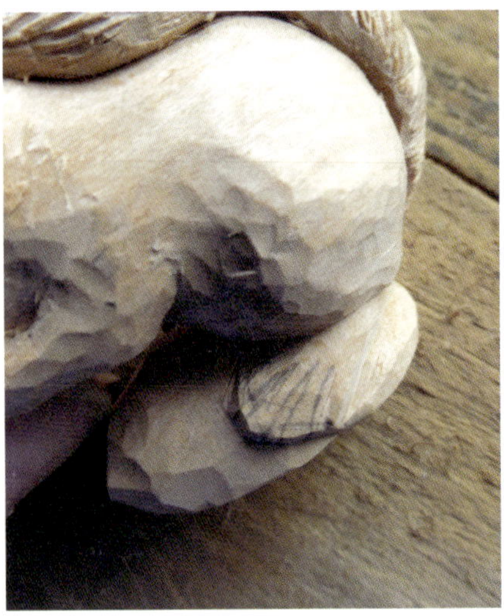

13 Zeichnen Sie die Füße, überprüfen Sie, ob sie übereinstimmen, und schnitzen Sie dann die Zehen. Eichhörnchen haben fünf Zehen an den Hinterfüßen; der innere ist deutlich kürzer als die übrigen.

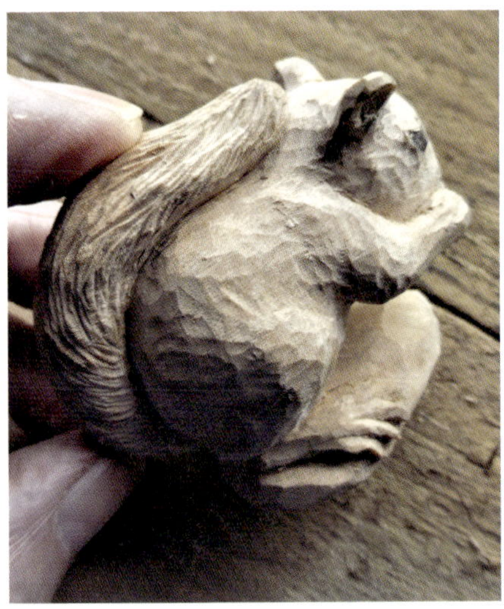

14 Sie müssen den vorderen Zehen (oder Fingern) nicht viele Details geben, aber ich habe eine kleine Nuss zwischen die Pfoten des Eichhörnchens geschnitzt. Vielleicht möchten Sie ja das Gleiche tun.

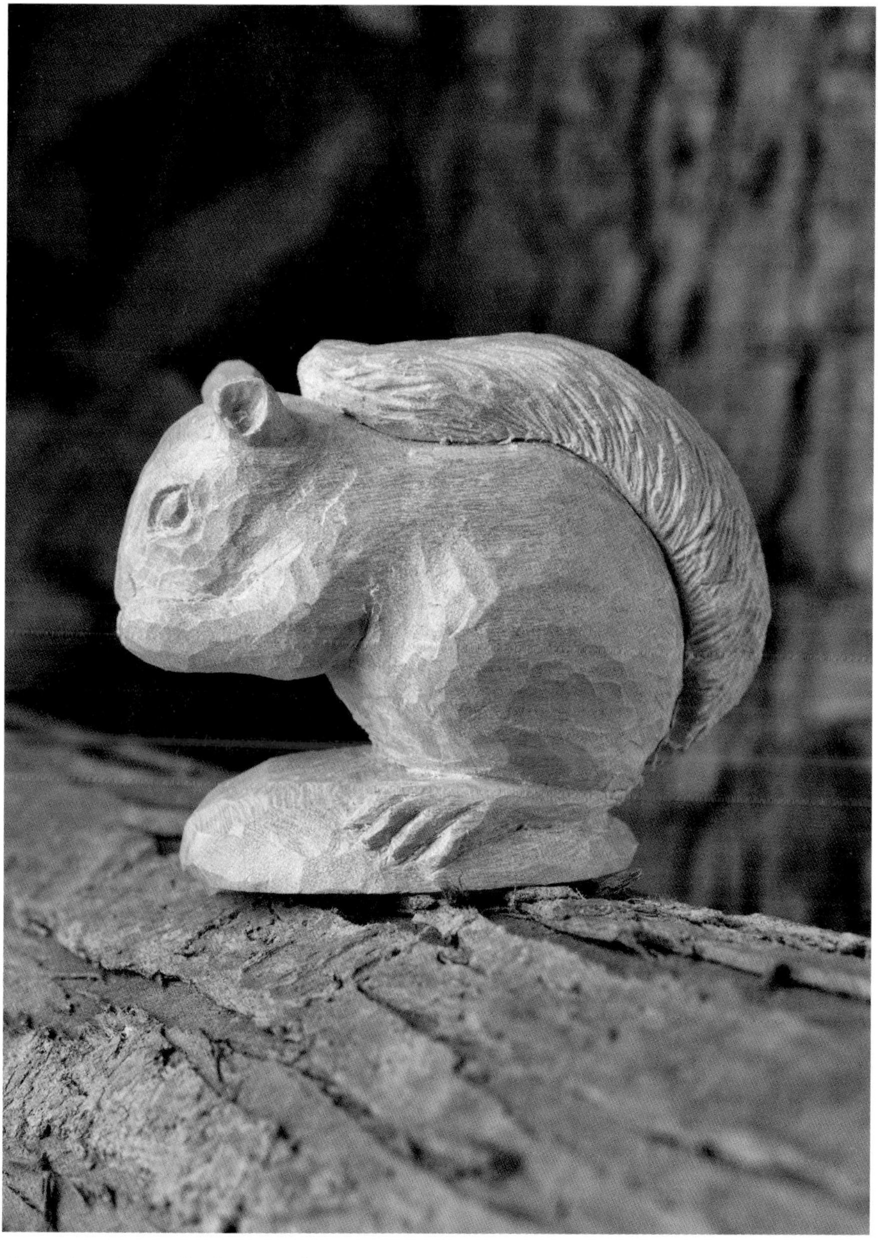

15 Ich beschloss, die fertige Schnitzerei nicht zu texturieren, also habe ich überprüft, ob alles sauber und ordentlich ist, und sie dann einfach mit einer Schicht Wachspolitur versehen.

Backenhörnchen

ALS ICH DAS ERSTE MAL IN DEN USA WAR, DAUERTE ES NICHT LANGE, BIS ICH DIE BEKANNTSCHAFT VON BACKENHÖRNCHEN MACHTE. INZWISCHEN GIBT ES SIE AUCH ÜBERALL IN EUROPA. SIE SIND WIE ZWERGEICHHÖRNCHEN, DIE DIE MEISTE ZEIT HERUMFLITZEN UND UNFUG TREIBEN.

Da dieses Tier fast nie still sitzt, wollte ich keine bewegungslose Pose abbilden. Also entschied ich mich, es auf einem Stück Rinde in einer typischen Haltung zu positionieren. Dieses Stück muss nach dem Schnitzen geschliffen werden, da es mit Werkzeugspuren nicht richtig aussieht.

Weil bei diesem Finish zusätzlich Farbe aufgetragen wird, beschloss ich, ein 10 cm langes Stück Jelutong mit 4 cm Seitenlänge für das Backenhörnchen und ein Stück Pappelholzrinde als Boden zu verwenden. Sie können jedes Stück Naturholz verwenden, aber prüfen Sie, ob es stabil und frei von Insekten oder Krankheiten ist. Sie können es natürlich auch frei stehend belassen, wenn Sie möchten.

Ich habe keine Vorlage für diese Schnitzerei bereitgestellt, da die Form ziemlich einfach ist. Es gibt viel Spielraum, um die Pose zu variieren, solange Sie die Grundform beibehalten.

WERKZEUG

- Messer
- Schutzhandschuh
- Band- oder Laubsäge
- Schleifmittel
- Essig und Stahlwolle (optional)
- Brandmalwerkzeug (optional)
- Farbe
- Öl- oder Wachspolitur

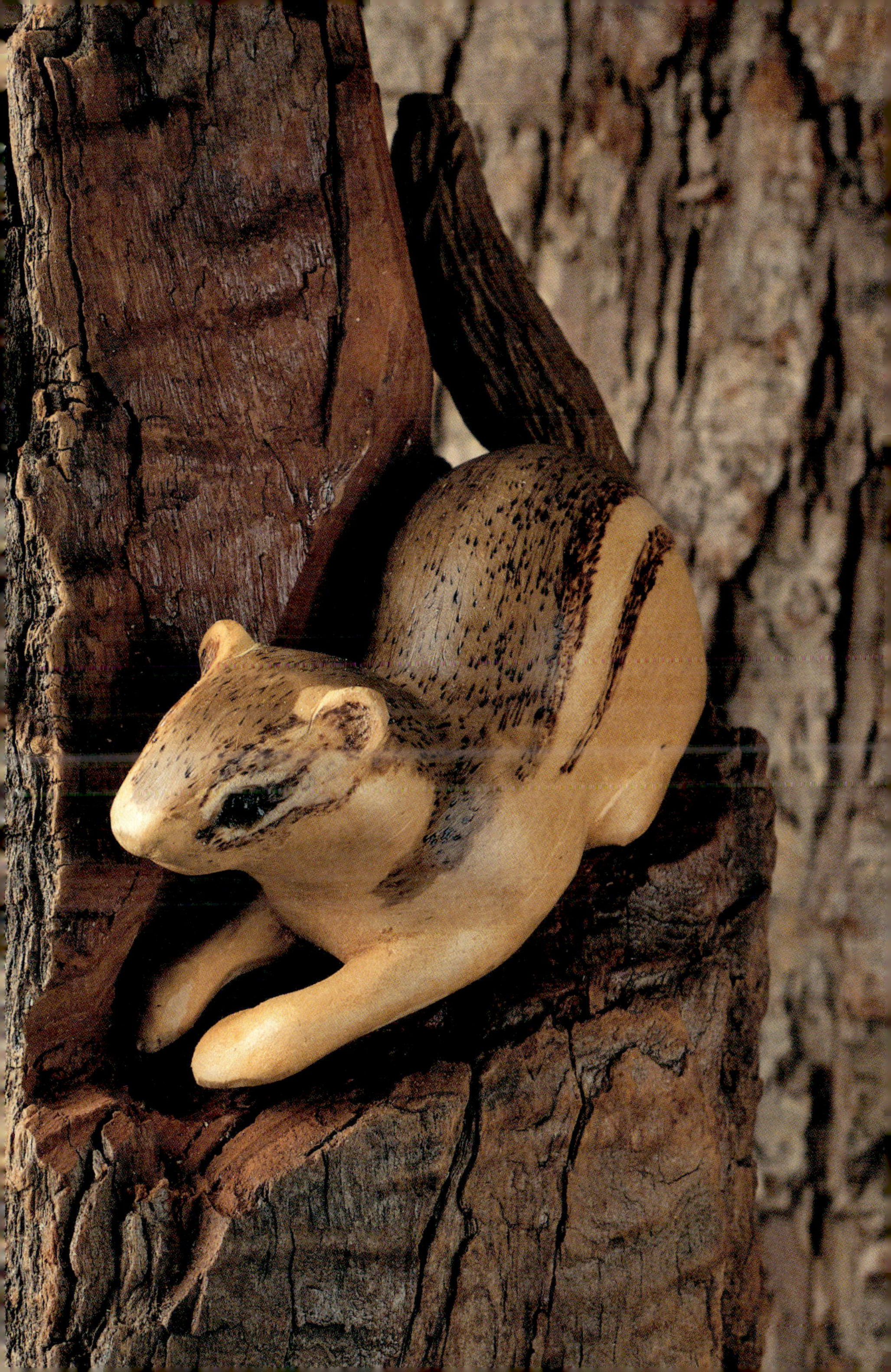

1 Zeichnen Sie die Seitenansicht des Backenhörnchens auf Ihren Holzklotz.

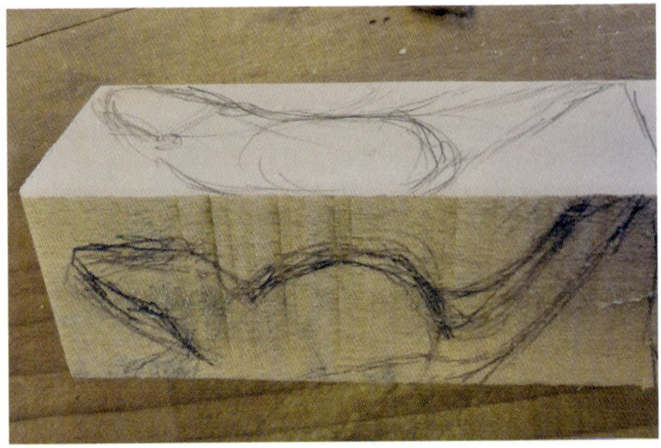

2 Fügen Sie die Draufsicht hinzu, sodass sie dem Stück entspricht, das Sie als Boden verwenden. Sie können natürlich bei der Seitenansicht bleiben und den Boden hinterher anpassen.

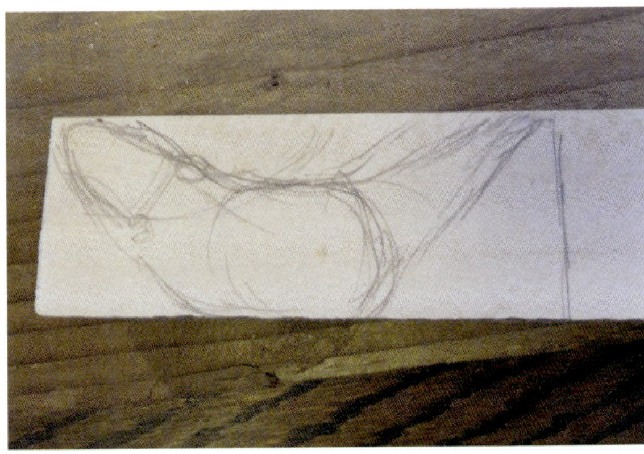

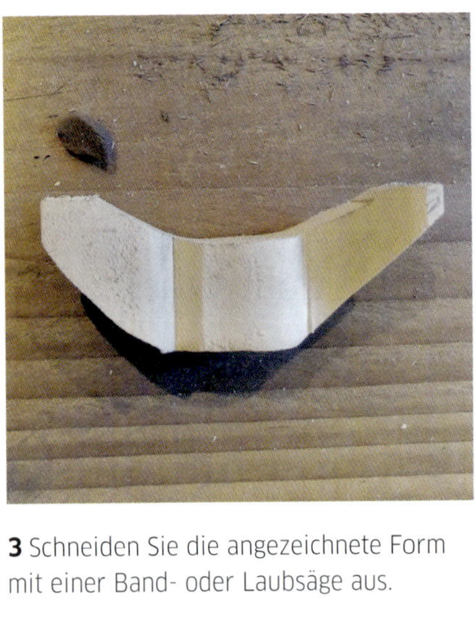

3 Schneiden Sie die angezeichnete Form mit einer Band- oder Laubsäge aus.

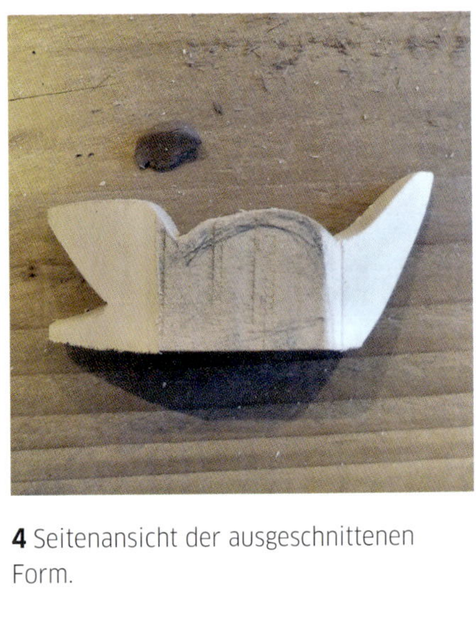

4 Seitenansicht der ausgeschnittenen Form.

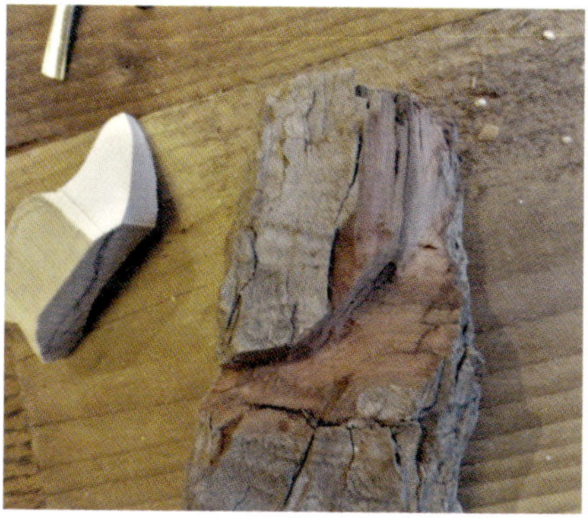

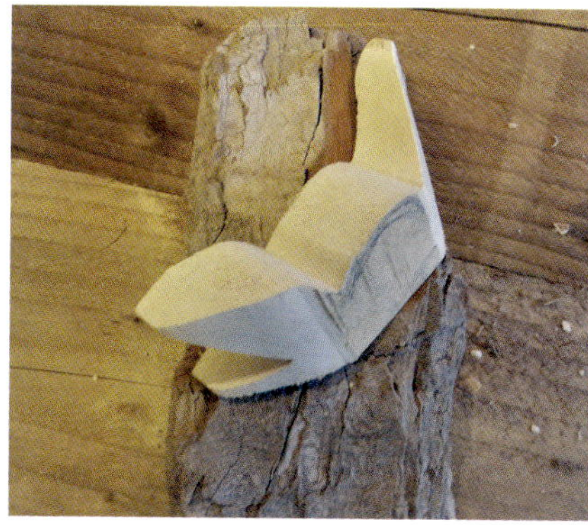

5 Wenn Sie Ihren Boden gewählt haben, schneiden Sie eine Kerbe hinein, um das Backenhörnchen hineinzustellen. Jedes gefundene Stück Holz gibt einen guten Boden ab, aber bereiten Sie sich darauf vor, dass es vielleicht schwer zu schnitzen sein wird.

6 Überprüfen Sie, ob es passt – Sie können nachbessern, wenn die Schnitzerei Gestalt annimmt.

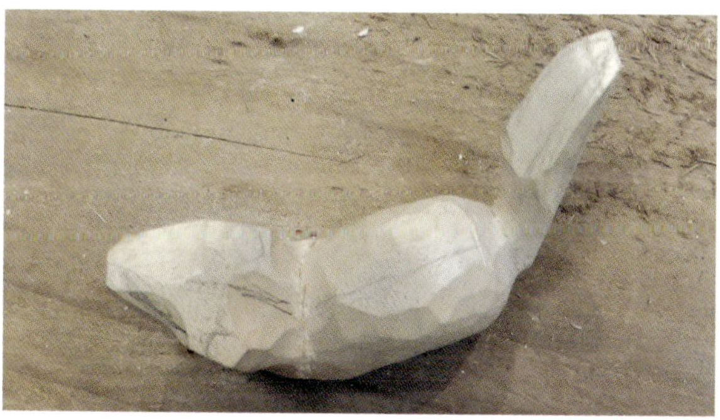

7 Sobald Sie mit der Passform zufrieden sind, können Sie anfangen, das Tier abzurunden und ein wenig in Form zu bringen.

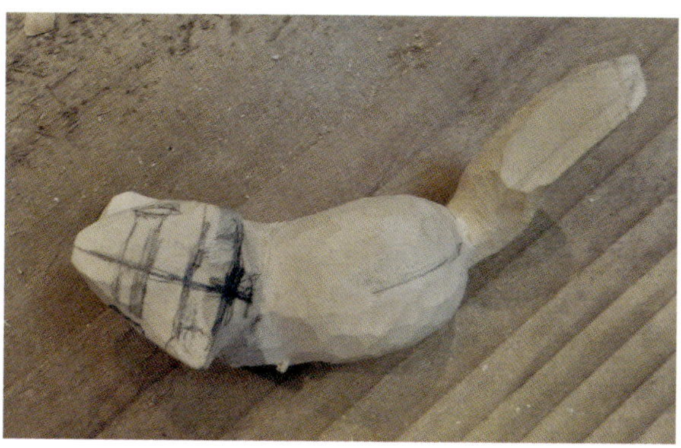

8 Zeichnen Sie eine Mittellinie auf den Kopf und fügen Sie Querlinien hinzu, um die Position der Ohren und Augen zu zeigen. Formen Sie den Kopf und stellen Sie sicher, dass er symmetrisch ist.

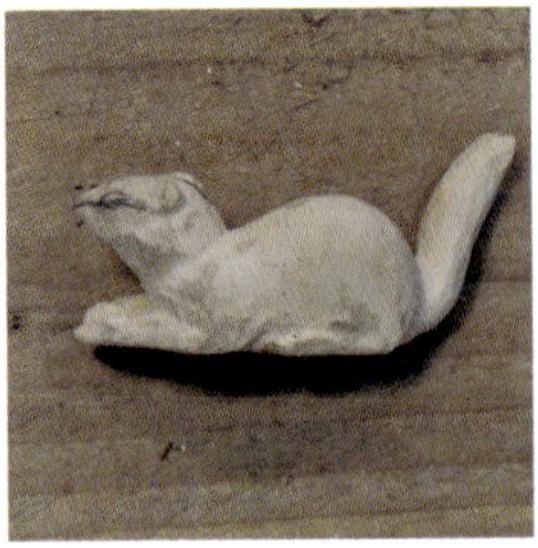 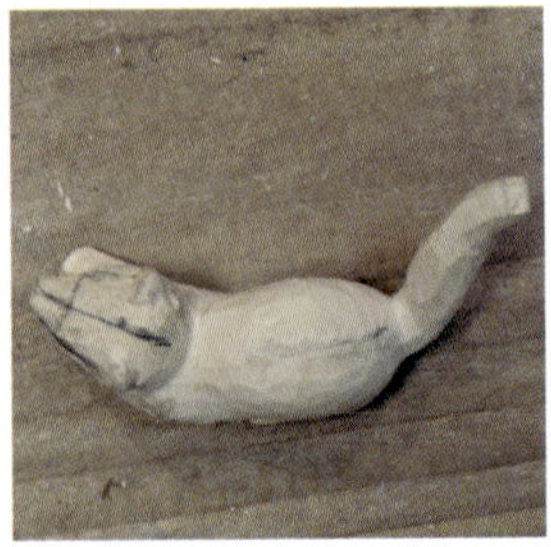 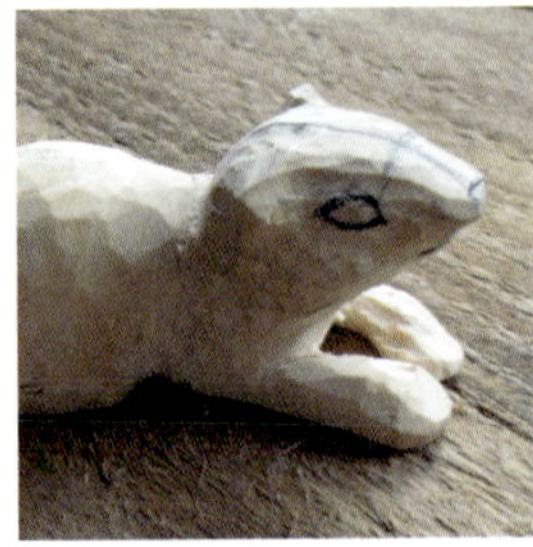

9 Formen Sie den Schwanz und legen Sie die Seitenansicht fest. Verfeinern Sie die Form und halten Sie dabei die Mittellinie ein.

10 Versuchen Sie, nicht mehr Holz als nötig von der dem Boden näheren Seite zu entfernen, damit es weiterhin passt.

11 Schnitzen Sie die Füße. Halten Sie sie einfach.

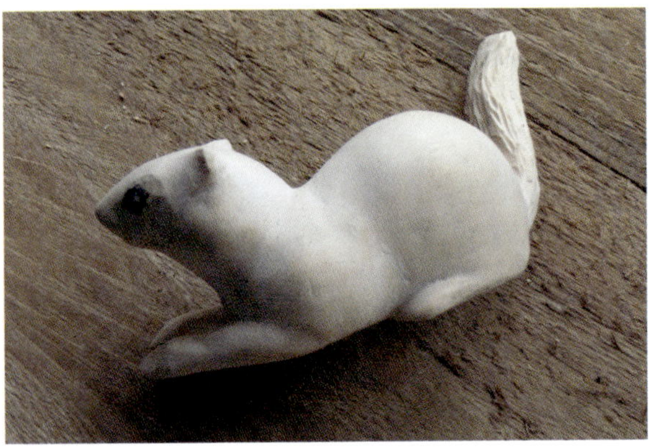

12 Schleifen Sie dann das ganze Stück gut ab und texturieren Sie den Schwanz mit einem kleinen V-förmigen Stechbeitel.

Draufsicht der geschliffenen und texturierten Figur.

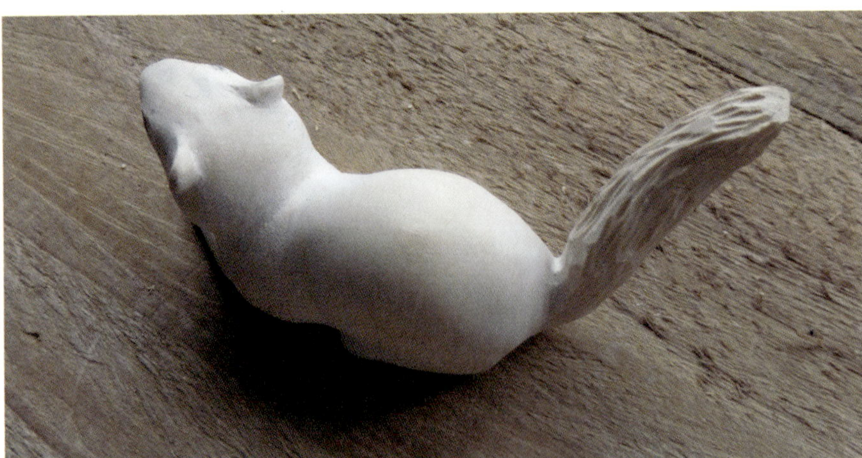

13 Schnitzen Sie die Augen und runden Sie sie ab. Verleihen Sie dem Körper als Nächstes etwas Farbe. Ich habe den Rücken mit einer Lösung aus Essig und Stahlwolle, die ein paar Tage darin eingeweicht wurde, abgedunkelt. Die Lösung wird mit einem kleinen Pinsel aufgetragen und verleiht dem Holz eine graue Farbe, indem sie mit dem Tannin darin reagiert. Ich habe auch ein Brandmalereiwerkzeug verwendet, um die dunklere Linie zu ziehen (Sie können diese auch malen, wenn Sie das vorziehen) und der Rückseite ein wenig Textur zu verleihen. Die Färbung ist ziemlich einfach gehalten, Sie können aber gern viel mehr auftragen.

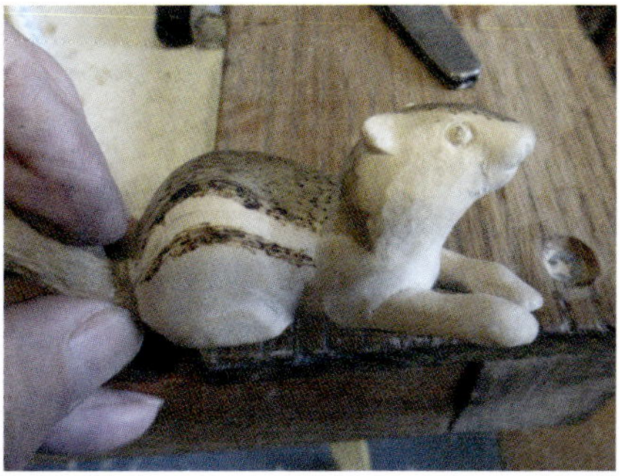

TIPP

Wenn Sie den Geruch von Essig nicht mögen, können Sie auch Cola mit der Stahlwolle verwenden, um Farbe hinzuzufügen - das hat die gleiche Wirkung.

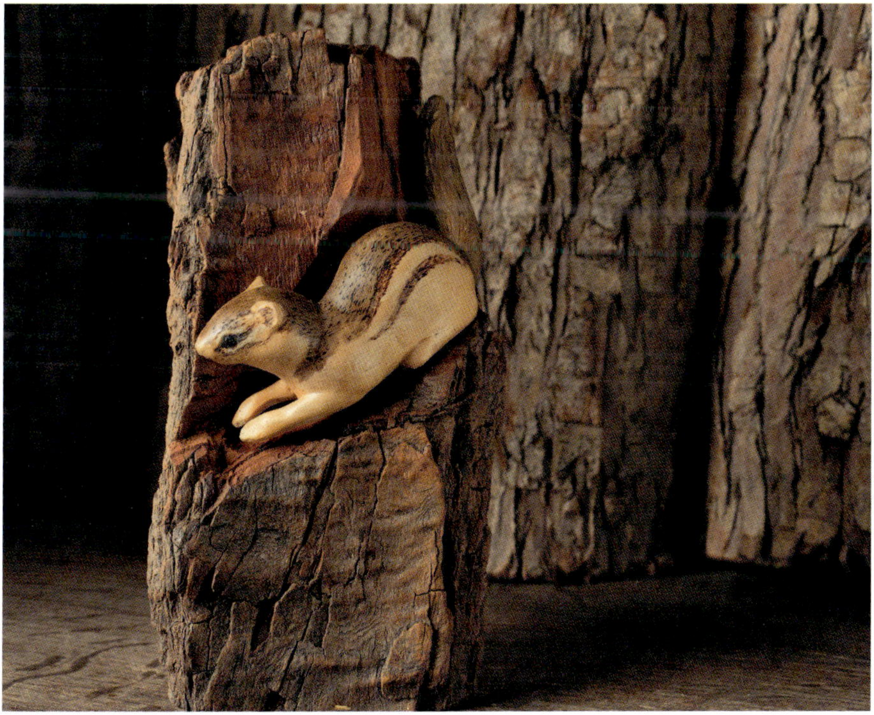

14 Malen Sie zum Schluss die Augen, verleihen Sie dem ganzen Stück eine Schicht Öl- oder Wachspolitur und montieren Sie es.

Wiesel

WENN SIE DAS GLÜCK HABEN, EIN WIESEL IM GARTEN ZU HABEN, KÖNNEN SIE ES STUNDENLANG DABEI BEOBACHTEN, WIE ES MÄUSE UND ANDERE KLEINE TIERE JAGT UND FÄNGT, BESONDERS, WENN ES SEINE BEUTE STOLZ NACH HAUSE TRÄGT.

WERKZEUG

- Messer
- Schutzhandschuh
- Band- oder Laubsäge (optional)
- Plastilin oder andere Modelliermasse
- kleiner Hohlbeitel
- Farbe (optional)
- Öl- oder Wachspolitur (optional)

Alle Marder (Wiesel, Hermelin, Otter, Steinmarder usw.) haben lange dünne Körper, kleine Schnauzen und lange Köpfe, von den Augen bis zum Hinterkopf. Mit nur wenigen Veränderungen können Sie jeden Marder nach der gleichen Vorlage schnitzen – ich habe für dieses Projekt eine aufrechte Pose gewählt, aber auch das kann geändert werden. Fühlen Sie sich frei, Neues auszuprobieren!

Für diese einfache Schnitzerei habe ich ein 15 cm langes Stück Lindenholz mit 4 cm Seitenlänge verwendet.

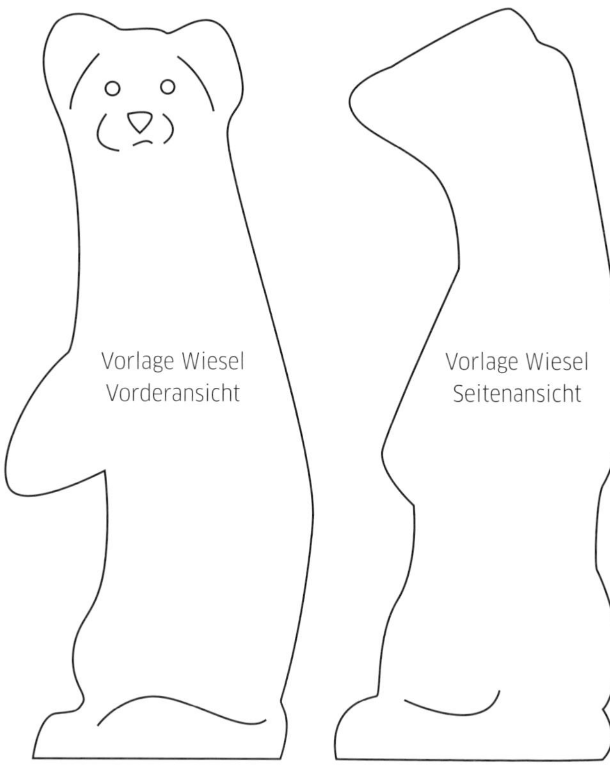

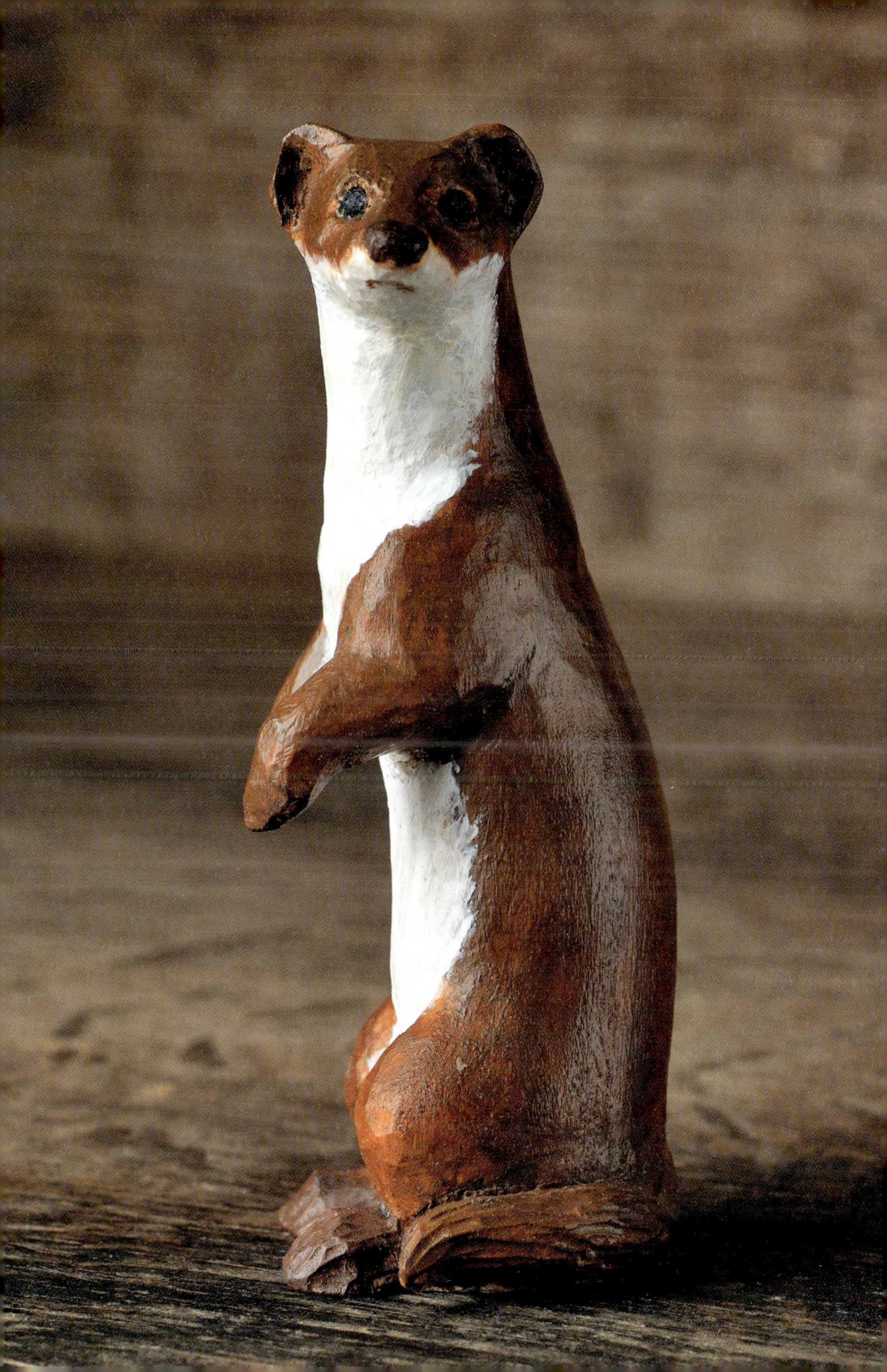

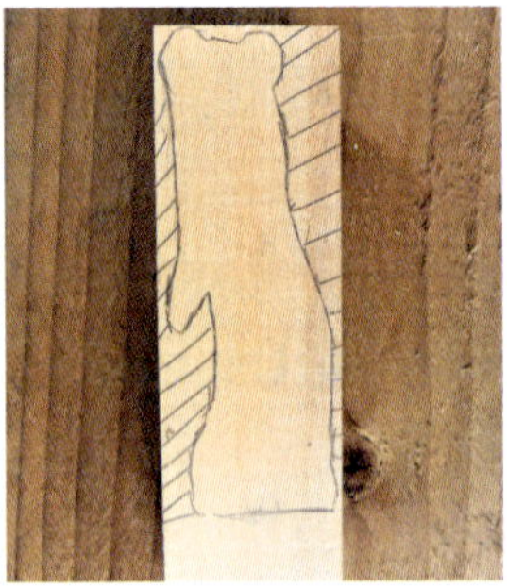

1 Zeichnen und schneiden Sie die Vorlagen aus (siehe Seite 82) und vergrößern Sie sie auf 10 cm Höhe. Zeichnen Sie dann die Vorderansicht auf Ihren Holzklotz.

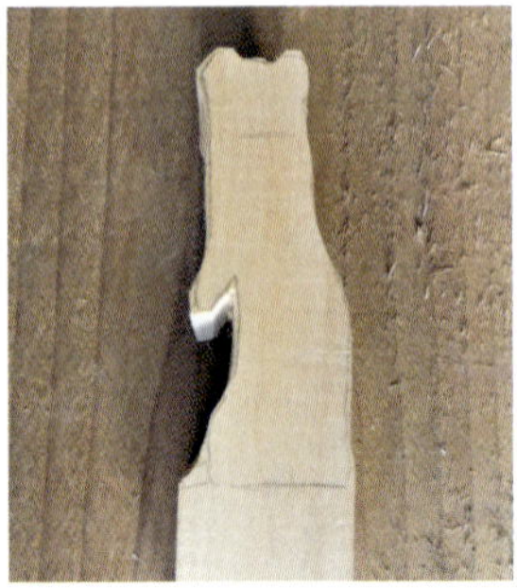

2 Schneiden Sie die Vorderansicht mit Ihrem Messer oder, wenn verfügbar, einer Band- oder Laubsäge aus. Stellen Sie sicher, dass Ihre Schnitte im rechten Winkel zur Oberfläche laufen.

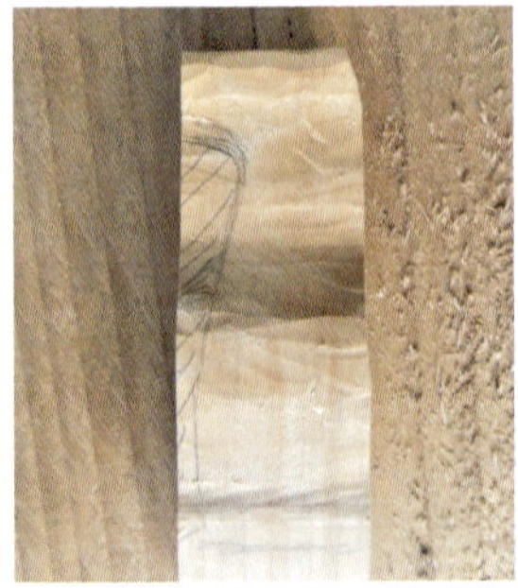

3 Zeichnen Sie die Seitenansicht auf den Klotz und stellen Sie sicher, dass das Gesicht nach vorn zeigt.

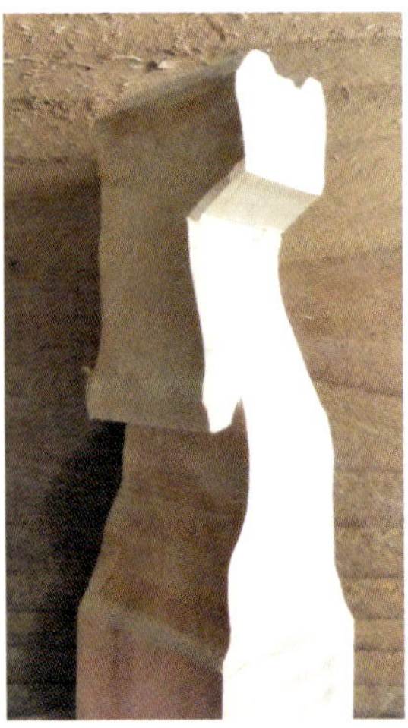

4 Schneiden Sie dann diese aus und belassen Sie den Klotz nach beiden Vorlagen beschnitten und die ganze Figur mit eckigen Kanten.

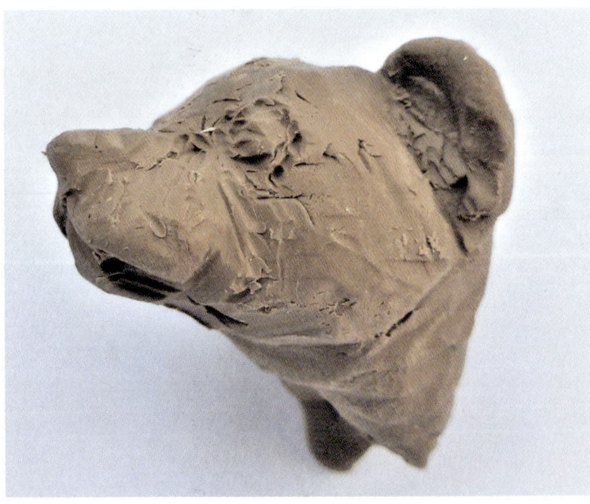

5 Da der Kopf des Wiesels in diesem Design gedreht ist, ist es wichtig, den Aufbau des Kopfes zu verstehen, bevor Sie weitermachen. Ich fand es sehr nützlich, einen Übungskopf aus Plastilin herzustellen (Sie können einen Holzrest oder eine beliebige Modelliermasse verwenden, wenn Sie möchten). Es lohnt sich, sich Zeit für diesen Schritt zu nehmen, da die fertige Schnitzerei damit steht und fällt.

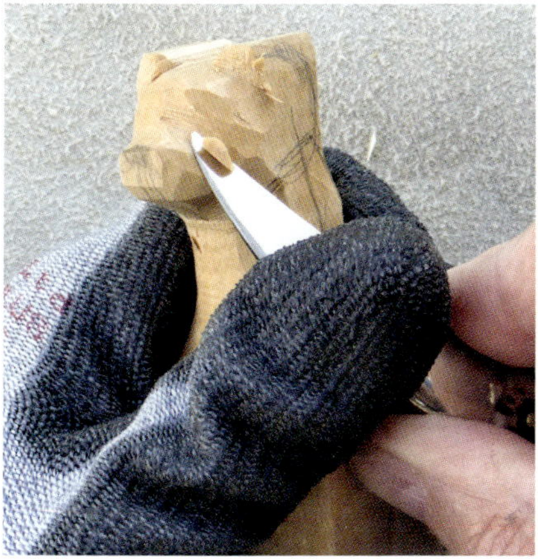

6 Verschmälern Sie den Kopf, bis er sich der Form des Übungskopfes annähert – dies muss ziemlich sicher später noch angepasst werden. Beim Vergleich mit Wieselfotos stellte ich fest, dass ich den Kopf ein wenig zu dick und kurz gezeichnet hatte, also nahm ich das Plastilin zur Hand und gestaltete es um, bevor ich mich wieder ans Holz wagte.

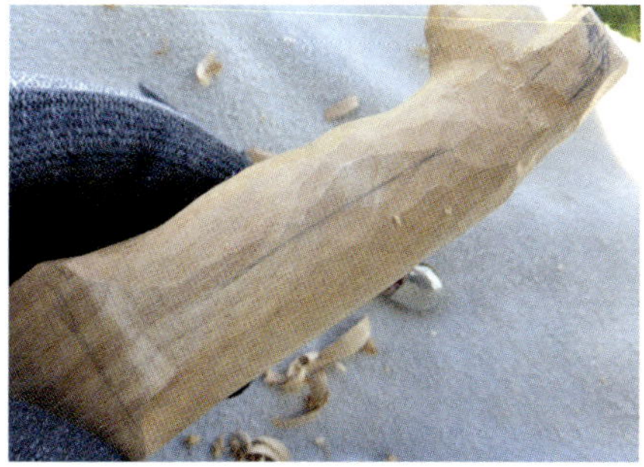

7 Sobald der Kopf ungefähr so ist, wie Sie ihn wollen, verjüngen Sie den Körper. Tragen Sie alle Kanten des Körpers ab und lassen Sie die Beine so, wie sie sind. Zeichnen Sie eine Linie entlang der Wirbelsäule in die Mitte des Rückens. Stellen Sie sicher, dass Sie diese nicht abtragen, während Sie schnitzen, da sie den Rand des Musters darstellt. Ein Wiesel ist unglaublich dünn, und es kann einige Zeit dauern, bis es richtig aussieht. Markieren Sie die Position des Schwanzes, aber schneiden Sie nichts an der Unterseite weg, da Sie den Körper möglicherweise noch verlängern müssen.

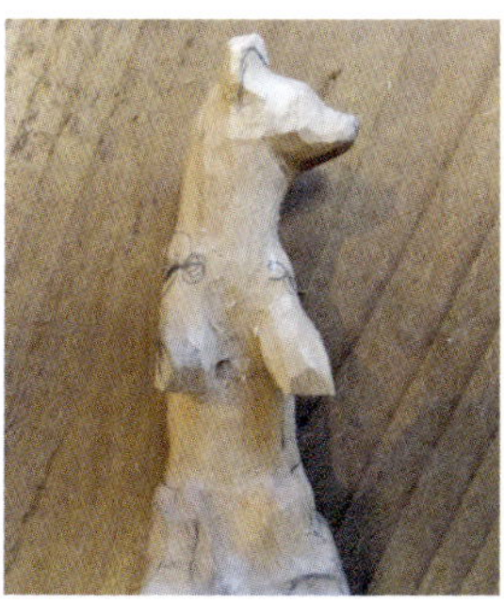

8 Trennen Sie die Vorderbeine voneinander und setzen Sie die Linie des Bauches zwischen den Hinterbeinen fort. Sie benötigen dafür einen kleinen Hohlbeitel.

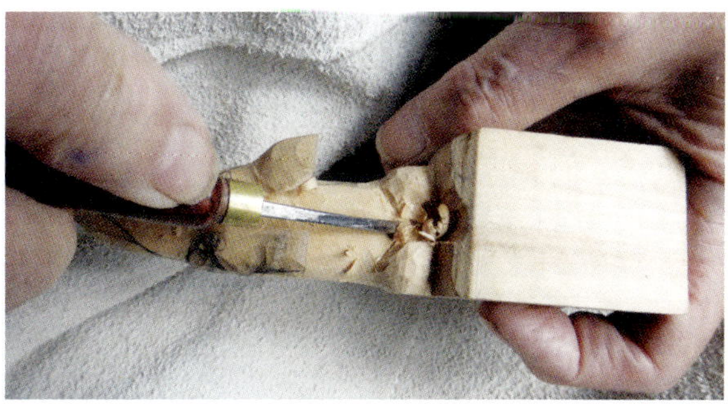

9 Wenn Sie so wie hier mit einem Hohlbeitel arbeiten, versuchen Sie, die Schnitte in Richtung des Hauptteils des Holzes zu setzen anstatt davon weg, um zu vermeiden, dass die Schneide ins Leere sticht.

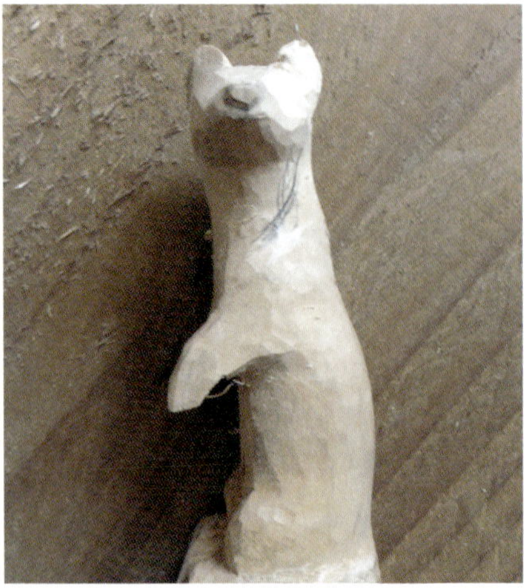

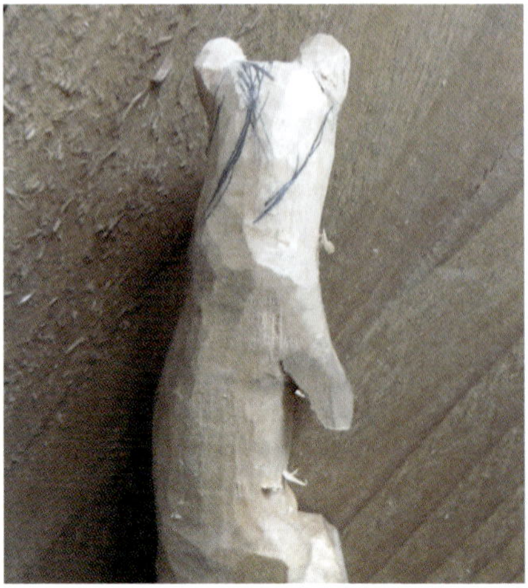

10 Beachten Sie, dass das linke Vorderbein des Tieres durch die leichte Drehung des Körpers ein wenig von der Frontlinie abweicht. Wenn Sie nur den Kopf drehen, ohne den Oberkörper leicht zu drehen, wird es nicht natürlich aussehen.

11 Hilfslinien zu zeichnen, um zu zeigen, wie der Körper gedreht ist, wird ein besseres Verständnis schaffen. Arbeiten Sie langsam, bis Sie den gewünschten Effekt erzielen. Wenn der Kopf gedreht wird, braucht der Hals ebenfalls eine Drehung, und wenn Sie die Figur verjüngen, müssen Sie diese leichte Drehung herausarbeiten.

12 Sobald Sie mit dem Verjüngen zufrieden sind, können Sie die vier Beine und den Schwanz definieren – seien Sie nicht zu pingelig mit den Füßen, da diese nicht so detailreich sind. Das Wiesel hat einen ziemlich kurzen und haarigen Schwanz, also formen Sie ihn nicht zu dünn. Markieren Sie die Position der Schultern – dargestellt als kleiner Kreis –, fügen Sie die Knochen jedes Beines hinzu, und prüfen Sie sorgfältig, dass alles auf beiden Seiten gleich ist.

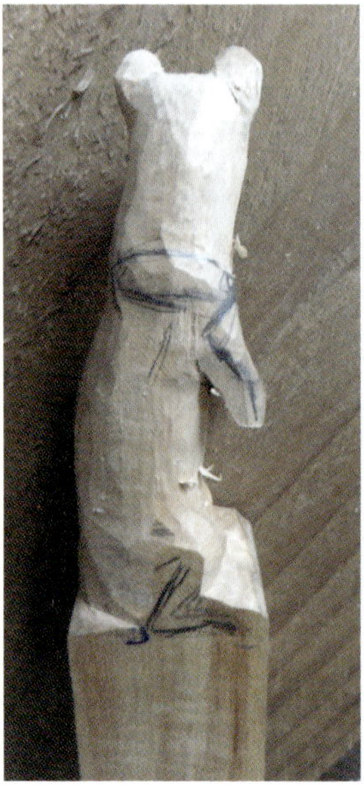

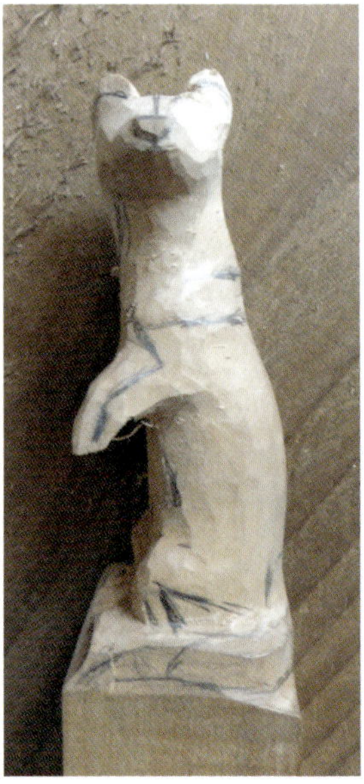

13 Sie können die Augen entweder malen oder ein kleines Loch bohren, einen Span aus dunklem Holz oder Horn einsetzen und dann Details mit der Messerspitze hinzufügen. Wenn Sie noch nicht viel Erfahrung mit derart kleiner Schnitzerei haben, würde ich Ihnen nicht empfehlen, die Augen zu schnitzen. Ich habe die Löcher für die Augen gebohrt und ein Stückchen schwarzes Büffelhorn eingesetzt, aber das sah einfach nicht richtig aus. Also habe ich sie herausgebohrt, die Löcher gefüllt und stattdessen gemalt. So etwas kann sehr leicht passieren: Die Behebung solcher Probleme gibt Ihnen das Selbstvertrauen, neue Ideen auszuprobieren, und ist Teil des Lernprozesses.

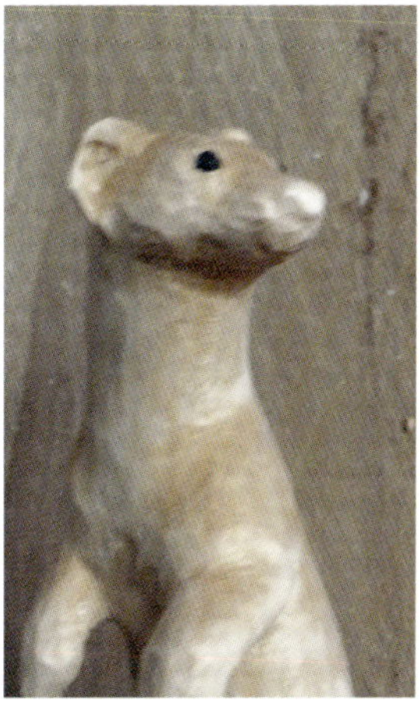

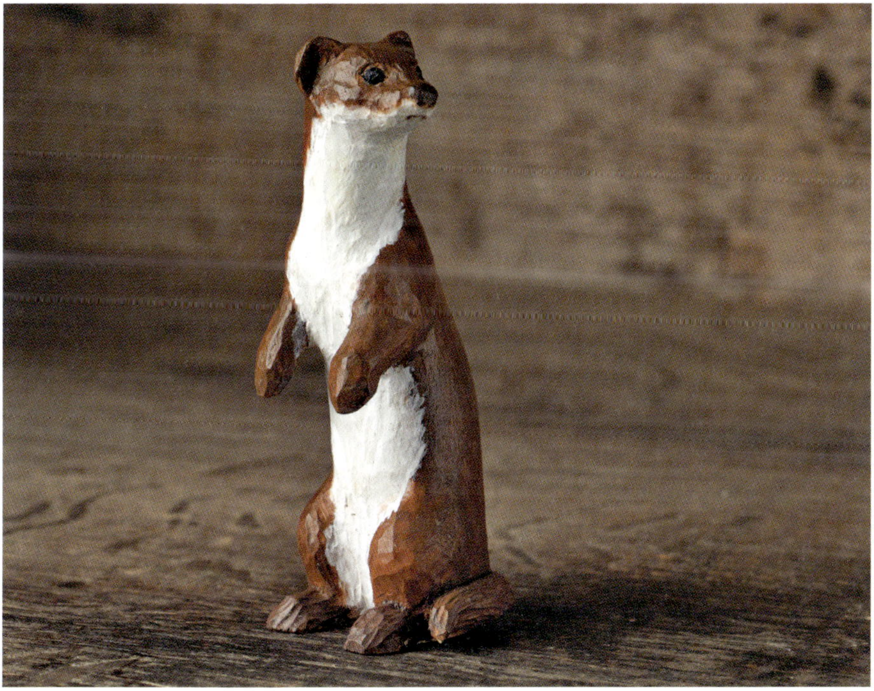

14 Fügen Sie nun den letzten Schliff hinzu. Da Wiesel sehr klein sind, brauchen Sie nicht unbedingt das Fell zu texturieren – ein abgerundetes oder geschliffenes Finish ist in Ordnung. Sie können es rötlich braun mit weißer Brust und weißem Bauch bemalen, wie ich es getan habe, und ihm eine Schicht matten Acryllack als Schutz verleihen. Oder Sie polieren es mit Öl-, Lack- oder weißer Wachspolitur und sind fertig.

Bär mit Scheuerbaum

BÄREN GENIESSEN ES (WIE DIE MEISTEN MENSCHEN), SICH GENÜSSLICH DEN RÜCKEN ZU KRATZEN – ES GIBT NICHTS BESSERES. LEIDER HABEN BÄREN NORMALERWEISE KEINEN PARTNER ODER FREUND, DER BEREIT WÄRE, DIES FÜR SIE ZU TUN. SIE MÜSSEN DAHER AUF DEN NÄCHSTBESTEN BAUM ODER PFAHL ZURÜCKGREIFEN, DER ALS PRAKTISCHE HILFE DIENEN KANN.

WERKZEUG

- Messer
- Schutzhandschuh
- kleiner Hohlbeitel
- V-förmiger Stechbeitel
- Öl- oder Wachspolitur (optional)

Bei diesem Projekt ist es wichtig, zu versuchen, die Scheuerbewegung und das dabei empfundene Vergnügen des Bären zu vermitteln. Das ist nicht einfach, aber ich denke, es ist wichtiger, als die ganze Anatomie richtig zu treffen. Textur kann helfen, die Bewegung zu zeigen.

Ich habe ein 15 cm langes Stück Lindenholz mit 4 cm Seitenlänge verwendet, um beim Schnitzen etwas mehr Holz zum Halten zu haben. Dieses wird abgeschnitten, wenn die Schnitzerei fertig ist. Sie können die Figur natürlich in jeder gewünschten Größe schnitzen.

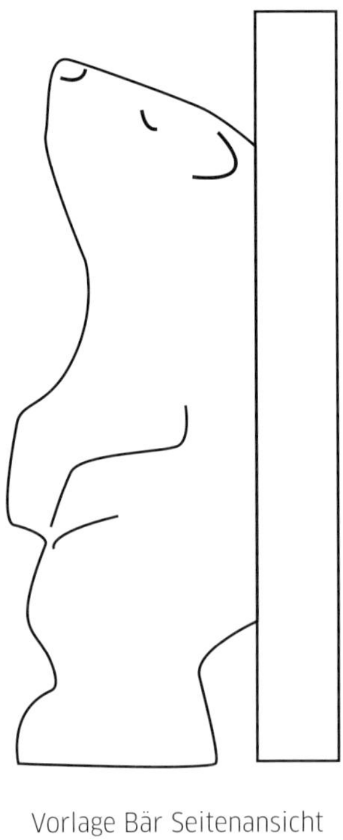

Vorlage Bär Seitenansicht (auf 110 % vergrößern)

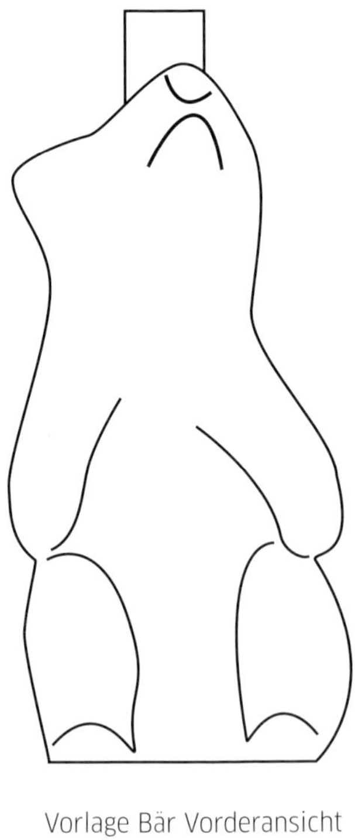

Vorlage Bär Vorderansicht (auf 110 % vergrößern)

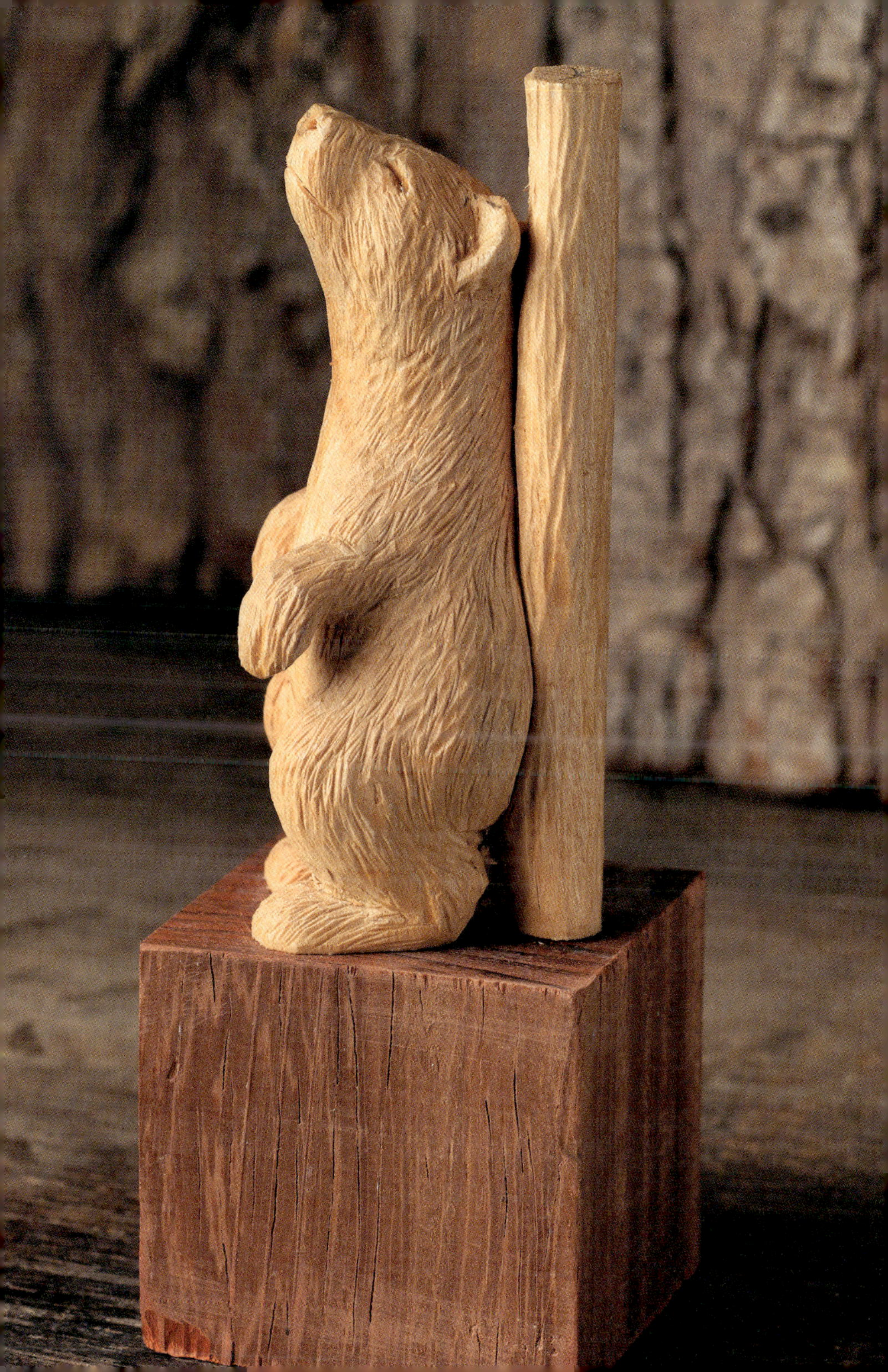

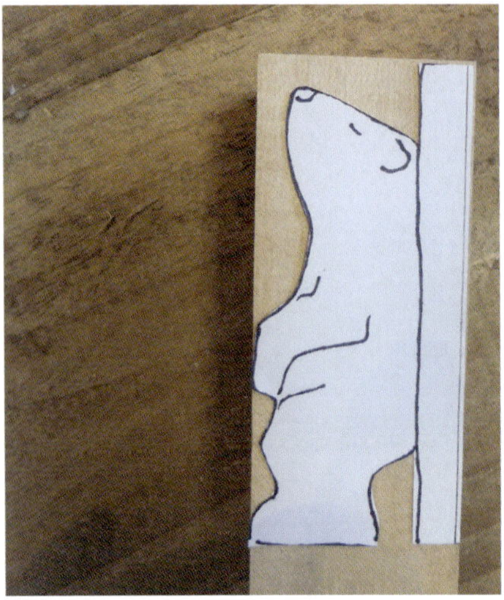

1 Zeichnen Sie die Seitenansicht (siehe Seite 88) auf Ihren Klotz, um sie dann auszuschneiden.

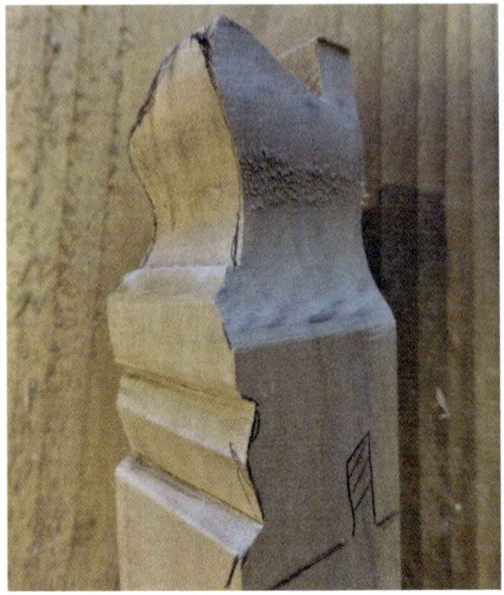

2 Die Vorlage der Vorderansicht brauchen Sie wahrscheinlich nicht, da Sie den Kopf nach Belieben schnitzen können und der Körper keine besonders definierte Form hat. Entfernen Sie den Überschuss.

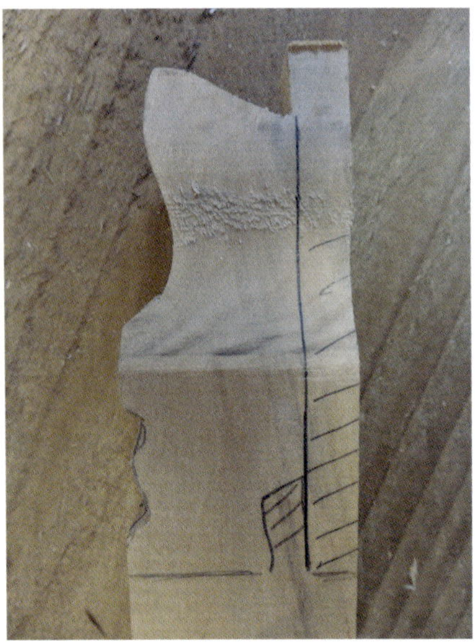

3 Zeichnen Sie die Position des Pfahles ein.

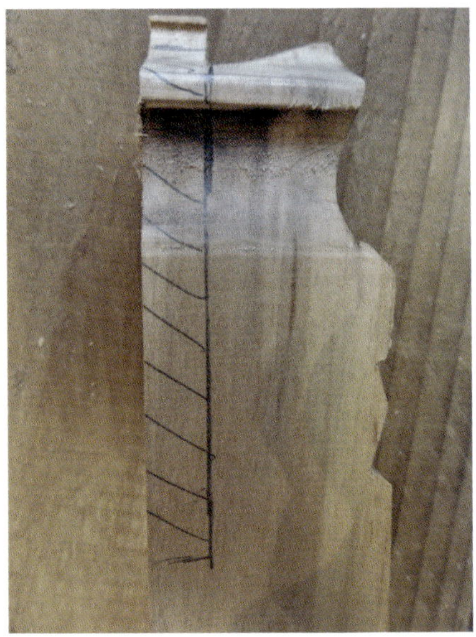

4 Tun Sie dies von allen Seiten, damit die Position klar ist.

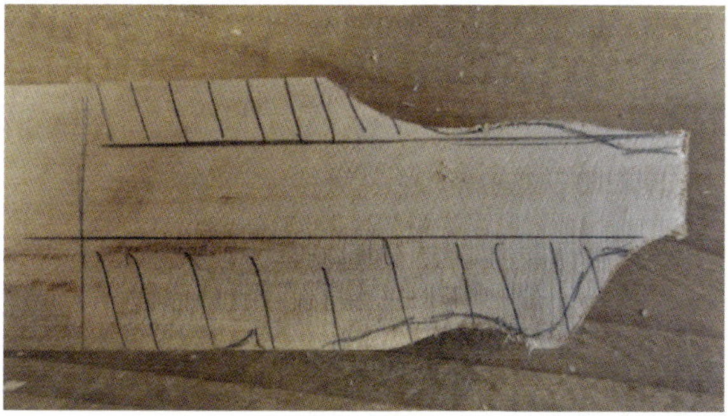

5 Sich an dieser Stelle Zeit zu nehmen, wird dazu beitragen, dass am Ende alles am richtigen Platz ist.

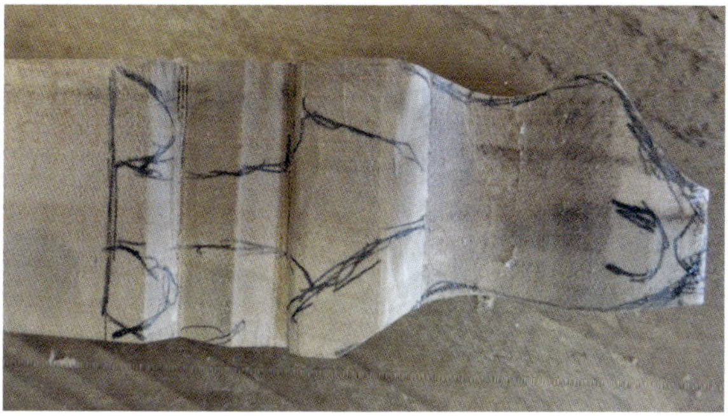

6 Wenn Sie die Vorderansicht noch nicht geschnitzt haben, können Sie das tun, sobald Sie sich für eine Kopfhaltung entschieden haben. Zeichnen Sie die Position der Beine grob an.

7 Schneiden Sie die Seiten des Pfahles ein, bis Sie auf den Rücken des Bären treffen.

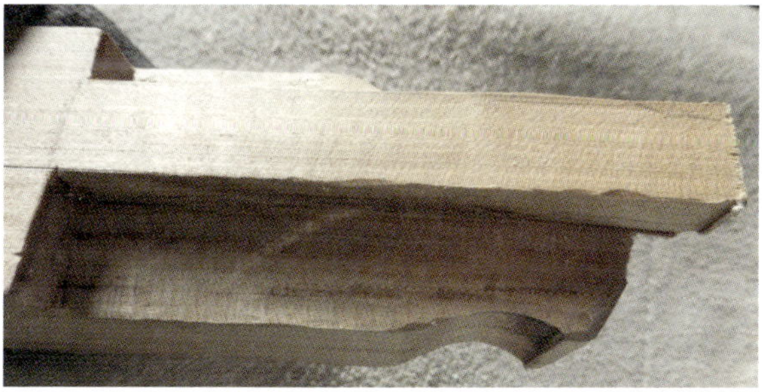

8 Achten Sie darauf, mit dem Messer nicht zu tief zu schneiden, damit Sie den Rücken des Bären nicht beschädigen. Gehen Sie langsam vor und überprüfen Sie regelmäßig Ihre Schnitttiefe.

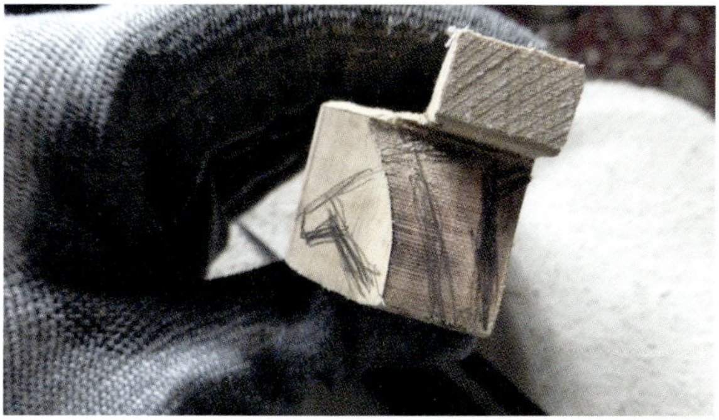

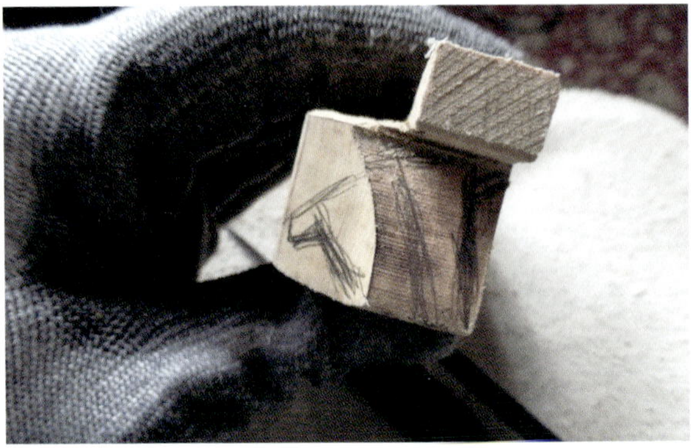

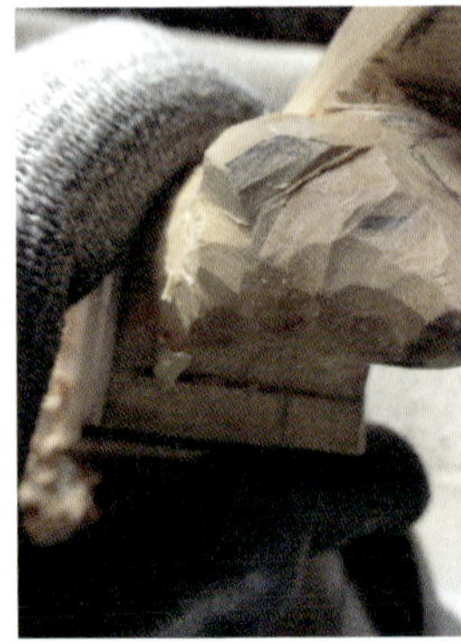

9 Zeichnen Sie den Winkel des Kopfes an und entfernen Sie den Überschuss, sodass eine grobe Kopfform in der gewünschten Haltung entsteht. Es hilft, eine Mittellinie von der Mitte des Hauptes bis zur Mitte der Nase zu zeichnen.

10 Prüfen Sie regelmäßig, dass die Kopfform um diese Mittellinie herum symmetrisch ist.

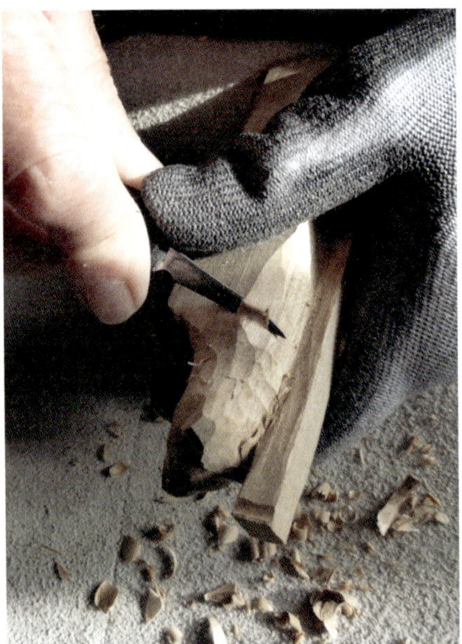

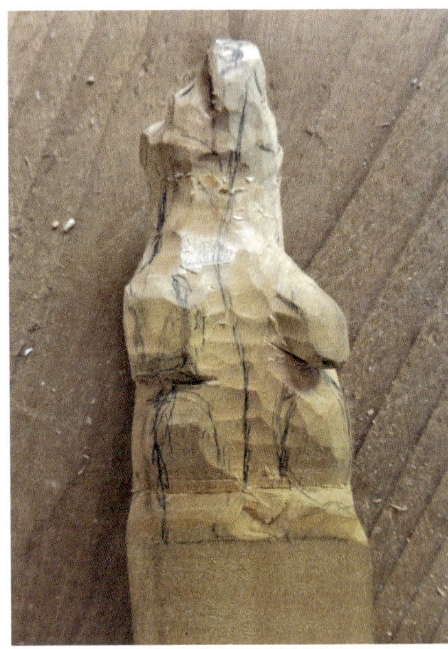

11 Runden Sie nun den Körper als Ganzes ab und lassen Sie die Vorderseite so, dass sie als Nächstes die Beine formen können.

12 Schnitzen Sie nun die Beine – ihre Haltung spielt keine Rolle, aber sie werden besser aussehen, wenn sie unterschiedlich sind, da Sie bald den Körper formen werden, um die Scheuerbewegung zu zeigen.

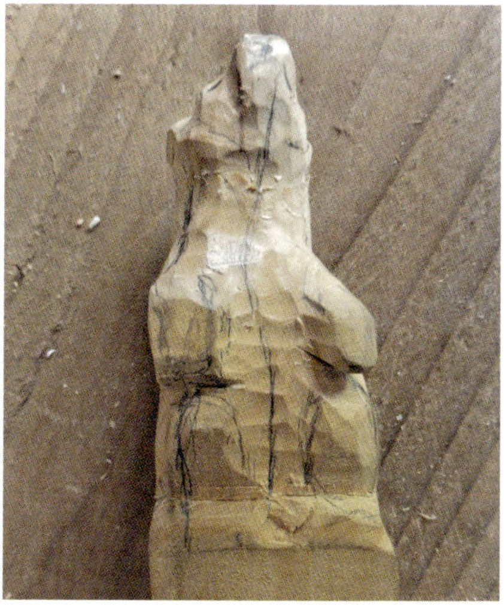

13 Zeichnen Sie eine Linie auf die Vorderseite des Bären, um die Bewegung zu zeigen.

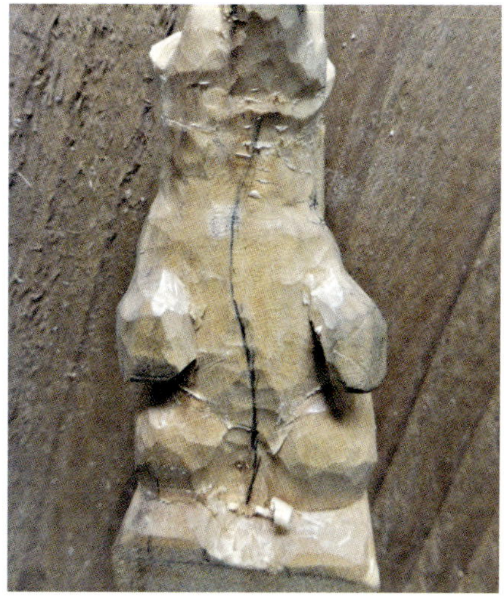

14 Schnitzen Sie den Überschuss zwischen den Hinterbeinen heraus, formen Sie die Vorderseite und arbeiten Sie dabei anhand der Linie aus Schritt 13 die kurvige Form heraus.

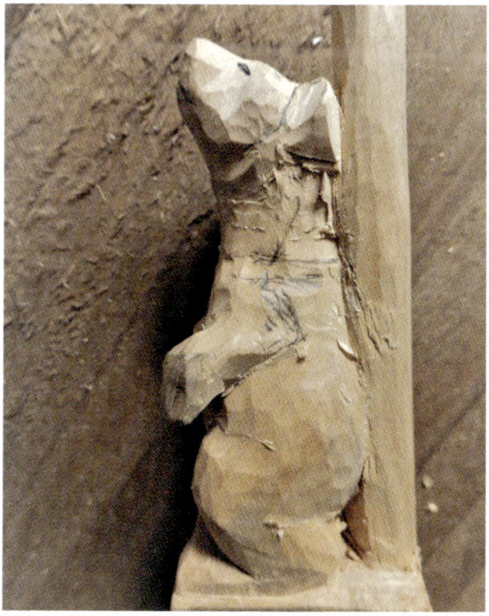

15 Markieren Sie die Ellbogen und stellen Sie die grobe Form fertig, damit die Figur gesäubert und texturiert werden kann.

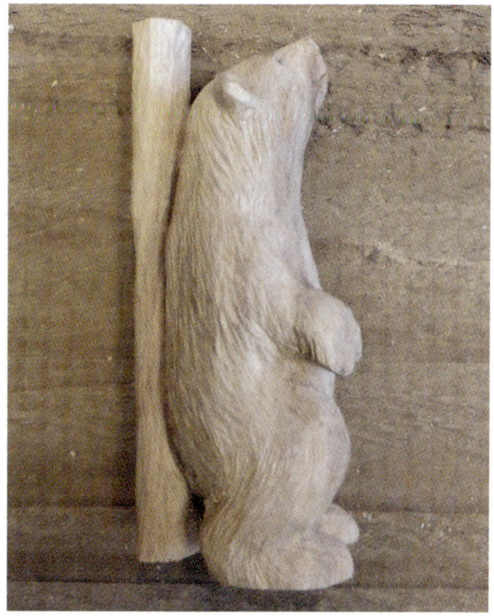

16 Verwenden Sie einen kleinen Hohlbeitel oder V-förmigen Stechbeitel für die Textur.

17 Ich habe ein Mikrowerkzeug verwendet, aber hätte das gleiche Ergebnis auch mit einem größeren erzielen können.

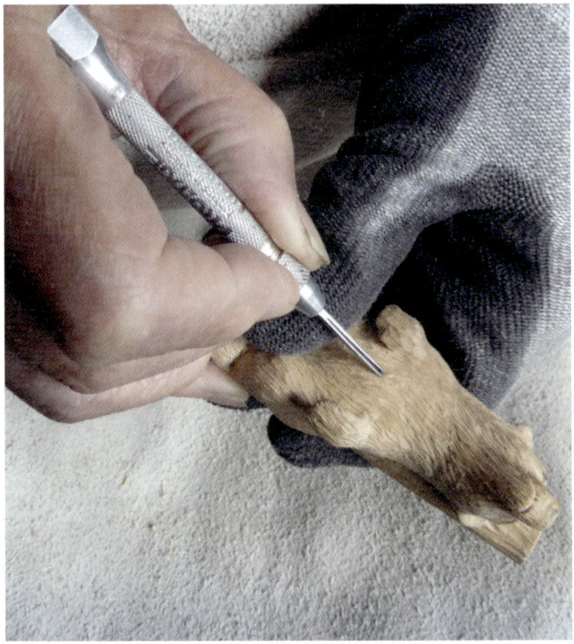

TIPP

Wenn Sie Textur hinzufügen, müssen Sie sich zwei Fragen stellen: Wird es die Schnitzerei verbessern, und können Sie es realistisch aussehen lassen? Es hat keinen Sinn, Pelzstruktur zu schnitzen, wenn sie am Ende nicht wie Pelz aussieht. Wenn Sie sich nicht sicher sind oder nicht über die notwendigen Werkzeuge verfügen, lassen Sie es lieber und begnügen sich mit einem sauberen Oberflächenfinish – fügen Sie nur noch Politur oder Öl hinzu.

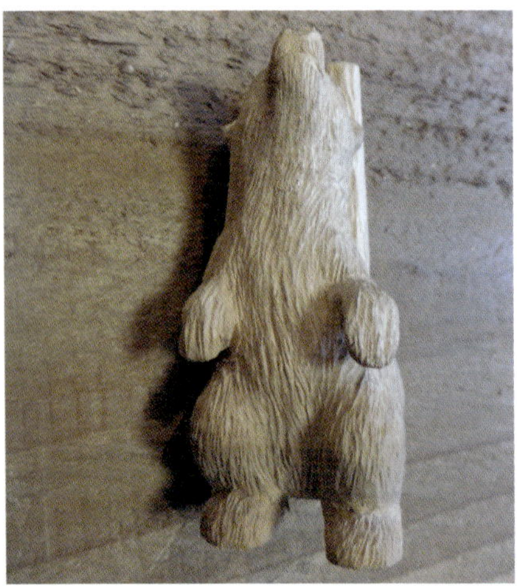

18 Setzen Sie Ihre Schnitte nicht zu tief oder in geraden Linien. Führen Sie die Schnitte lieber gewellt und kurz, völlig ungeordnet, sogar über Kreuz. Sie brauchen wahrscheinlich etwa drei Durchgänge, wenn Sie Textur hinzufügen.

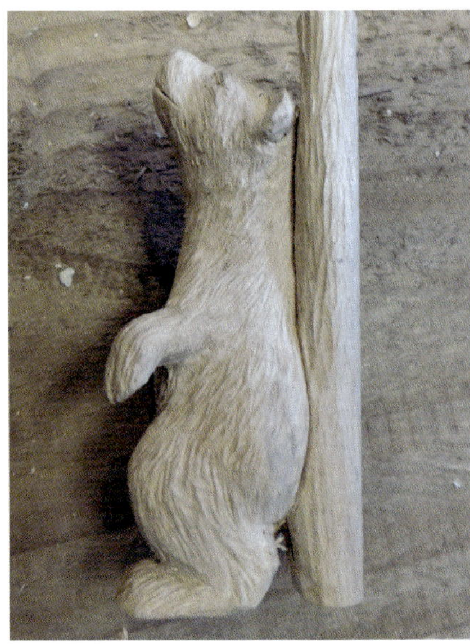

19 Wie Sie sehen werden, kann eine sorgfältige Texturierung der Schnitzerei den Eindruck von Bewegung verleihen.

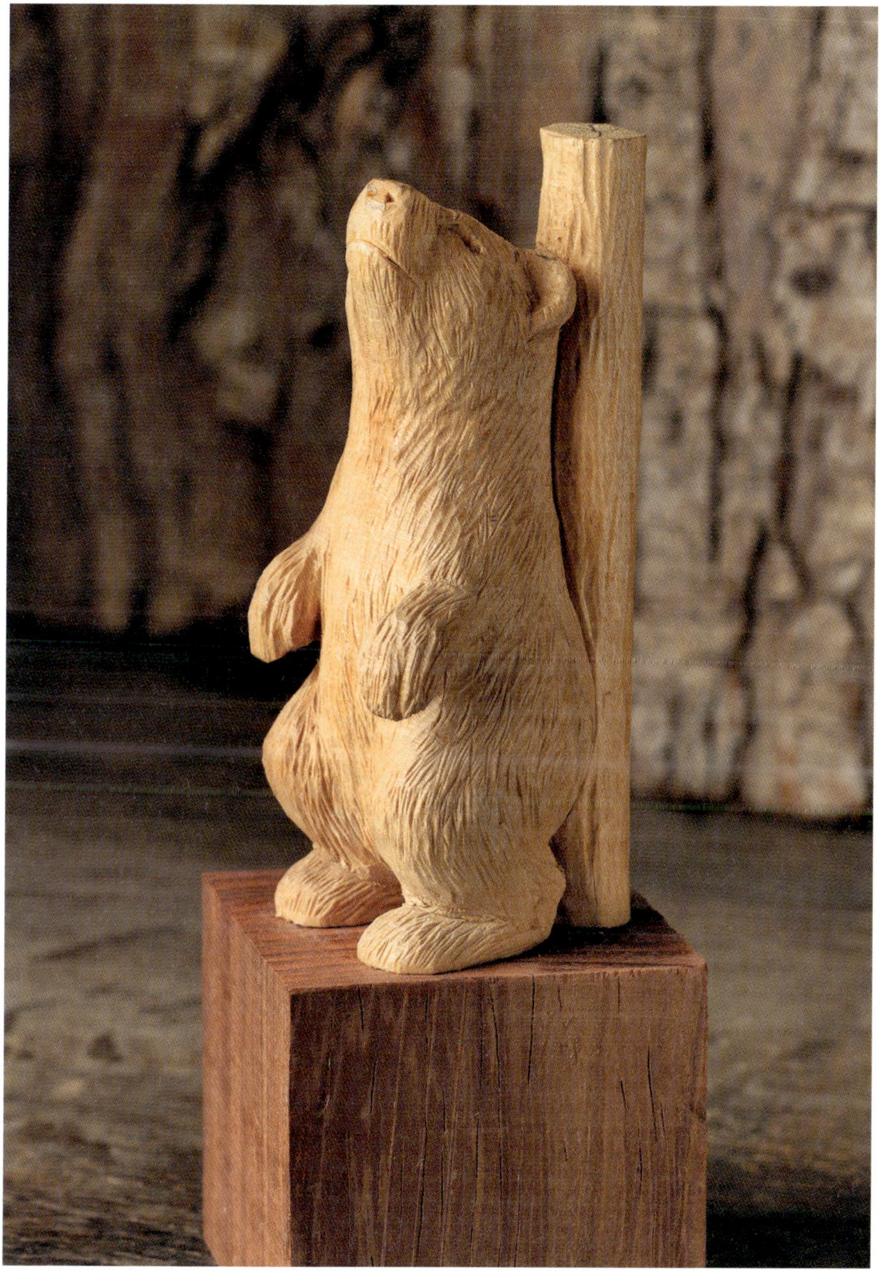

20 Ihr Bär ist fertig. Sie können ihn so lassen oder aber Öl- oder Wachspolitur verwenden und ihn dann auf einen Sockel montieren, wie ich es getan habe.

Feldhase

WÄHREND DAS KANINCHEN ALLGEMEIN BEKANNT IST, GLAUBE ICH, DASS NOCH NICHT JEDER TATSÄCHLICH EINEN FELDHASEN IN FREIER WILDBAHN GESEHEN HAT. IN GROSSBRITANNIEN FÜHRTE ER JAHRHUNDERTELANG EINE SEHR PREKÄRE EXISTENZ UND WURDE HAUPTSÄCHLICH MIT HUNDEN GEJAGT. AUCH DIE INTENSIVIERUNG DER LANDWIRTSCHAFT MACHT IHM ZU SCHAFFEN. DOCH NOCH KANN ER ABENDS UND AM FRÜHEN MORGEN AUF FREIEM FELD BEOBACHTET WERDEN.

Das Motiv dieses Projektes ist ein europäischer Feldhase, der sich die Ohren putzt. Eine Texturierung ist nicht notwendig, aber vielleicht möchten Sie die fertige Schnitzerei schleifen. Ich habe ein 14 cm langes Stück Lindenholz mit 5 cm Seitenlänge verwendet, da ich nicht wollte, dass es zu klein wird, aber Sie können jedes Holz verwenden, das Sie möchten.

WERKZEUG

- Messer
- Schutzhandschuh
- kleiner Hohlbeitel
- Scheuermittel
- Öl- und Wachspolitur

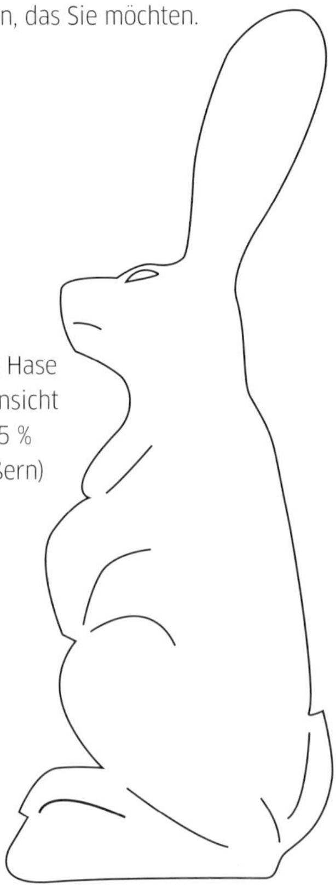

Vorlage Hase Seitenansicht (auf 125 % vergrößern)

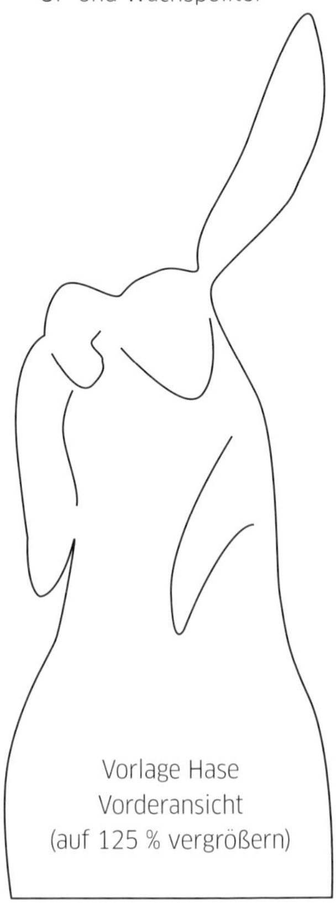

Vorlage Hase Vorderansicht (auf 125 % vergrößern)

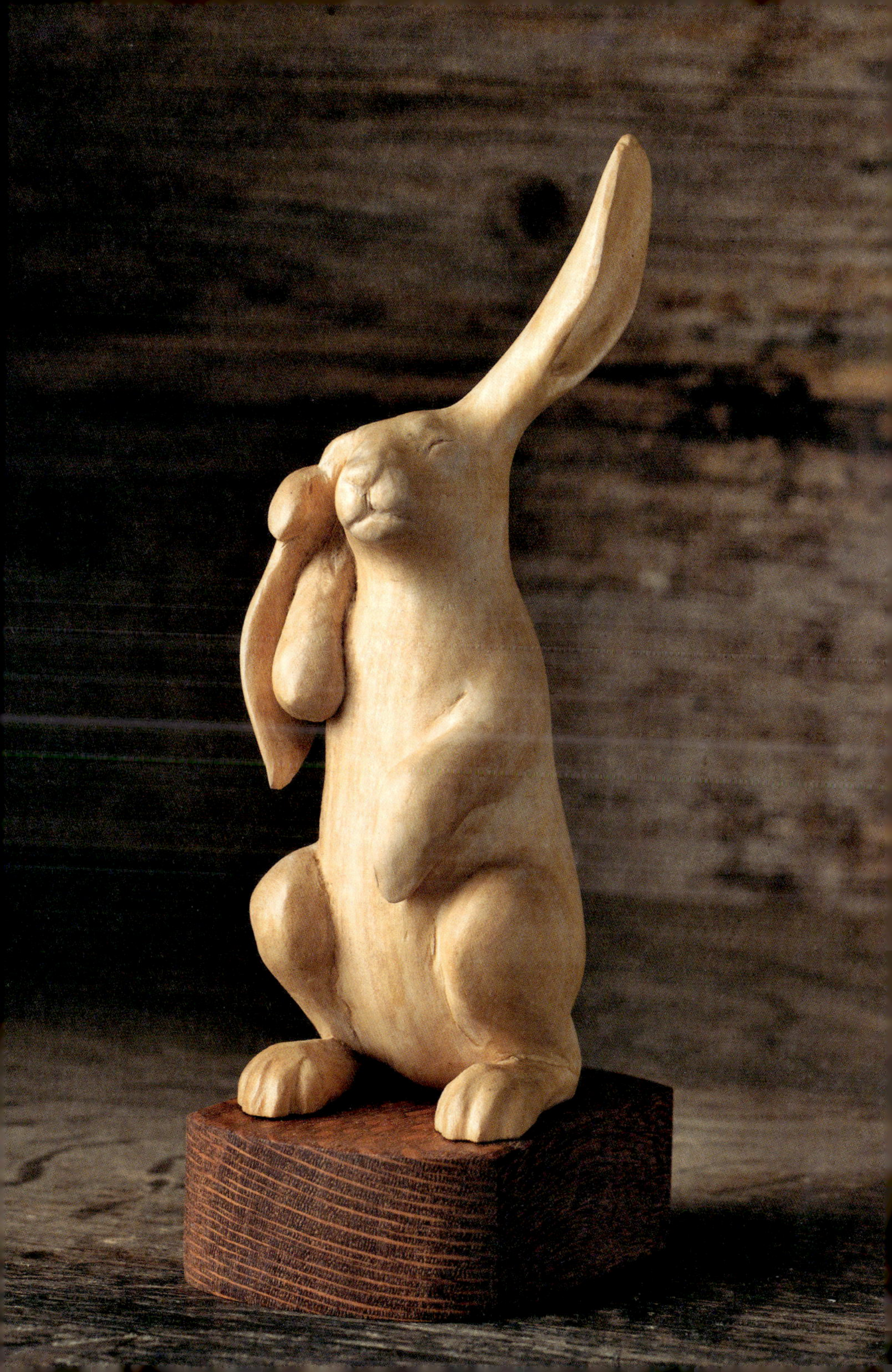

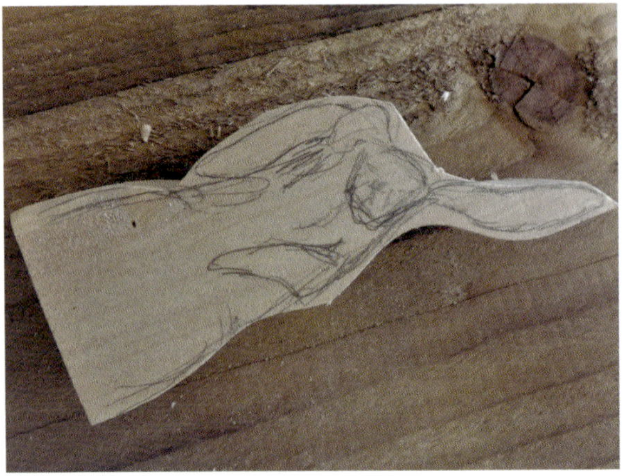

1 Zeichnen Sie die Vorlagen (siehe Seite 96) auf Ihr Holz. Stellen Sie sicher, dass die Seitenansicht in die richtige Richtung schaut und dass die beiden Vorlagen oben und unten bündig sind.

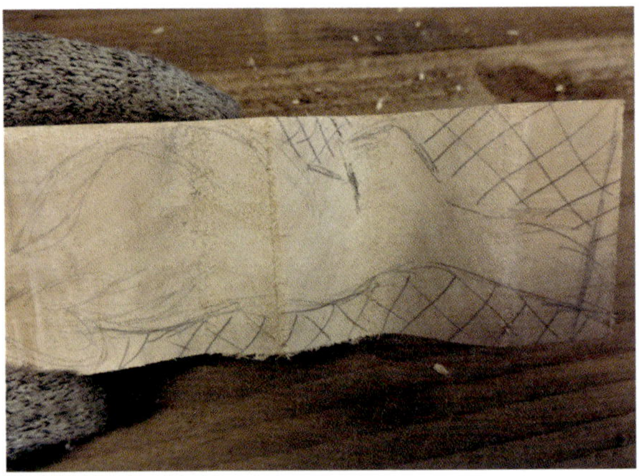

2 Ich habe zuerst die Vorderseite geschnitzt und dann die Seite freihändig gezeichnet, aber mit den Vorlagen werden Sie es einfacher haben.

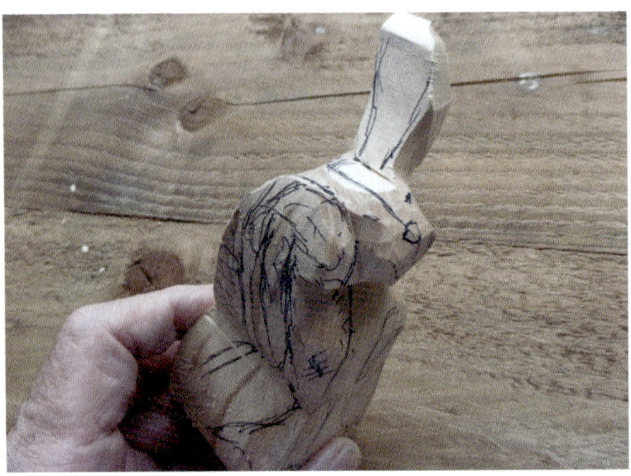

3 Beginnen Sie mit grober Formgebung und markieren Sie dabei die verschiedenen Körperteile. Es ist wichtig, dass Sie vor Augen haben, wo alles liegt, bevor Sie Details hinzufügen.

4 Der Kopf des Hasen ist geneigt. Es wird Ihnen helfen, die Gesichtsdetails anzuzeichnen, bevor Sie zu viel Holz entfernen.

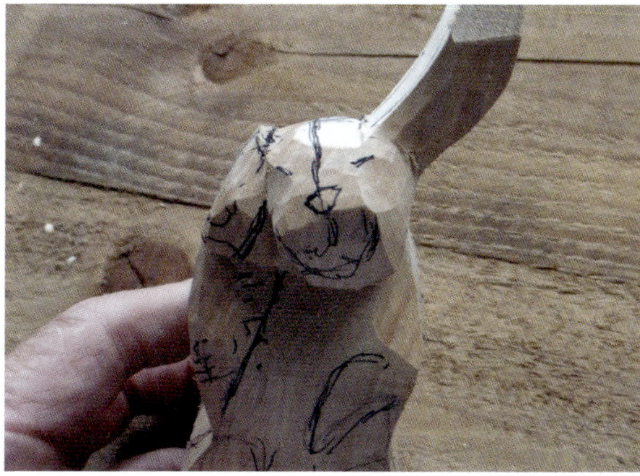

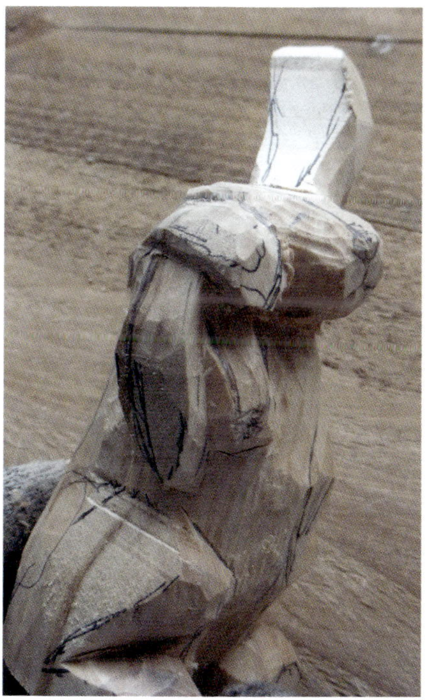

5 Der rechte Arm und das Ohr des Hasen werden ziemlich viel Holz brauchen, also müssen Sie ihre Position festlegen, bevor Sie weitermachen. Sie können den Körper notfalls immer noch ein wenig verschieben.

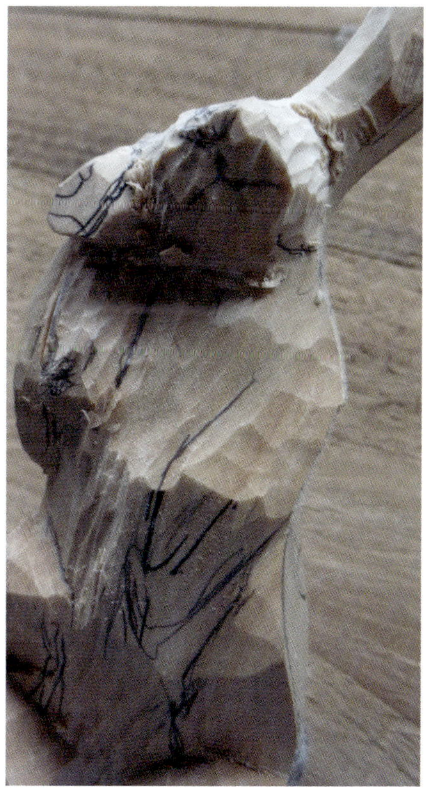

6 Sie können dem Kopf an dieser Stelle auch etwas mehr Form verleihen.

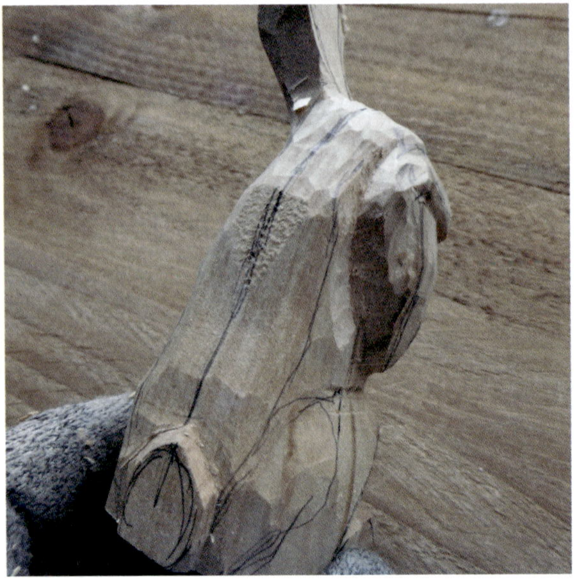

7 Als Nächstes arbeiten Sie am Rücken des Hasen. Zeichnen Sie den Körper von hinten an – der Hase ist ziemlich schlank, sodass es viel Holz zu entfernen gibt. Markieren Sie den Schwanz und lassen Sie genug Holz für die Hinterbeine übrig.

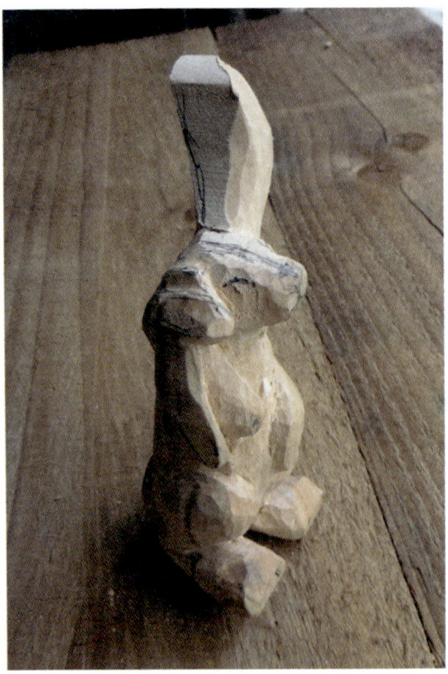

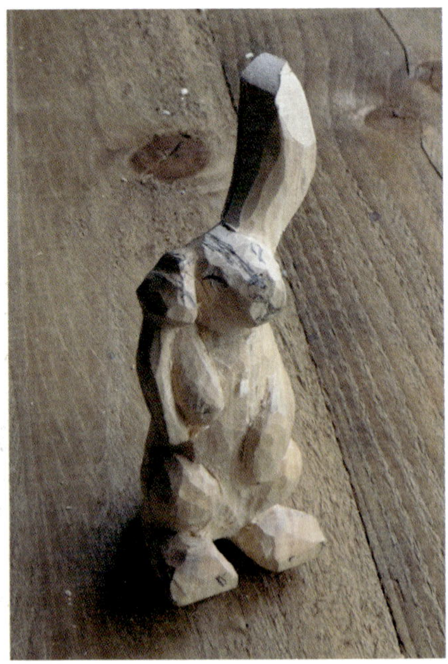

8 Jetzt können Sie an der Gesamtform arbeiten.

9 Verjüngen Sie den Körper und schnitzen Sie die Hinterfüße so, dass alles korrekt, aber noch recht grob aussieht.

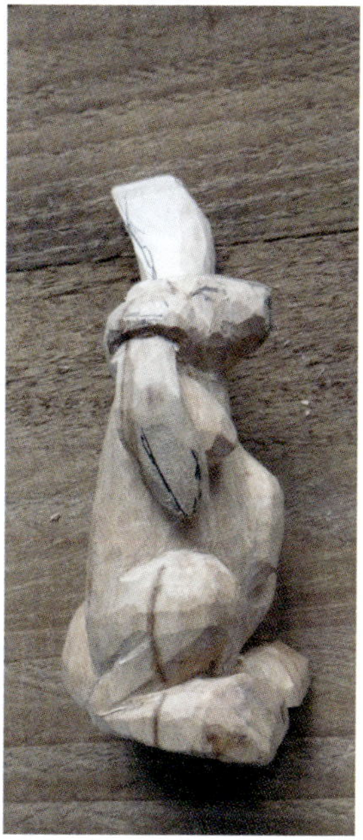

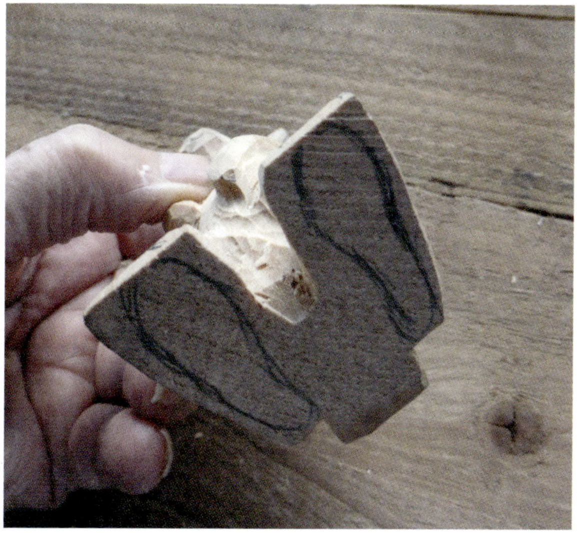

11 Zeichnen Sie die Form der Unterschenkel und Füße auf die Unterseite der Schnitzerei und stellen Sie sicher, dass sie einander gleichen. Formen Sie sie, aber seien Sie vorsichtig, da der dünne Teil des Beines kurz und zerbrechlich ist. Stützen Sie die Füße, während Sie schnitzen.

10 Formen Sie die Hinterbeine, sodass sie an den Fußdetails arbeiten können.

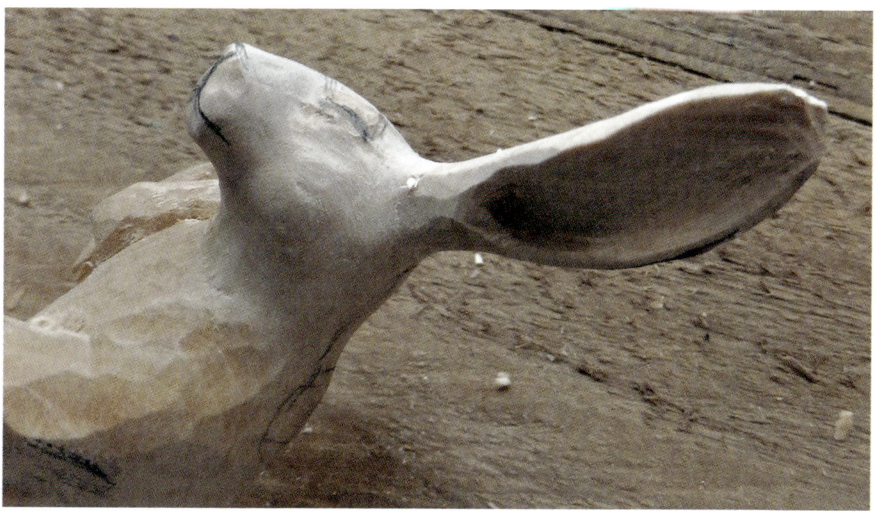

12 Die gesamte Grundform ist nun fertig.

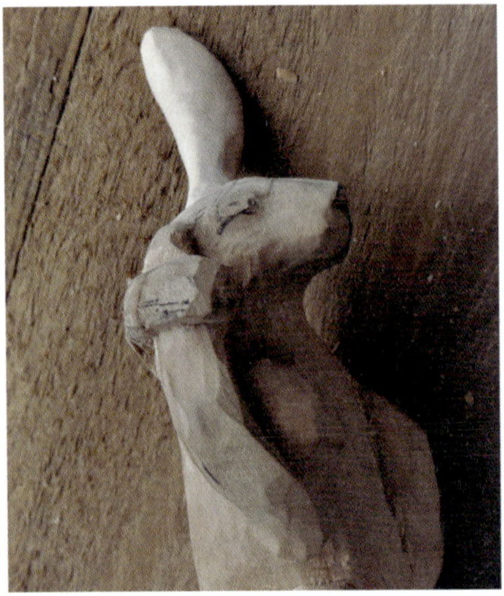

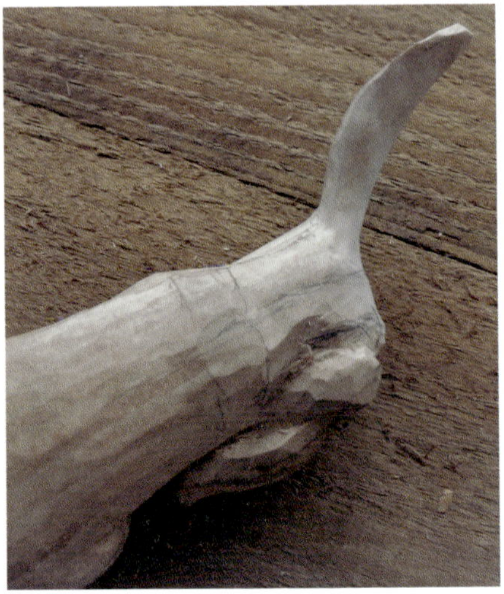

13 Überprüfen Sie das gesamte Stück und stellen Sie sicher, dass alle Ihre Schnitte sauber und ordentlich sind.

14 Formen Sie das linke Ohr.

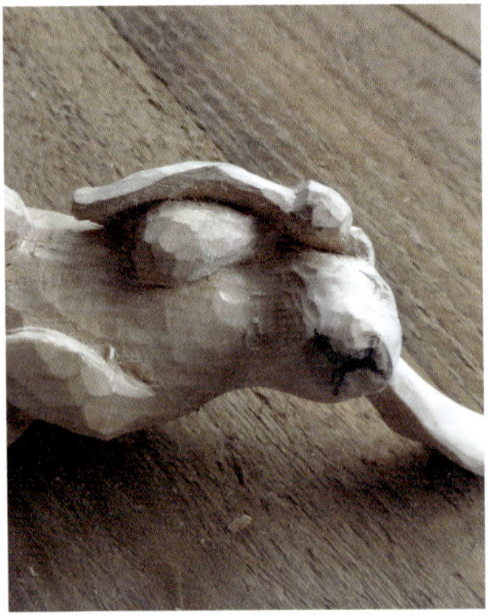

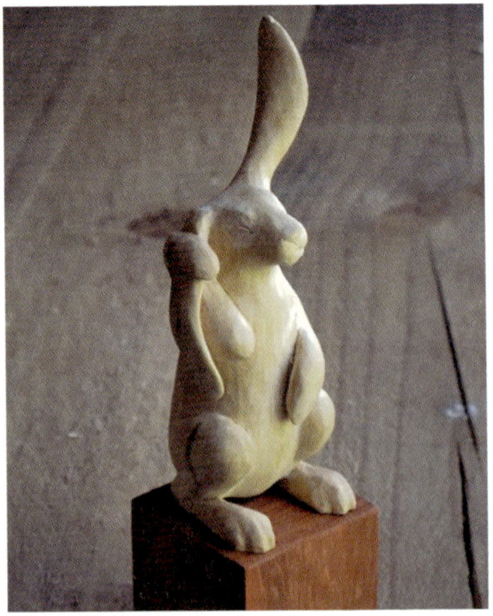

15 Fangen Sie an, die gesamte Schnitzerei zu schleifen. Nehmen Sie sich ruhig Zeit, da das Schleifen mühsam sein kann. Säubern Sie ein wenig, dann schleifen Sie ein wenig und so weiter.

16 Nun bleibt nur noch, ein geeignetes Stück Holz als Sockel zu finden – das ist ratsam, da die Füße etwas fragil sind – und den Hasen sicher daran zu befestigen.

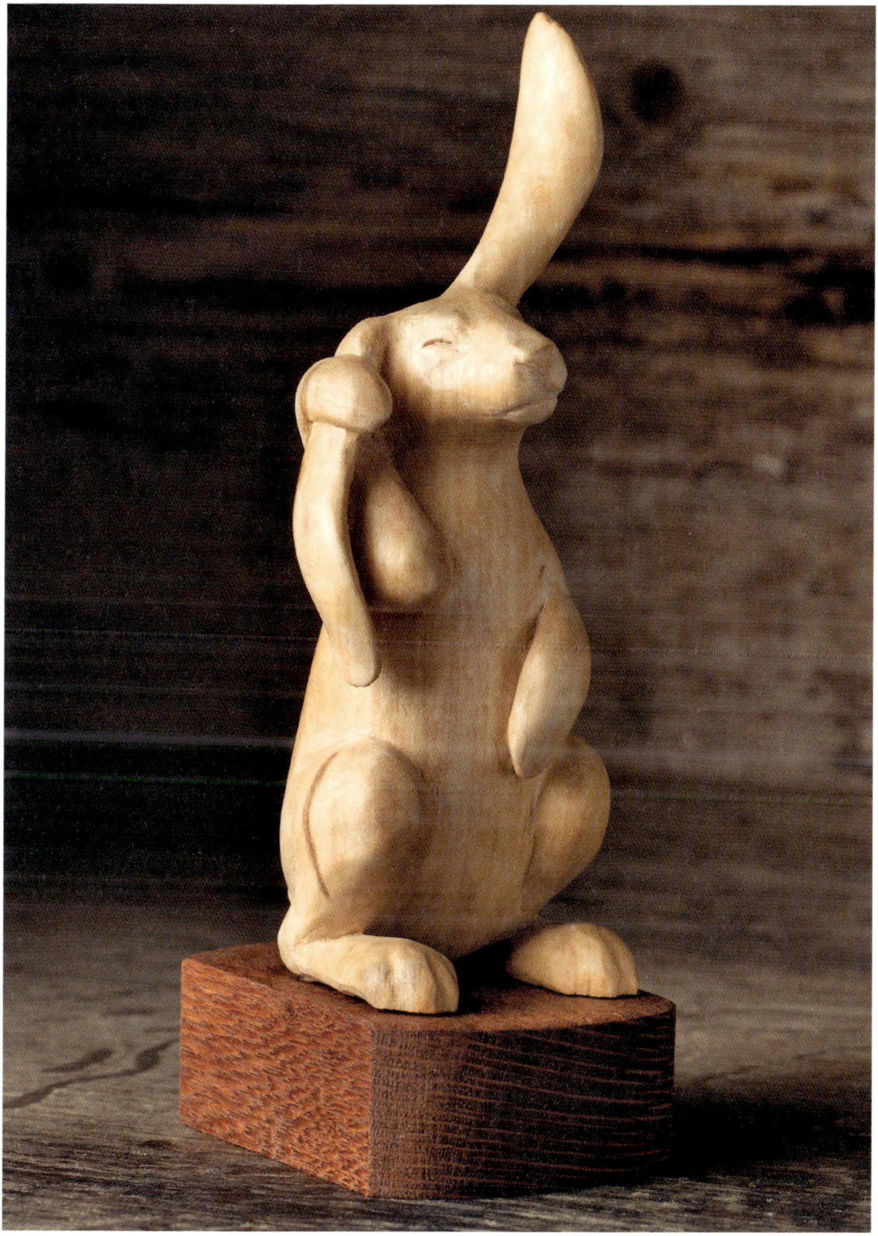

17 Nachdem Sie den Hasen mit Öl oder einem leichten Lack versiegelt haben, verleihen Sie ihm eine gute Wachspolitur. Sie können auch eine Alternative verwenden – alles, was vor Schmutz schützt, ist in Ordnung.

Gabelweihe

UM DIE SCHÖNHEIT VON RAUBVÖGELN BEGREIFEN ZU KÖNNEN, MUSS MAN SIE WIRKLICH IM FLUG SEHEN. DA SIE ETWA 95 PROZENT IHRER ZEIT IN RUHE UND NUR FÜNF PROZENT TATSÄCHLICH AUF DER JAGD VERBRINGEN, IST DAS NICHT IMMER EINFACH. OBWOHL ICH DIESES PROJEKT „GABELWEIHE" GENANNT HABE, KÖNNTE MAN ES MIT EIN PAAR ÄNDERUNGEN AUCH ZU EINEM ANDEREN RAUBVOGEL MACHEN. DIE ALLGEMEINE POSE KANN DIE GLEICHE BLEIBEN, ABER ES WIRD UNTERSCHIEDE IN DEN DETAILS GEBEN. FALKEN UND ADLER HABEN BEIDE BREITE FLÜGEL, ABER ADLER ERKENNT MAN AN IHREN GEFIEDERTEN BEINEN. FALKEN HABEN KLAR ERKENNBAR SPITZE FLÜGEL. WENN SIE EINEN BESTIMMTEN VOGEL SCHNITZEN MÖCHTEN, ACHTEN SIE BESONDERS AUF DIE KOPFDETAILS, DA SEEADLER, ETWA DER AMERIKANISCHE WEISSKOPFSEEADLER, UNVERWECHSELBARE SCHNÄBEL HABEN.

Ich habe mich bei meiner Schnitzerei für eine Gabelweihe entschieden – sie sind sehr leicht an ihrem langen Gabelschwanz und ihrer stattlichen Größe zu erkennen.

Wie beim Schnitzen jedes fliegenden Vogels ist es schwierig, ihn am Ende zu präsentieren, außer man hängt ihn an die Wand. Also muss man einen Kompromiss finden: Ich habe meinen Vogel leicht stilisiert und an der Spitze eines Flügels montiert. Wenn Sie das Gleiche tun möchten, könnten Sie für zusätzliche Stabilität einen Stahlstift durch die Flügelspitze stecken.

Ich habe ein 20 cm langes Stück Lindenholz mit 5 cm Seitenlänge verwendet, um die Flügelwinkel so naturnah wie möglich gestalten zu können.

WERKZEUG

- Messer
- Schutzhandschuh
- Bandsäge (optional)
- kleiner V-förmiger Stechbeitel
- flacher Hohlbeitel
- Schleifmittel
- Wachspolitur

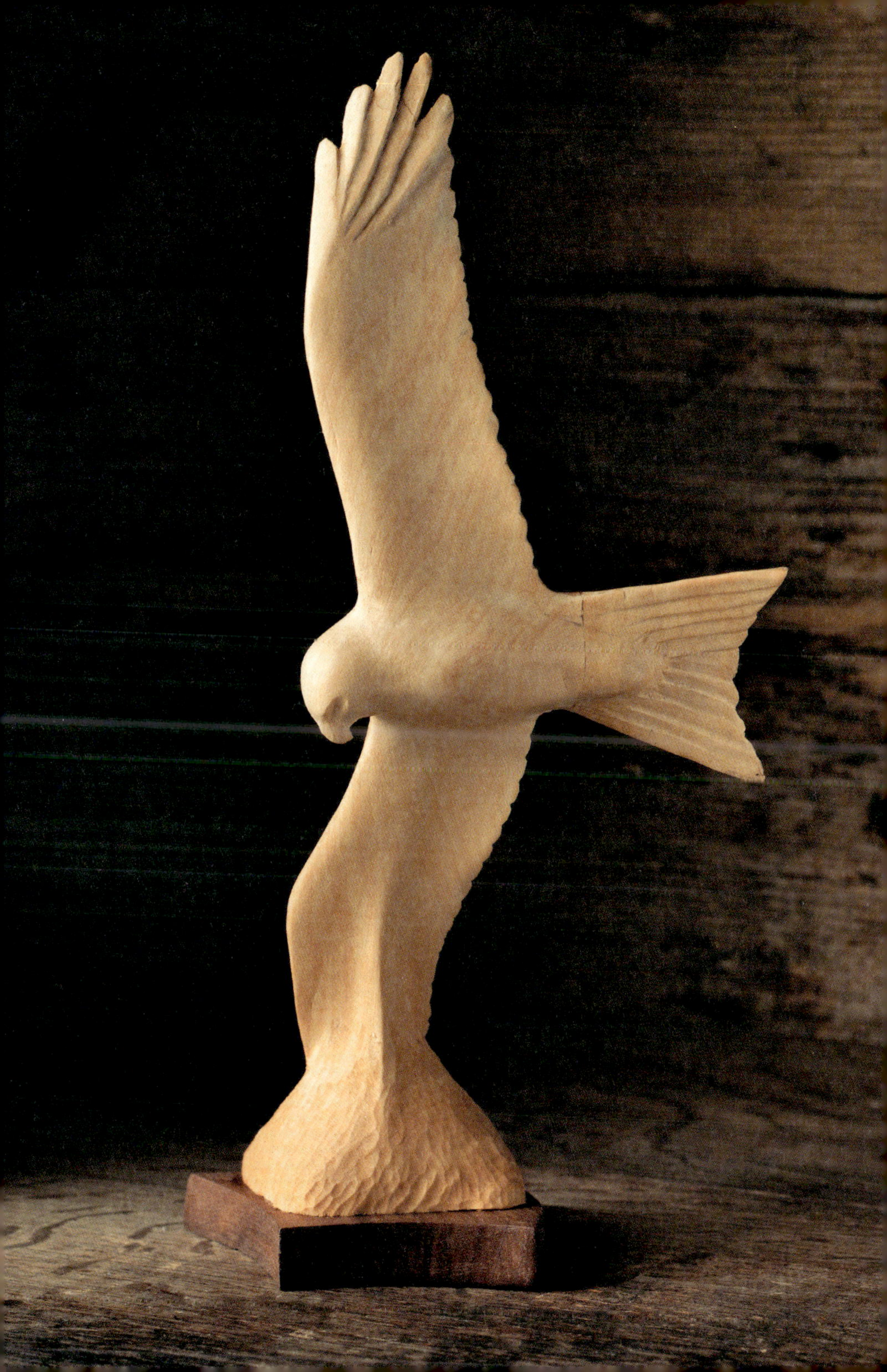

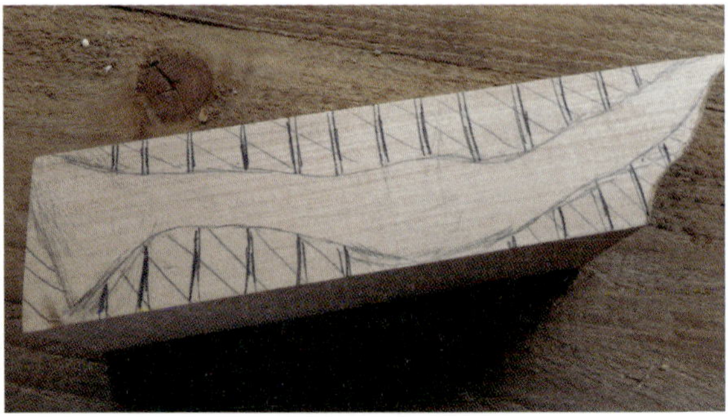

1 Zeichnen Sie die Vorlagen auf Ihr Holz – kopieren Sie dafür die Umrisse in diesen Bildern.

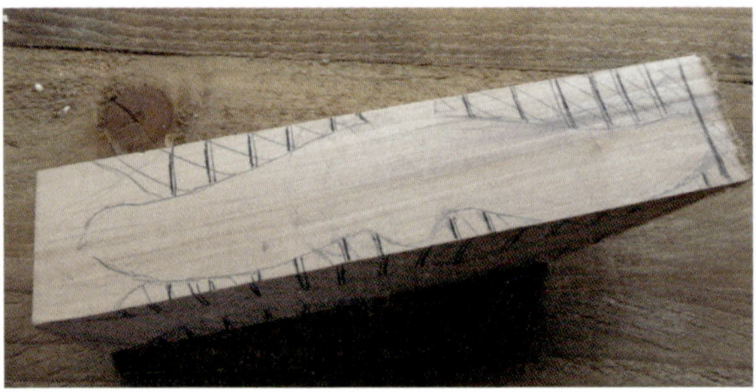

2 Sie müssen nicht zu genau sein, aber stellen Sie sicher, dass jeder Flügel möglichst viel Schweifung bekommt.

3 Schneiden Sie den Überschuss mit einer Bandsäge weg. Alternativ können Sie viele gerade Schnitte entlang der Umrisslinie setzen und dann mit Ihrem Messer abtragen.

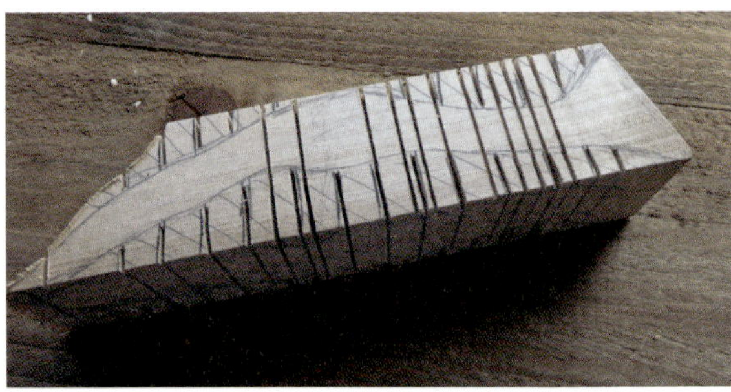

4 Beachten Sie, dass der Vogel zu diesem Zeitpunkt keinen Schwanz hat.

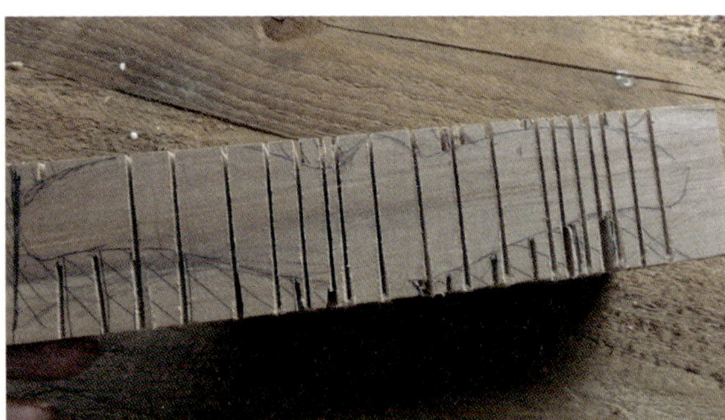

5 Sobald Sie den Überschuss entfernt haben, sollten Sie eine eckige Vogelform haben.

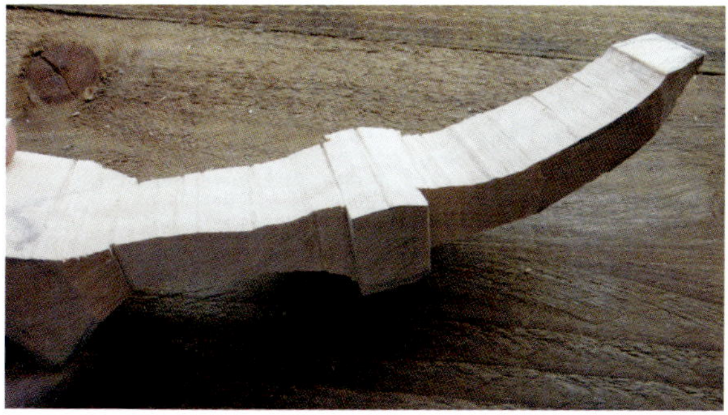

6 Überprüfen Sie die Form aus allen Richtungen.

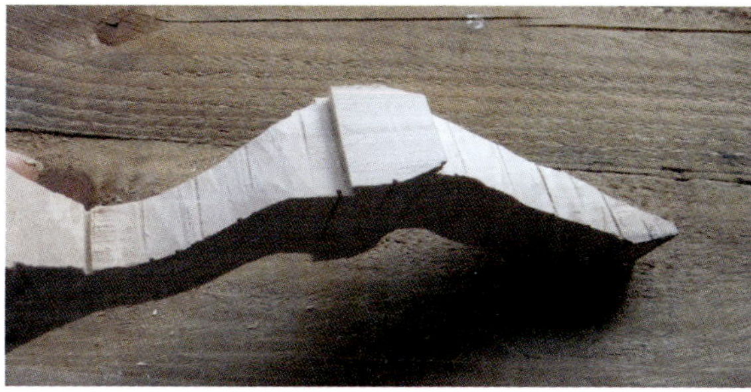

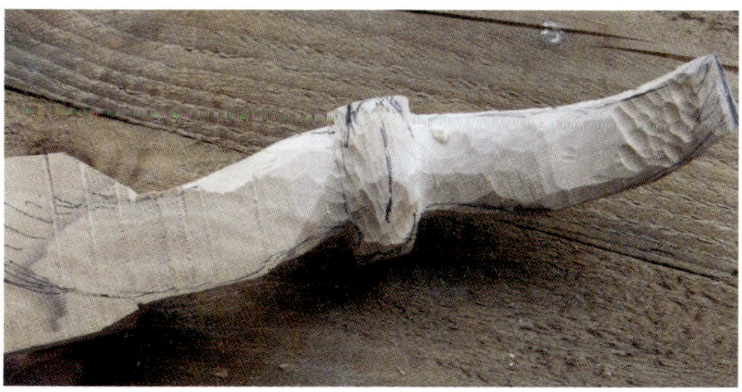

7 Jetzt müssen Sie die richtige Flügelform erreichen, indem Sie sie so weit wie möglich ausdünnen.

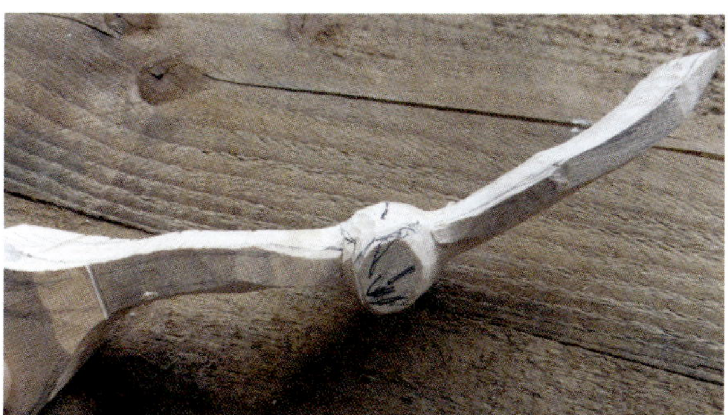

8 Konzentrieren Sie sich zuerst darauf, den oberen Flügel zu formen.

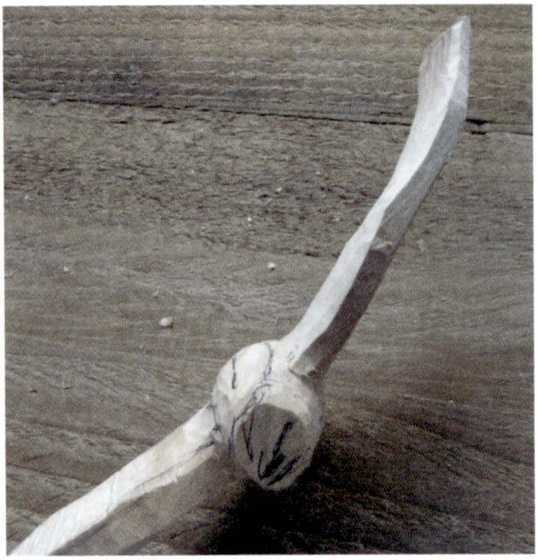

9 Lassen Sie für mehr Stabilität den Flügel, der an der Basis befestigt ist, etwas dicker.

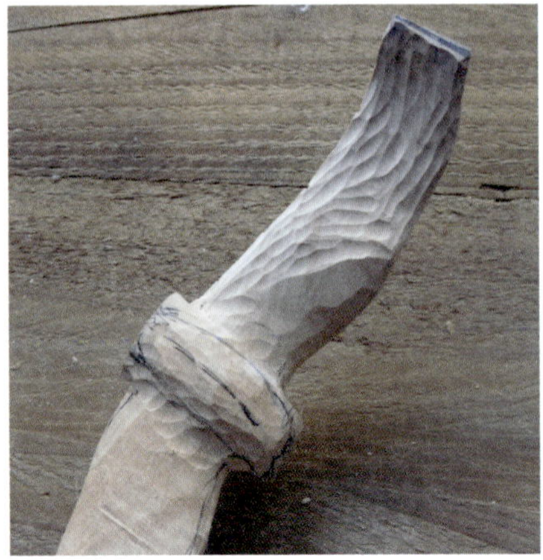

10 Stellen Sie sicher, dass das Ende des Körpers rechtwinklig und vollkommen flach ist.

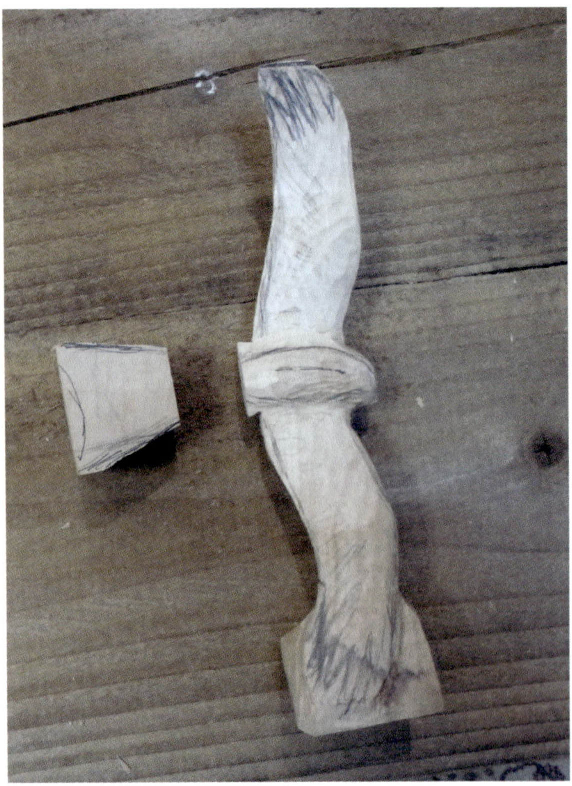

11 Wählen Sie ein Stück Holz mit ähnlicher Farbe und Maserung und formen Sie es zu einem Schwanz, der die gleiche Faserrichtung hat wie der Vogel. Kleben Sie ihn fest und lassen ihn trocknen.

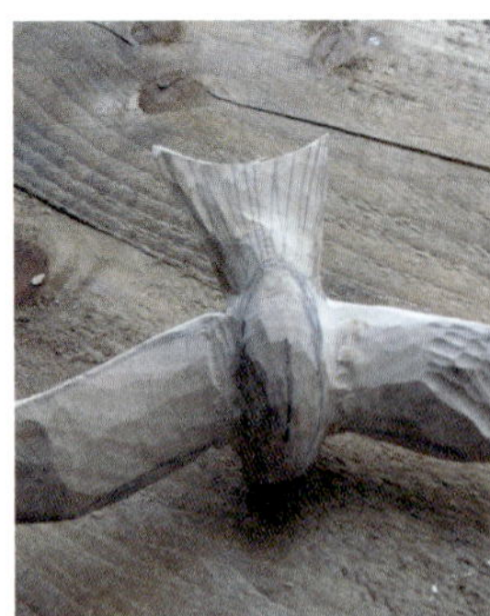

12 Sobald der Kleber getrocknet ist, können Sie den Schwanz verjüngen.

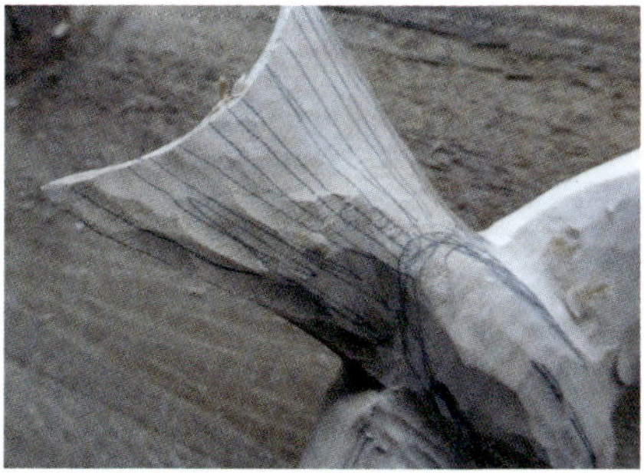

13 Zeichnen Sie auf der Oberseite den Körper an.

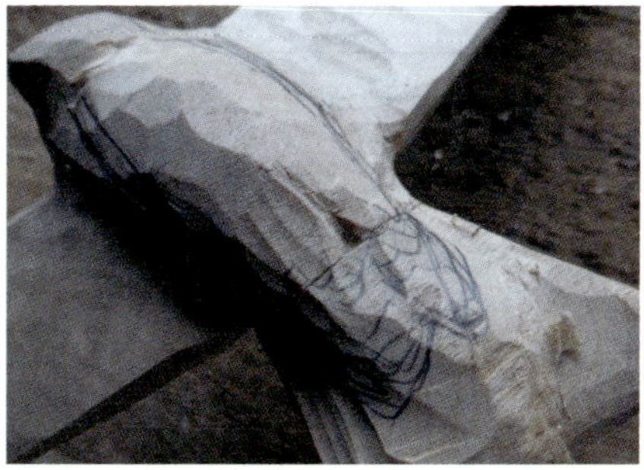

14 Zeichnen Sie auf der Unterseite die Beine an. Kümmern Sie sich noch nicht um Details.

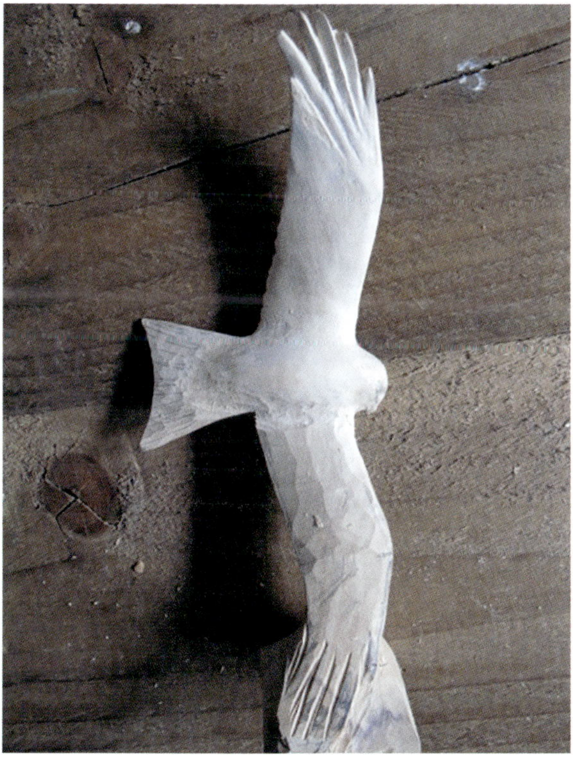

15 Beginnen Sie, die Flügel- und Schwanzfedern zu schnitzen. Es ist hilfreich, qualitativ hochwertige Fotos des gewählten Vogels zu betrachten, um die Federmuster einigermaßen genau zu setzen.

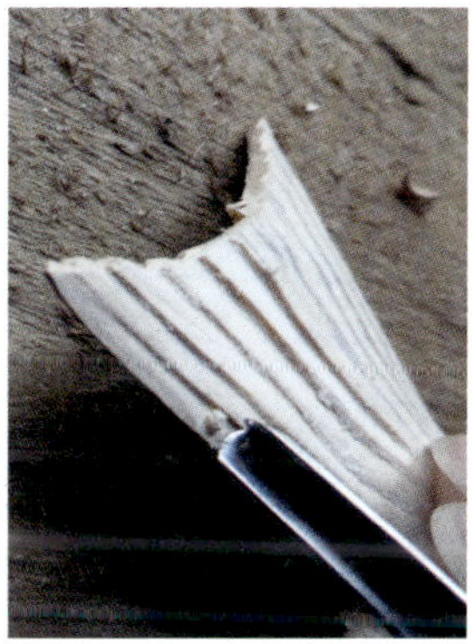

16 Die Federn können mit einem kleinen V-förmigen Stechbeitel geschnitzt werden. Markieren Sie genau, wo jede Feder liegen soll (beachten Sie, dass an den Flügeln das Ende jeder Feder unter nächsten liegt). Setzen Sie einen flachen Schnitt entlang der Linie und verjüngen Sie dann die Oberfläche, indem Sie den Beitel auf die Seite drehen, mit der Spitze des V im ursprünglichen Schnitt.

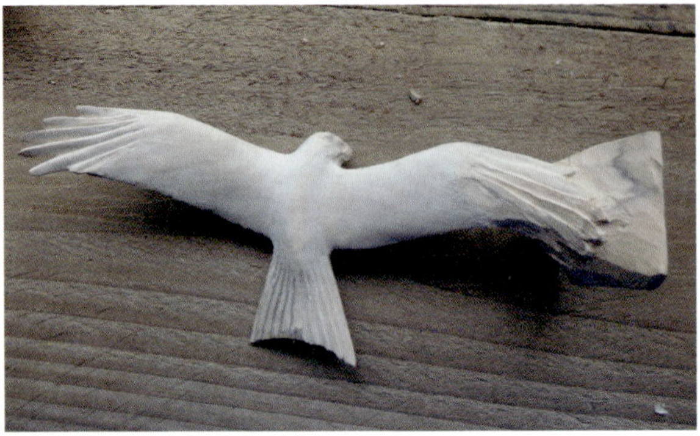

17 Hier können Sie sehen, wie die Federn Gestalt annehmen. Die Flügelflächen können jetzt mit einem flachen Hohlbeitel geschnitzt werden.

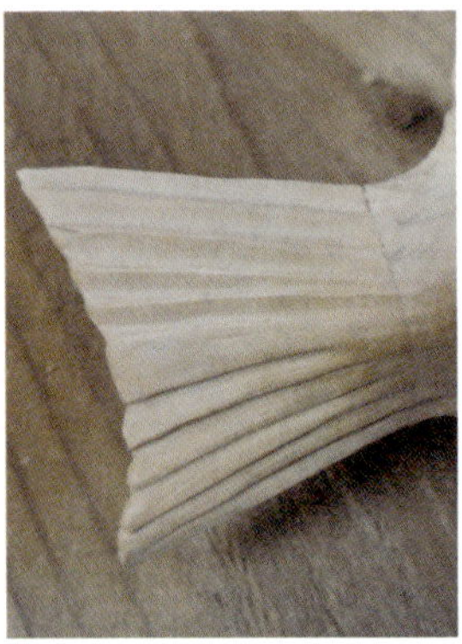

18 Beachten Sie am Schwanz, dass die Rückseite jeder Feder unter der näher zur Mitte steckt.

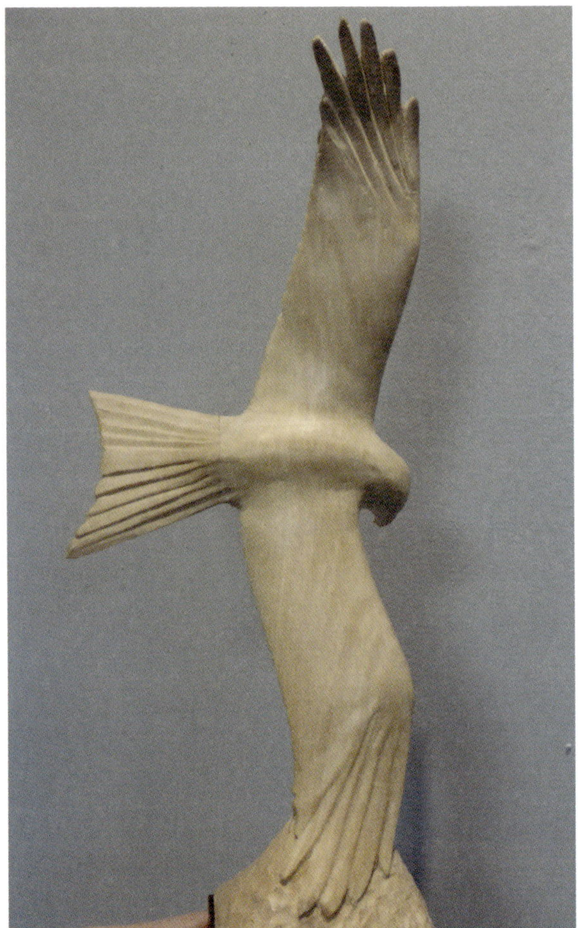

19 Um ein gutes Finish zu erhalten, müssen Sie den Vogel ausgiebig schleifen.

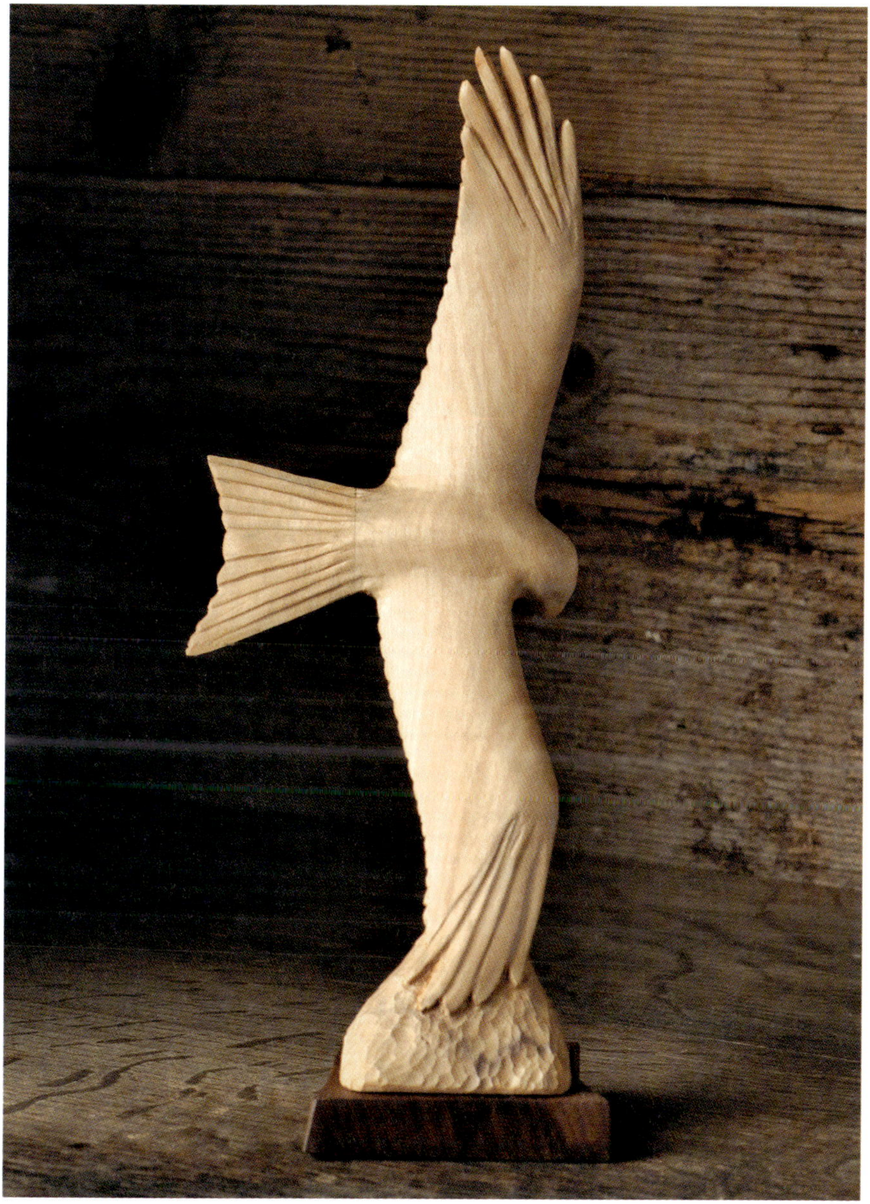

20 Ich entschied mich, das Holz in seiner natürlichen Farbe zu belassen und ihm einfach eine Schicht Wachspolitur zu verleihen. Dadurch kann man aber die Verbindungsstelle am Schwanz sehen. Wenn Sie sie verbergen möchten, müssen Sie das fertige Stück beizen oder bemalen.

Laubfrosch

DER FROSCH WAR SCHON IMMER EIN BELIEBTES MOTIV FÜR KÜNSTLER UND BILDHAUER UND IST GEGENSTAND VIELER GROSSER SAMMLUNGEN. DESHALB IST UNTER SCHNITZERN ALLGEMEIN BEKANNT, DASS SIE FRÖSCHE, EULEN, SCHWEINE ODER NILPFERDE SCHNITZEN SOLLTEN, WENN SIE IHRE STÜCKE VERKAUFEN WOLLEN! SIE FINDEN FRÖSCHE ALS MINIATURSCHNITZEREIEN, WIE NETSUKE, SOWIE PLATZIERT AUF BLÄTTERN ODER SEEROSEN (DA DIE FÜSSE SEHR FRAGIL SIND).

WERKZEUG

- Messer
- Schutzhandschuh
- Auswahl kleiner Hohlbeitel
- V-förmiger Stechbeitel
- Öl- oder Wachspolitur

Für dieses Projekt habe ich einen Laubfrosch ausgewählt, da diese meist kräftig gefärbt sind und Sie so die Möglichkeit bekommen, das fertige Stück zu bemalen, wenn Sie möchten. Die Füße werden von Baum und Blatt gestützt, aber Sie müssen die Basis berücksichtigen, da ein Fuß diese zur Unterstützung benötigt. Sie müssen einen Teil des Klotzes als Basis verwenden, entweder geschnitzt, bemalt oder unbehandelt.

Es gibt viel Spielraum für Sie, das Design anzupassen. Da es sich um eine herausfordernde Körperhaltung handelt, müssen Sie so viel gutes Referenzmaterial verwenden, wie Sie finden können, um sicherzugehen, dass die Anatomie – wenn schon nicht absolut korrekt – zumindest glaubhaft und als Laubfrosch erkennbar ist. Ich habe ein 15 cm langes Stück Lindenholz mit 4 cm Seitenlänge verwendet, aber Sie können es in jeder gewünschten Größe schnitzen.

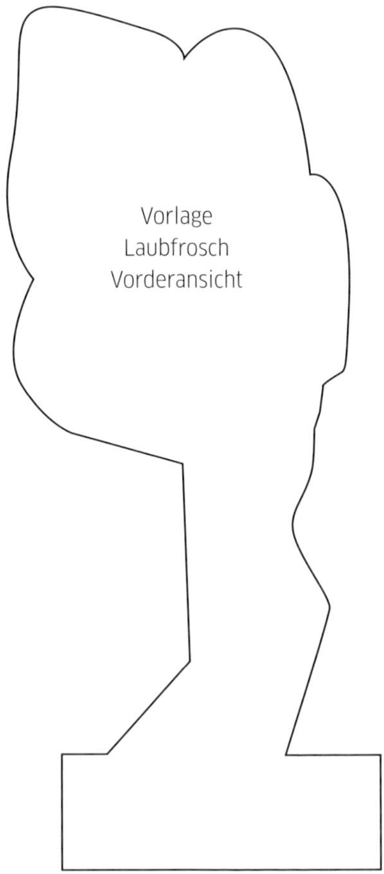

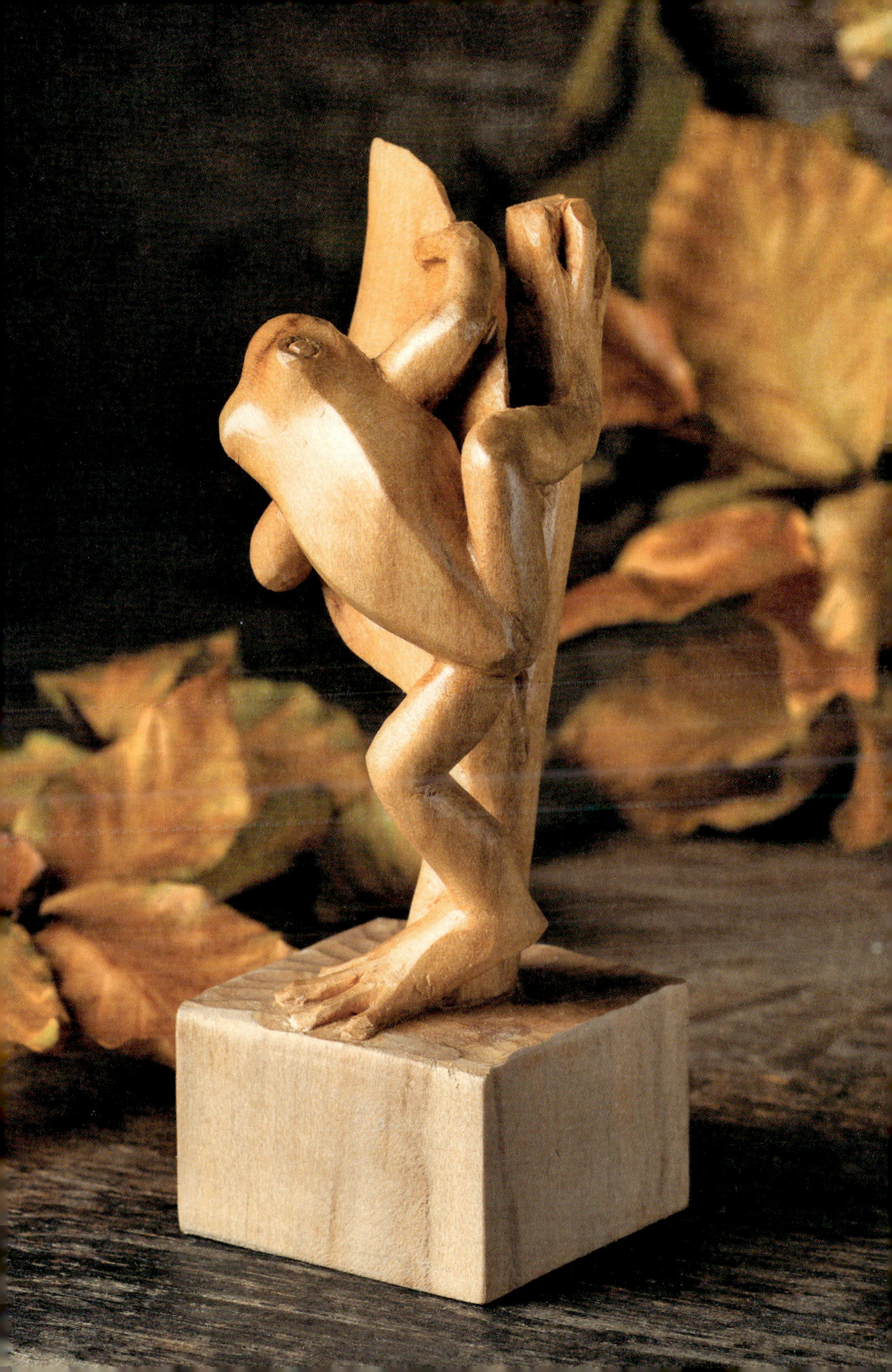

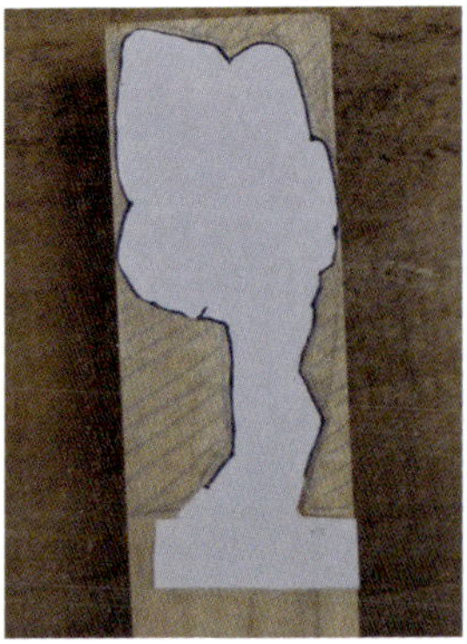

1 Zeichnen Sie die Vorlage (siehe Seite 112) auf Ihr Holz.

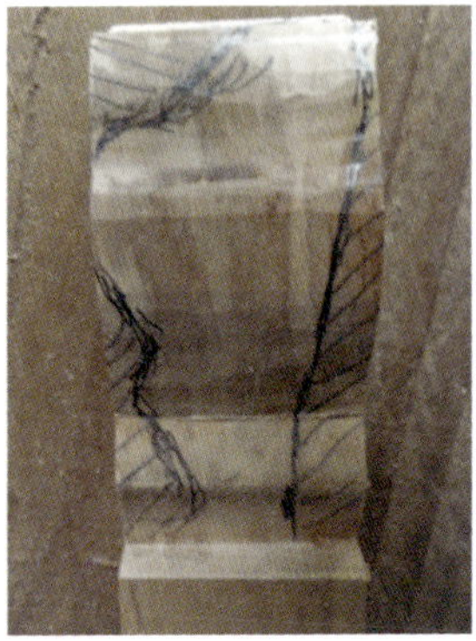

2 Schneiden Sie den Überschuss aus und entfernen Sie ihn. Zeichnen Sie dann die Seitenansicht auf den Klotz.

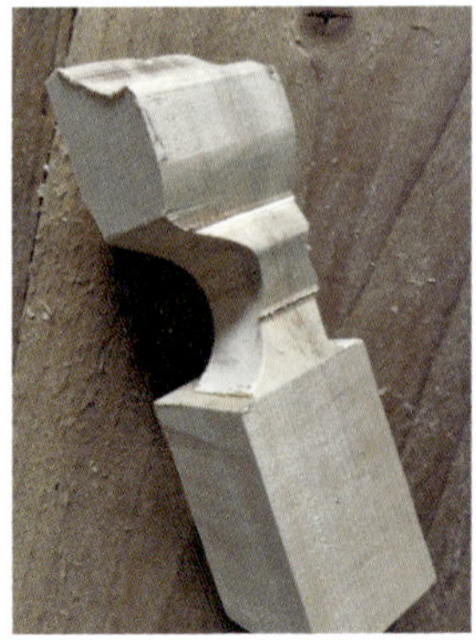

3 Schneiden Sie diese Ansicht aus.

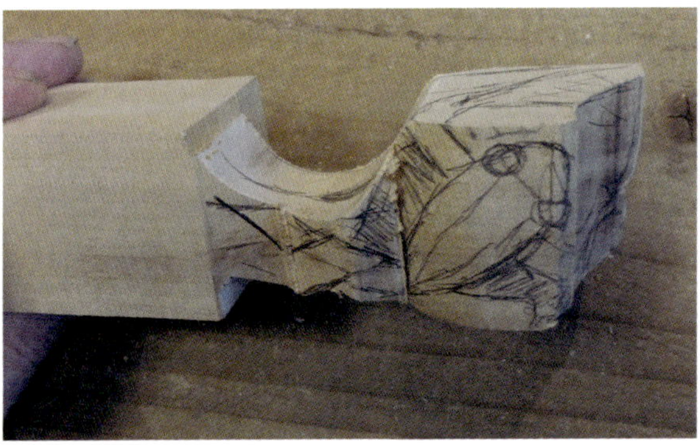

4 Jetzt müssen Sie festlegen, wo in Ihrem ausgeschnittenen Klotz sich alles befindet. Dieser markierte Klotz sieht vielleicht chaotisch aus, aber er gibt mir eine Vorstellung davon, wo ich Holz entfernen muss.

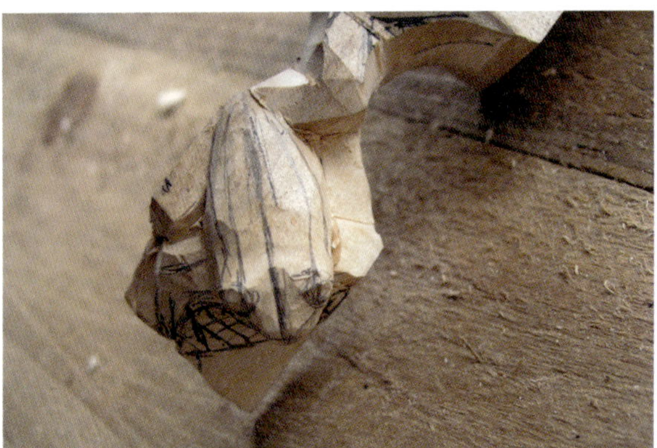

5 Entfernen Sie Stück für Stück und nur dort, wo Sie sich sicher sind, den Überschuss. Wenn Sie Zweifel haben, pausieren Sie und schauen noch einmal nach. Nachdem die Körperform von oben bearbeitet wurde, wird die Form immer klarer.

6 Messen Sie die Ober- und Unterschenkellänge, während Sie arbeiten, um sicherzustellen, dass die linke und rechte Seite gleich sind. Es passiert leicht, zu schnitzen und am Ende Beine unterschiedlicher Länge zu haben.

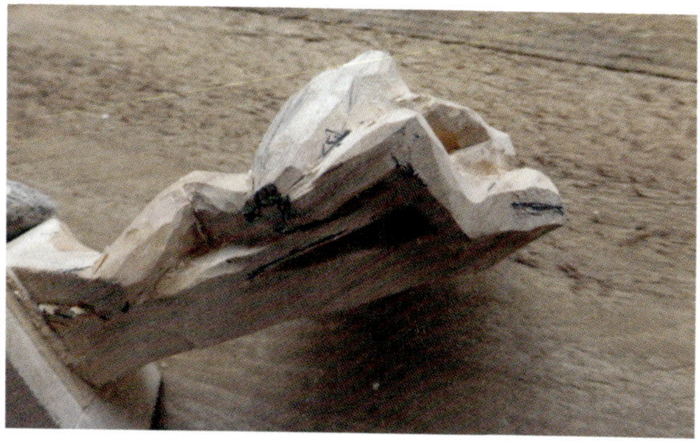

7 Sobald Sie mit der groben Form der Hinterbeine zufrieden sind, können Sie das Blatt verschmälern.

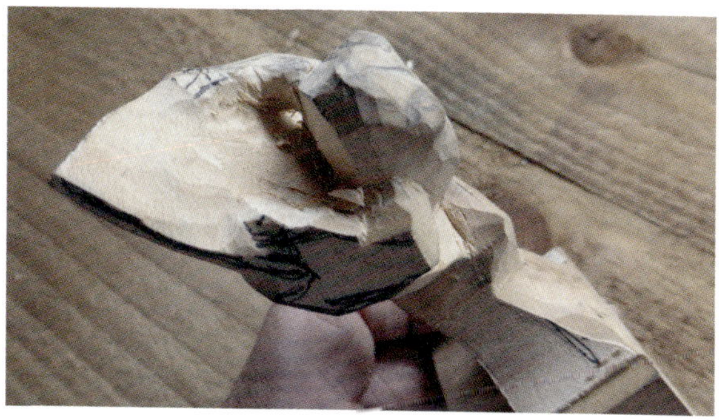

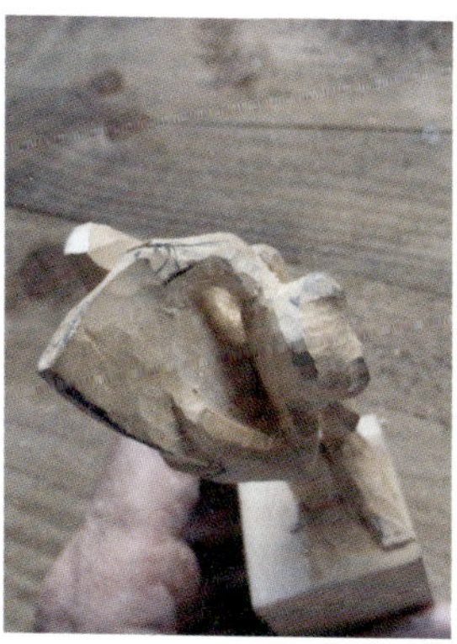

8 Legen Sie die Position der Vorderbeine fest – kein Sorge um die Details, stellen Sie nur sicher, dass Sie genug Holz für jedes Bein und das Blatt haben.

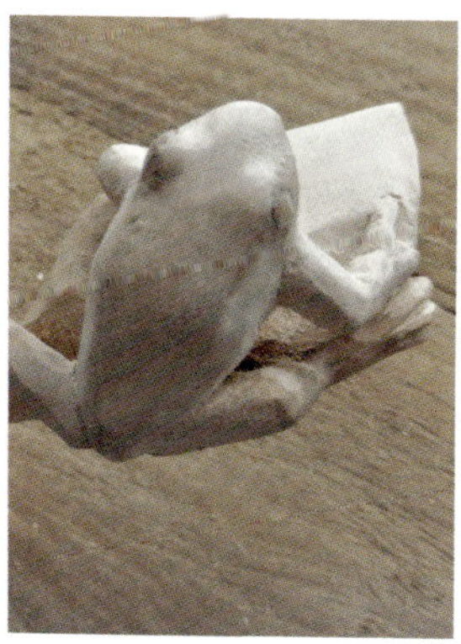

9 In dieser Phase beschloss ich, so viel wie möglich zu schleifen, um klarer zu sehen, was noch zu tun war.

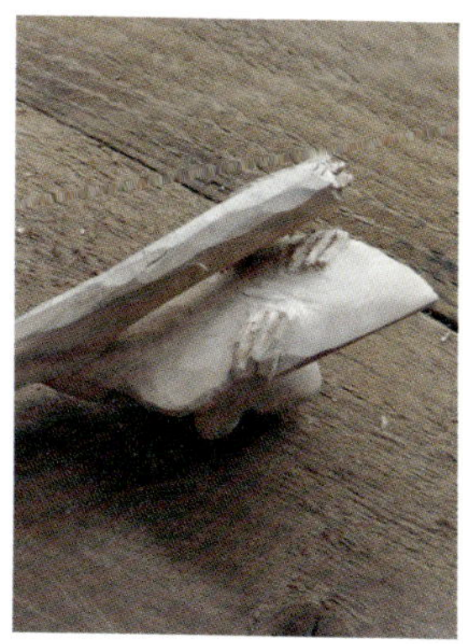

10 Im Anschluss habe ich die Hinter- und Vorderfüße grob geschnitzt, um sicherzustellen, dass ich genug Holz für die Zehen hatte – vier vorn und fünf hinten.

11 Froschfüße variieren von Art zu Art und sind nicht leicht zu schnitzen, also machen Sie sich nicht zu viele Sorgen, sie genau hinzubekommen. Stellen Sie einfach sicher, dass die Beinpaare übereinstimmen. Richtlinie ist, dass die Beine und Arme unseren eigenen sehr ähnlich sind, mit Unterschieden an Füßen und Händen. Denken Sie daran: Sie brauchen keine wissenschaftlich genaue Anatomie, es soll lediglich gut aussehen.

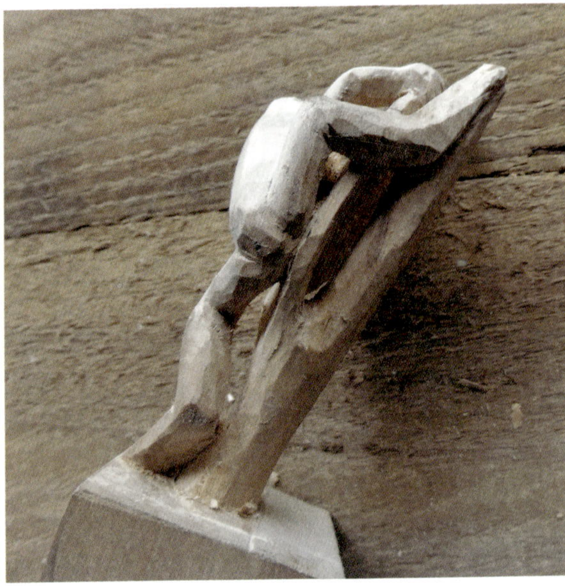

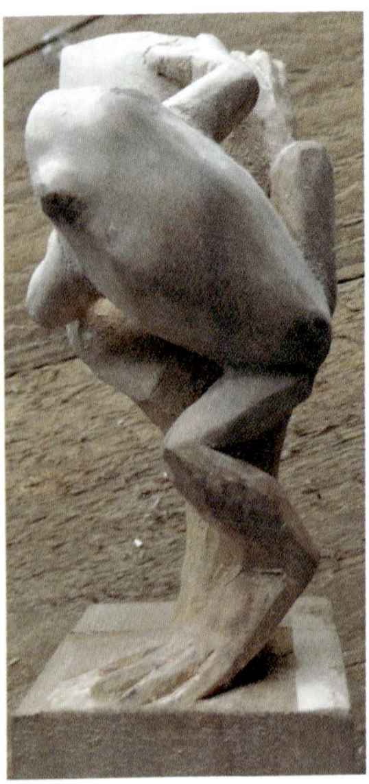

12 Die Grundschnitzerei ist nun fertig.

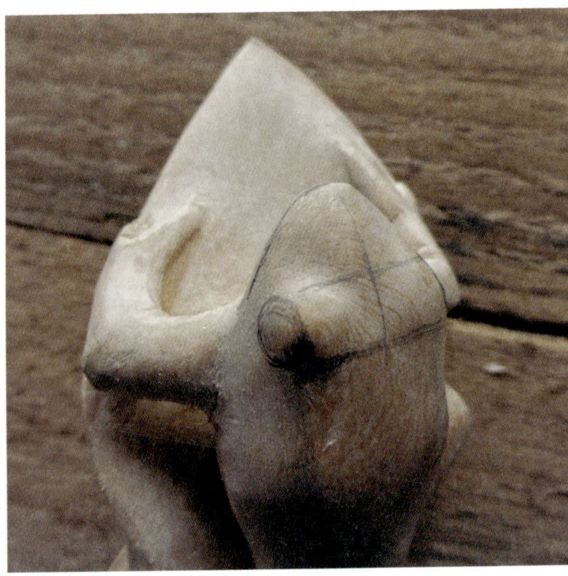

13 Fangen Sie nun an, die ganze Figur zu definieren. Stellen Sie sicher, dass alle Ihre Schnitte sauber sind, dass die Einschnitte frei von Resten sind und dass das Stück bereit für sein Finish ist.

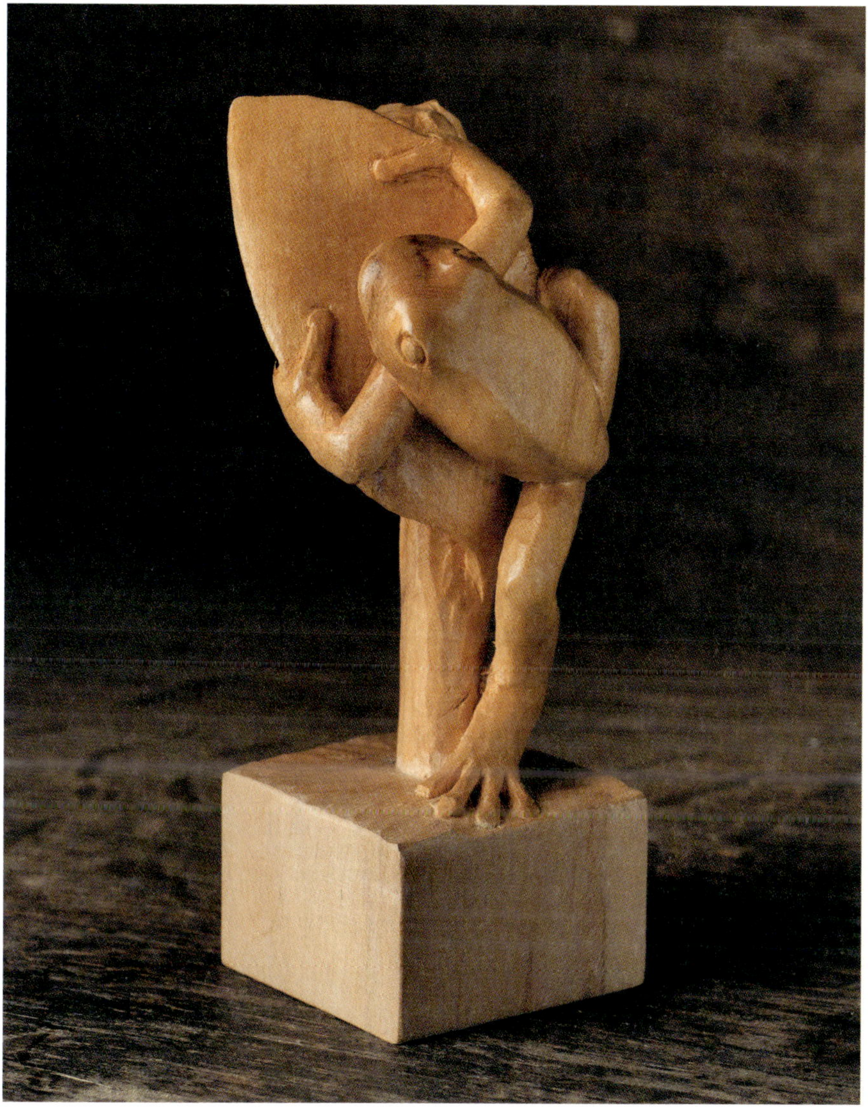

14 Ich habe mit dem Schnitzen der Augen bis hierher gewartet, aber das war eine persönliche Entscheidung. Markieren Sie die Augen sorgfältig. Damit die Augen an der richtigen Stelle sind, hilft es, die Mittellinie anzuzeichnen und dann Querlinien hinzuzufügen, eine für den vorderen und eine für den hinteren Rand der Augen. Überprüfen Sie von vorn, ob sie auf einer Ebene liegen, folgen Sie dann den Linien mit einem kleinen V-förmigen Stechbeitel und runden Sie die Oberfläche jedes Auges ab. Um das Stück fertigzustellen, versehen Sie die gesamte Schnitzerei mit einer Schicht Öl- und/oder Wachspolitur.

Zwergmaus

DIE ZWERGMAUS IST MIT EINEM GEWICHT VON NICHT MEHR ALS SIEBEN GRAMM DAS KLEINSTE NAGETIER IN EUROPA. SIE IST DER EINZIGE NAGER MIT EINEM GREIFSCHWANZ, DER ALS FÜNFTE GLIEDMASSE FUNGIEREN UND SICH AN STÄNGELN FESTHALTEN KANN. IN FREIER WILDBAHN IST SIE NICHT LEICHT ZU ERKENNEN, DA SIE NICHT NUR KLEIN, SONDERN AUCH SEHR SCHEU IST.

WERKZEUG

- Messer
- Schutzhandschuh
- Band- oder Laubsäge
- Auswahl kleiner Hohlbeitel
- Schleifmittel
- Öl- oder Wachspolitur

Diese Schnitzerei ist nichts für schwache Nerven. Sie ist für all jene gedacht, die eine Herausforderung suchen. Sie benötigen ein paar kleine Hohlbeitel, da Sie viele Löcher an schwer zugänglichen Stellen setzen müssen. Stellen Sie außerdem sicher, dass Ihre Werkzeuge stets scharf sind. Die bereitgestellten Vorlagen sind ziemlich einfach; Sie können so viele oder so wenige Details hinzufügen, wie Sie möchten. Ich habe die Maus auf einige Gerstenstängel gesetzt, aber es gibt viele andere Möglichkeiten.

Das fertige Stück ist wahrscheinlich etwa lebensgroß, wenn nicht sogar ein bisschen größer. Ich habe ein 15 cm langes Stück Lindenholz mit 4 cm Seitenlänge verwendet. Vielleicht möchten Sie auch für mehr Stabilität ein härteres Holz ausprobieren.

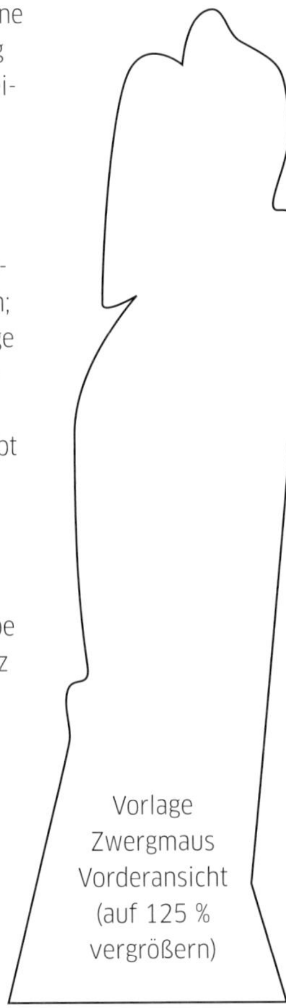

Vorlage Zwergmaus Vorderansicht (auf 125 % vergrößern)

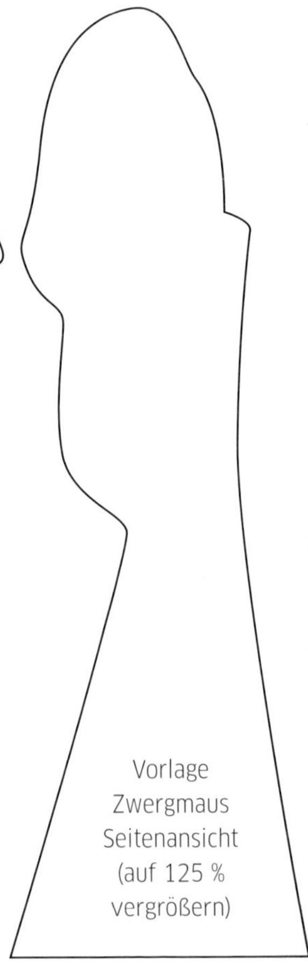

Vorlage Zwergmaus Seitenansicht (auf 125 % vergrößern)

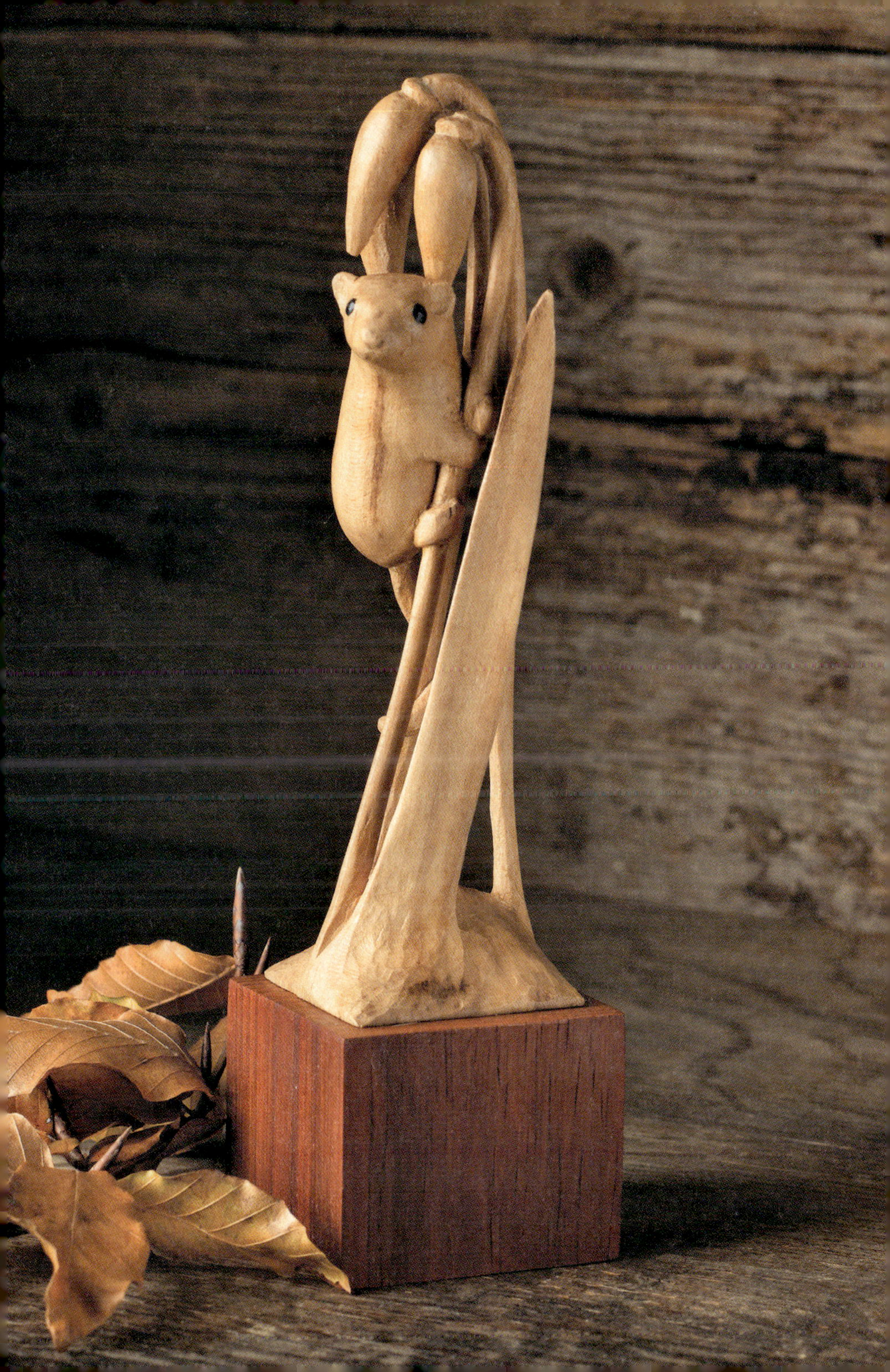

1 Zeichnen Sie die beiden Vorlagen auf Ihren Klotz.

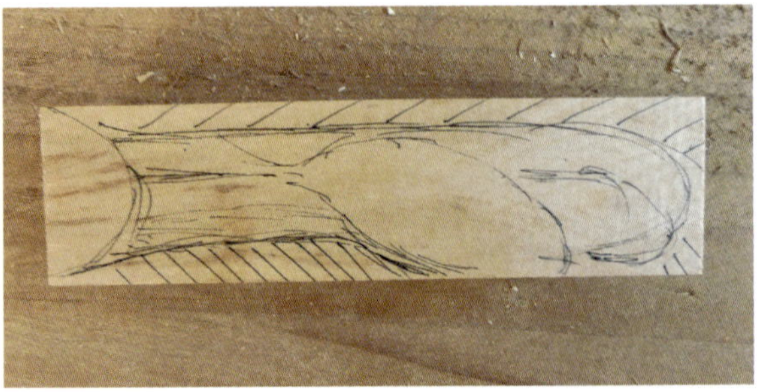

TIPP

Bei einer komplexen Schnitzerei ist es wichtig, gleich zu Beginn so genau wie möglich festzulegen, wo im ursprünglichen Klotz alle Bestandteile des Motivs liegen. Nehmen Sie sich Zeit dafür, auch wenn es verlockend ist, sofort mit dem Schnitzen der Details zu beginnen.

2 Überprüfen Sie, ob die Vorlagen passig sind.

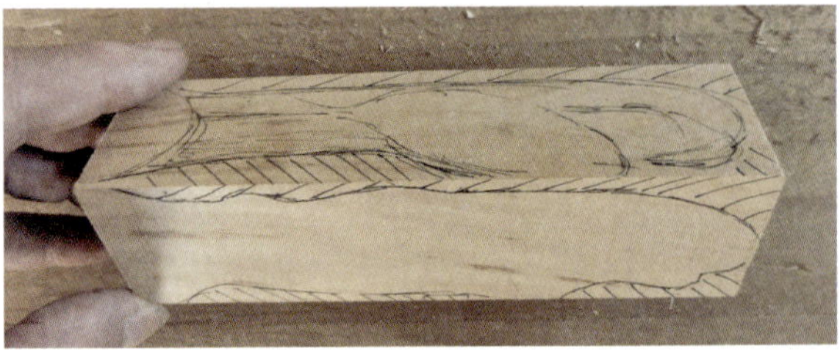

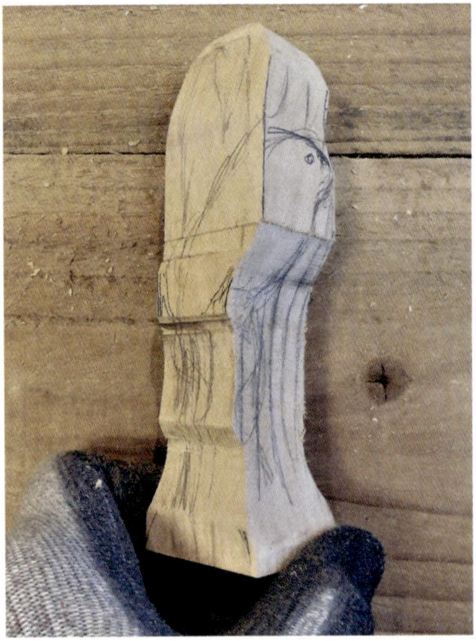

3 Schneiden Sie die beiden Formen mit einer Band- oder Laubsäge vorsichtig aus. Zeichnen Sie so viel von der Schnitzerei an wie möglich, damit Sie eine klare Vorstellung davon bekommen, wo sich alles befindet.

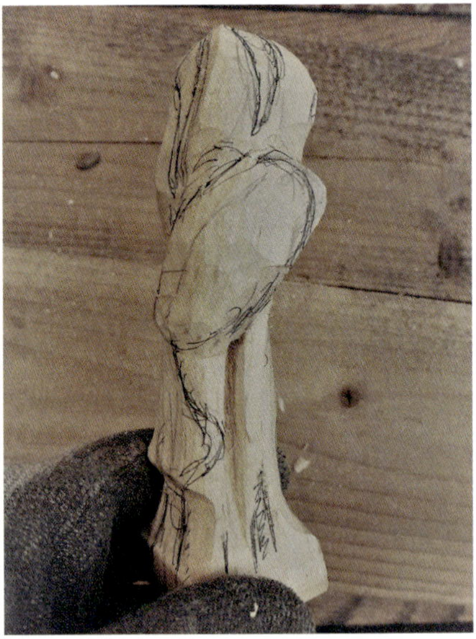

4 Entfernen Sie zu Beginn nur dort Überschuss, wo er ganz sicher entfernt werden muss. Das Wichtigste in dieser Phase ist, zu klären, was Teil der Schnitzerei und was „Raum" (d.h. leerer Raum zwischen den Stängeln) ist, und das braucht Zeit.

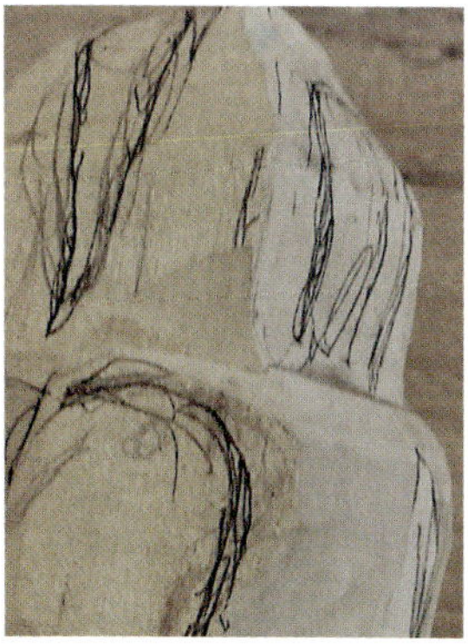

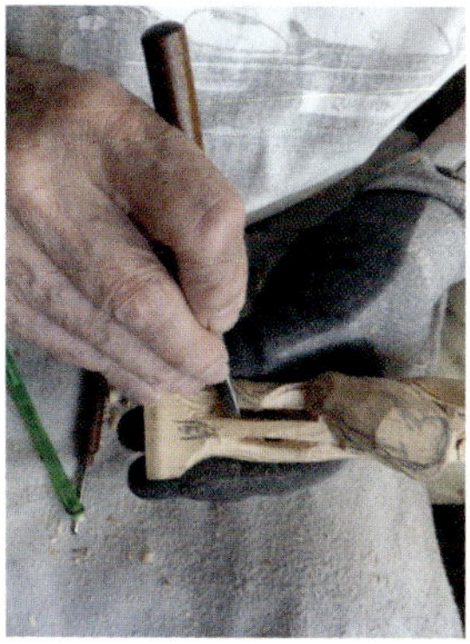

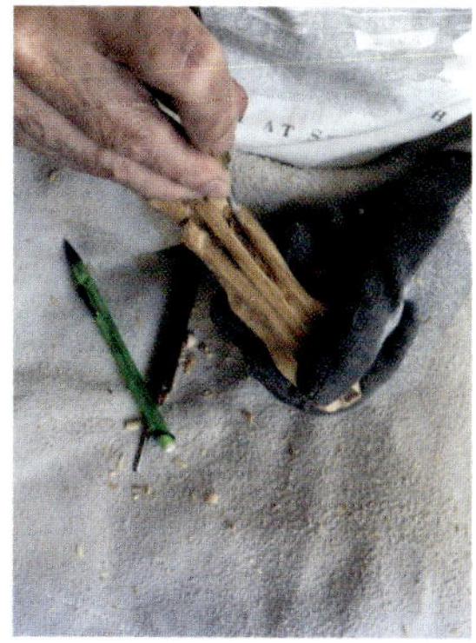

5 Stellen Sie sicher, dass die Maus Kontakt mit den Stängeln hat und dass Sie genug Holz für ihre Füße und ihren Schwanz übrig gelassen haben. Sie soll nicht in der Luft schweben, wenn Sie die Stiele schnitzen!

6 Mit einem kleinen Hohlbeitel können Sie jetzt beginnen, den Raum zwischen den Stängeln zu durchbrechen. Sie könnten auch bohren, aber das ist riskant, da sich kleine Bohrer biegen und an der falschen Stelle austreten können.

7 Ein weiterer Vorteil des Schneidens mit einem Hohlbeitel ist, dass Sie von beiden Seiten Zugang haben.

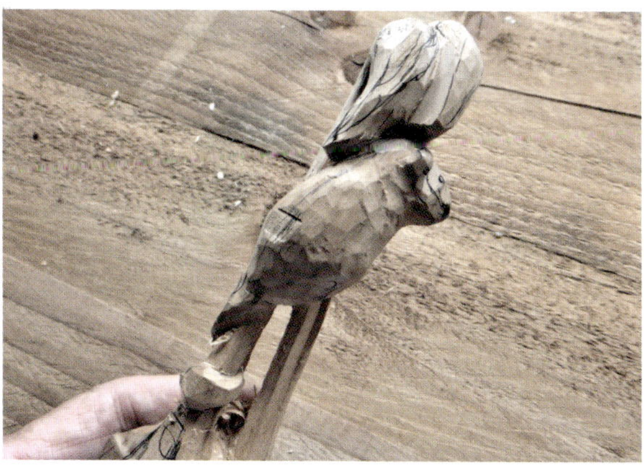

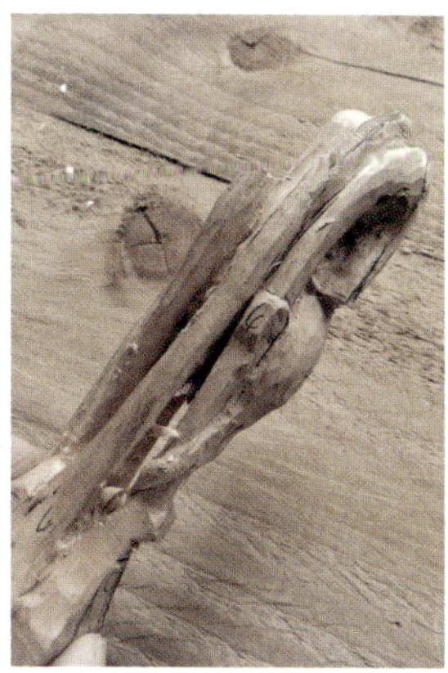

8 Gehen Sie sicher, dass die Stängel zu den Fruchtständen an den Spitzen passen. Stellen Sie außerdem sicher, dass sie an beiden Enden und möglicherweise auch mit der Maus verbunden sind. Dies verhindert, dass sie zerdrückt werden. Schnitzen Sie die Stängel in diesem Schritt noch nicht zu dünn. Beginnen Sie, den Mausekörper zu formen.

9 Entfernen Sie allen Überschuss unter dem Kopf mit Ihrem Messer oder Ihrem Beitel, um Vorderbeine und Kinn formen zu können.

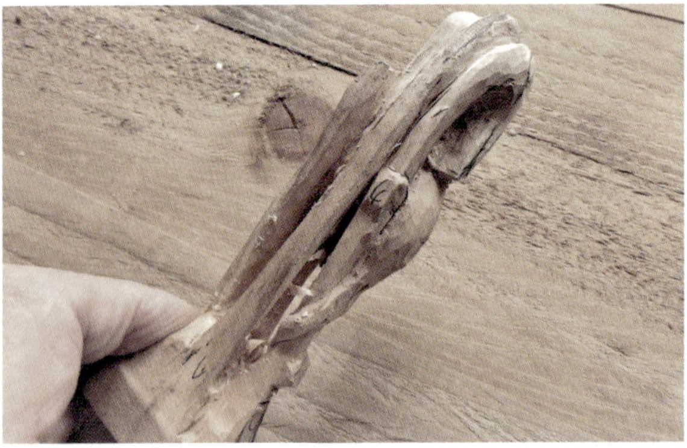

10 Rückansicht des Schnitzprozesses.

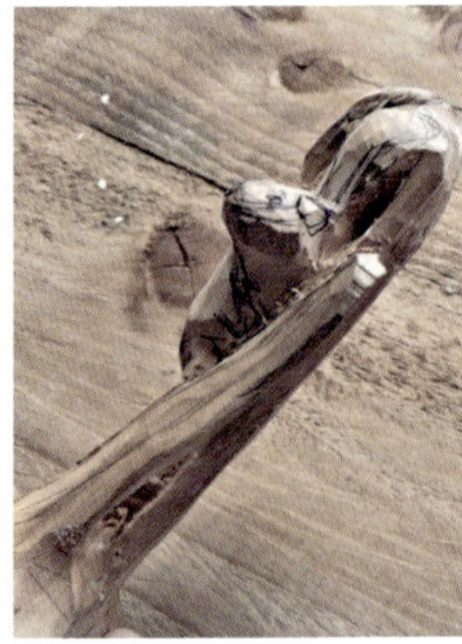

11 Formen Sie das Blatt.

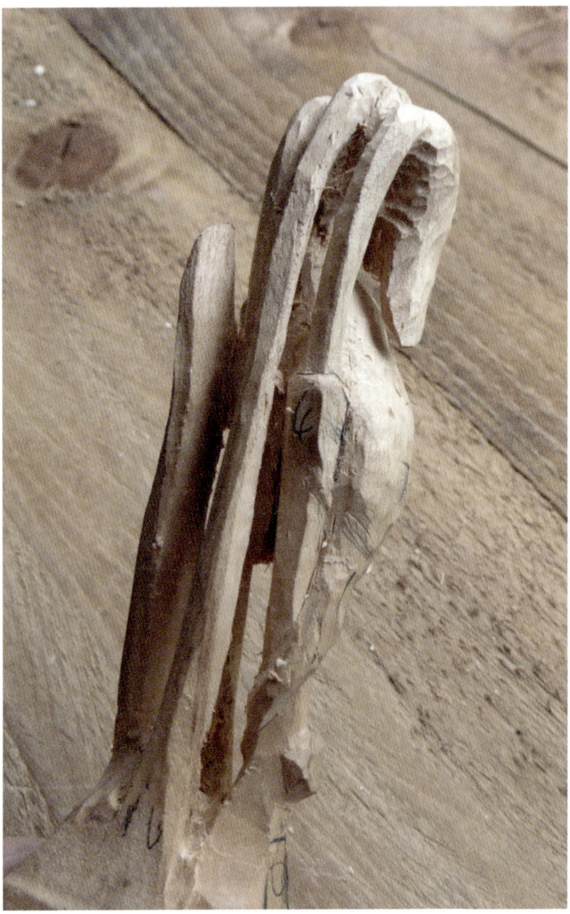

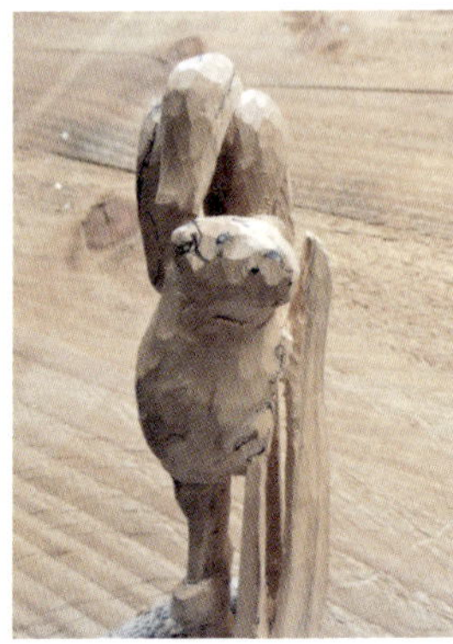

12 Schneiden Sie einen Teil des Überschusses um die Fruchtstände und den Mausekopf herum weg.

13 Jetzt ist ein guter Zeitpunkt, um zu prüfen, ob alle Teile der Schnitzerei innerhalb der Stängel korrekt sind, d.h. dass es genug Holz für den Bauch der Maus gibt und dass die Stängel fertig (aber dick) sind.

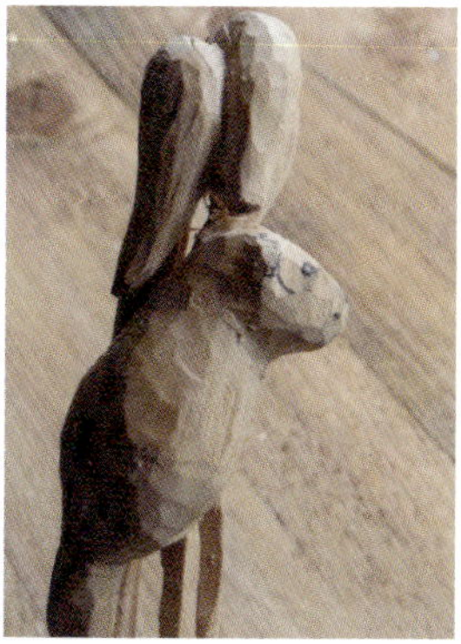

14 Formen Sie die Fruchtstände, aber lassen Sie sie für mehr Stabilität an der Maus befestigt. Sie können sie später jederzeit abtrennen, wenn Sie möchten.

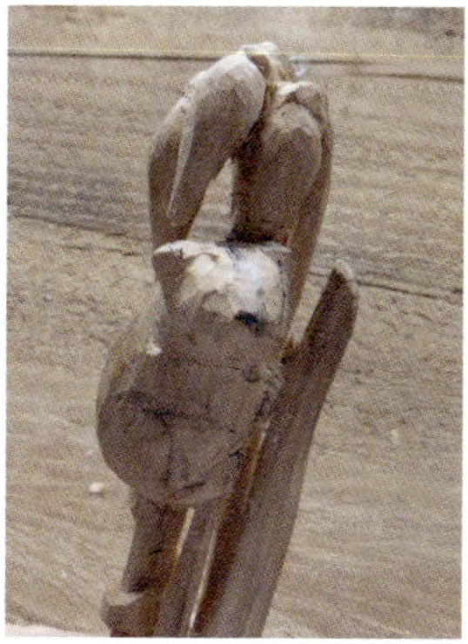

15 Sobald Sie mit allem zufrieden sind, können Sie anfangen, das ganze Stück zu verjüngen.

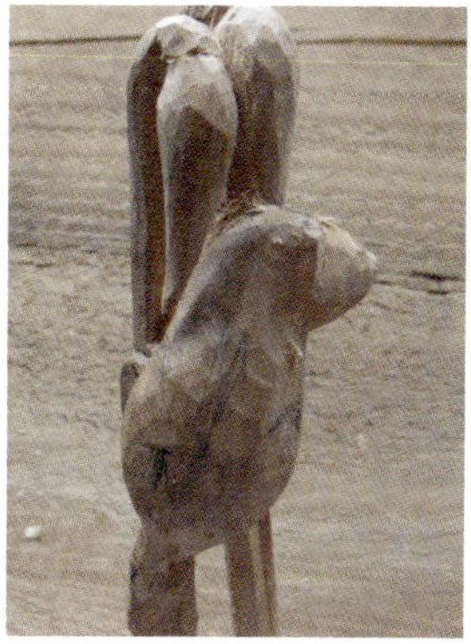

16 Sie können jetzt einige der Sicherheitsbefestigungen entfernen.

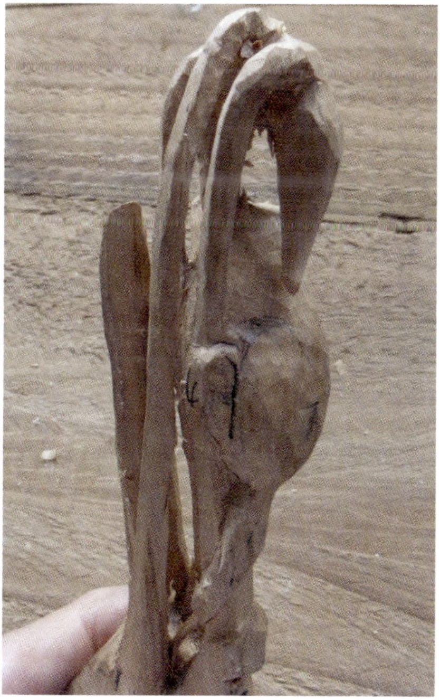

17 Rückansicht der Schnitzerei.

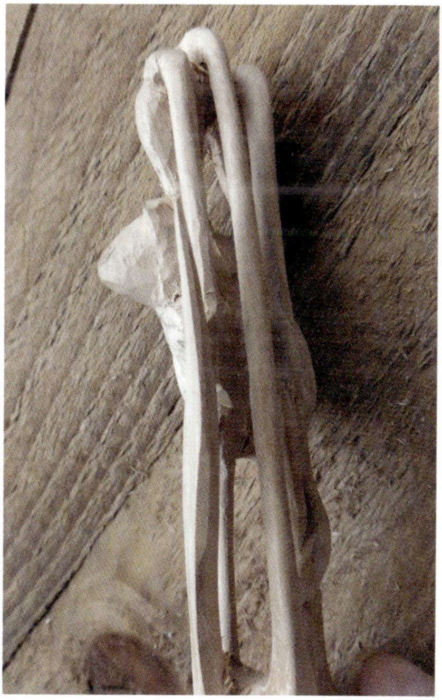

18 Nun ist ein guter Zeitpunkt, das Stück zu schleifen.

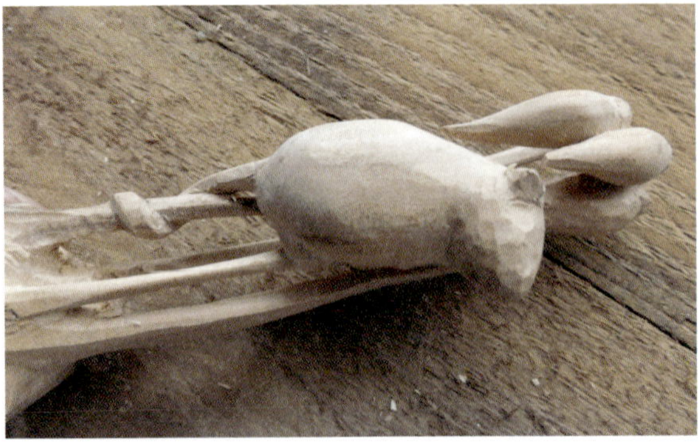

19 Nun können Sie sehen, wie viel Platz Sie unter den Stängeln haben, um die Maus zu formen.

TIPP

Seien Sie sehr vorsichtig und aufmerksam, wenn Sie die Stängel schnitzen. Wenn Sie vorankommen und die Stiele dünner werden, müssen Sie höllisch aufpassen, die Schnitzerei nicht in Ihrer Hand zu zerquetschen.

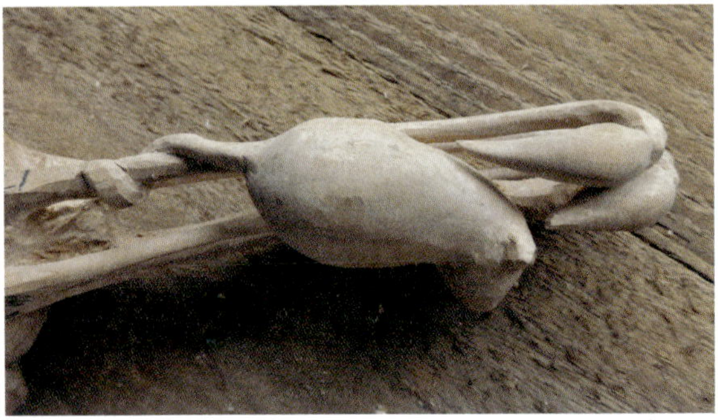

20 Überprüfen Sie die Schnitzerei aus allen Richtungen, um sicherzustellen, dass die Formen richtig sind.

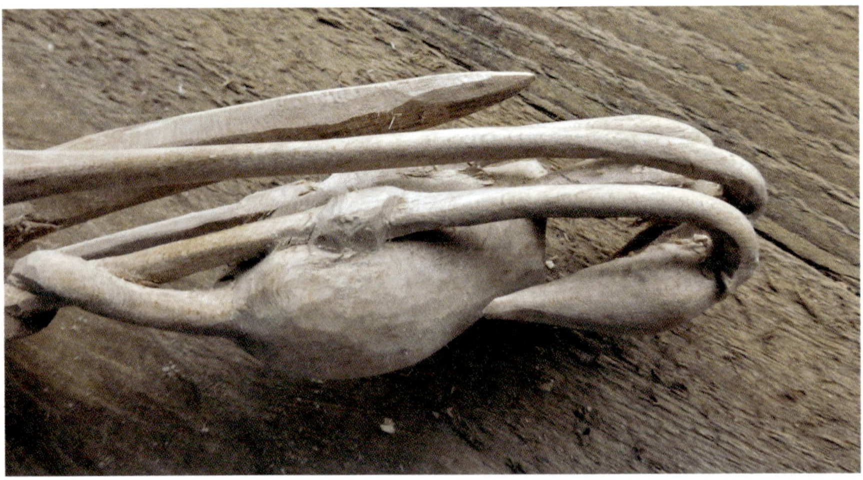

21 Stellen Sie sicher, dass Sie genug Holz für die Mausefüße haben – Sie brauchen nicht viel, aber man muss die Füße sehen. Zwergmäuse sind sehr agil, sodass Sie die Füße dort platzieren können, wo Sie genug Holz zu haben meinen.

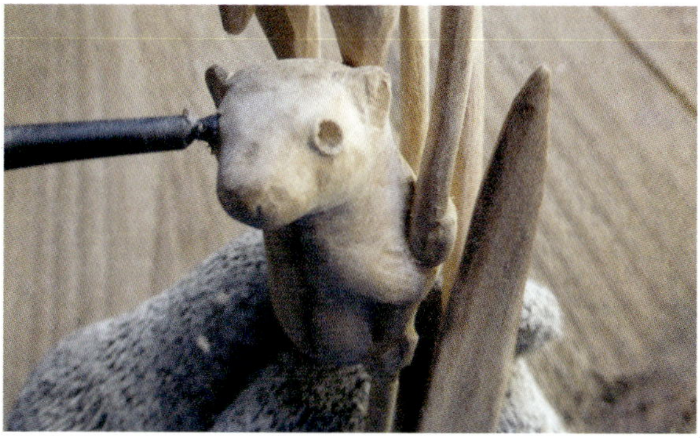

22 Verschmälern Sie alles und fügen Sie Details hinzu. Betrachten Sie ein Foto der Zwergmaus, um die letzten Feinheiten zu setzen, da sie eine ganz andere Form hat als eine normale Maus. Wenn Sie es wagen, setzen Sie Augen ein, um die Maus fertigzustellen.

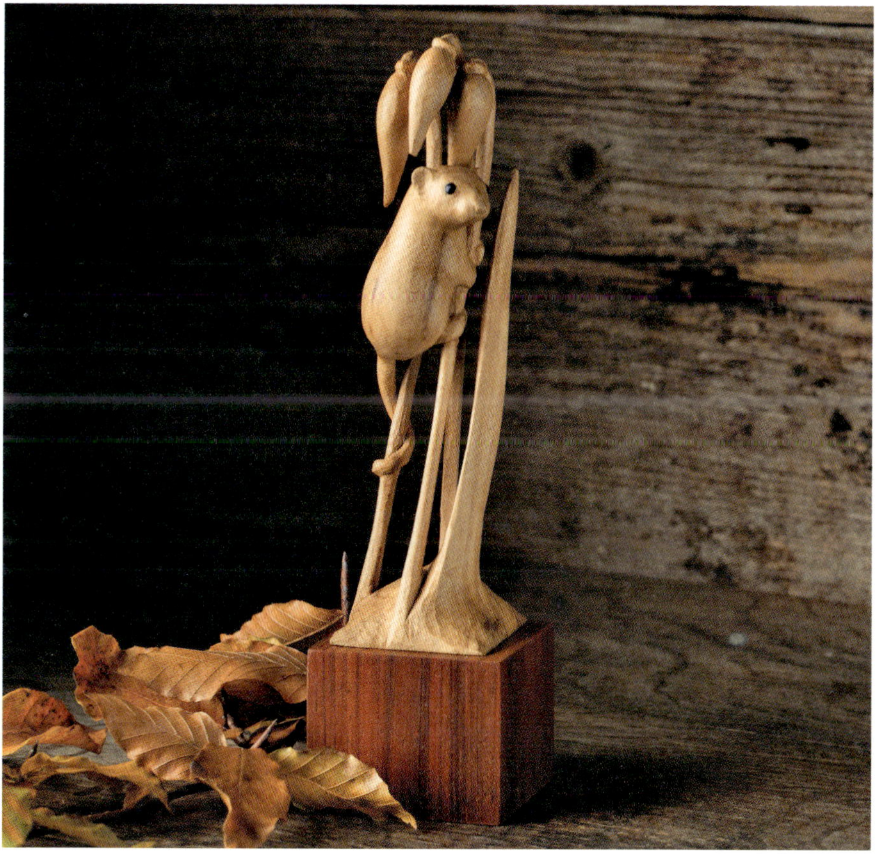

23 Schleifen Sie das ganze Stück, so gut es geht, dann verleihen Sie ihm eine Schicht Öl- oder Wachspolitur. Seien Sie sehr vorsichtig beim Schleifen dieses Stückes, besonders bei freiliegenden Fruchtständen, da das Ganze jetzt sehr zerbrechlich ist.

Zusammenfassung

MIT DIESEN PROJEKTEN HABE ICH VERSUCHT, SO VIELE FÄHIGKEITEN, TECHNIKEN UND HERAUSFORDERUNGEN WIE MÖGLICH VORZUFÜHREN. EINIGE DAVON WERDEN FÜR IHRE ZUKÜNFTIGEN SCHNITZEREIEN NÜTZLICH SEIN, MANCHE WERDEN SIE VIELLEICHT BEREITS KENNEN, UND ANDERE SIND VIELLEICHT JETZT NOCH ZU SCHWIERIG, KÖNNEN SICH ABER SPÄTER ALS WERTVOLL ERWEISEN, WENN SIE MEHR ERFAHRUNGEN SAMMELN.

Ich hatte auch die Möglichkeit, eine Vielzahl verschiedener Messer auszuprobieren, die ich vorher noch nicht benutzt hatte. Obwohl jedes der Projekte mit jedem dieser Messer hätte vollendet werden können, habe ich auch meine eigenen Vorlieben entwickelt.

Wenn ich draußen schnitzen würde und ein Taschenmesser bräuchte, würde ich ein kleines Federmesser und das Ross-Oar-Schnitzmesser wählen – das eine ist sehr billig und das andere ziemlich teuer. Obwohl es sehr nützlich ist, fand ich es schwierig, mich an das Multitool mit den seitlichen Beiteln zu gewöhnen, aber wenn es zu Ihnen passt und Sie es zu einem guten Preis bekommen, ist es ein großartiges Werkzeug für unterwegs.

Wenn Sie zu Hause schnitzen, können Sie ein Messer mit fester Klinge verwenden. Sie finden vielleicht so wie ich, dass selbst gebaute Messer mit Griffen, die zu Ihrer Hand passen, die beste Option sind. Sie können auch die gewünschte Klingenform selbst wählen.

Bei längerem Schnitzen sollten Sie die Messer regelmäßig wechseln, um Handkrämpfe zu vermeiden. Ich würde es definitiv vermeiden, mehr als ein Messer mit einer bestimmten Griffform zu kaufen, und empfehle, mit einer sehr einfachen Griffform zu beginnen – Sie können sie bei Bedarf jederzeit verändern.

Insgesamt halte ich es für das Beste, mit Werkzeugen und Schnitzereien ganz simpel anzufangen. Das ideale Werkzeug hat nichts mit Design, Form oder Kosten zu tun, es geht darum, dass es sich gut anfühlt und seinen Zweck erfüllt. Vor allem muss es scharf gehalten werden. Viel Spaß beim Schnitzen!

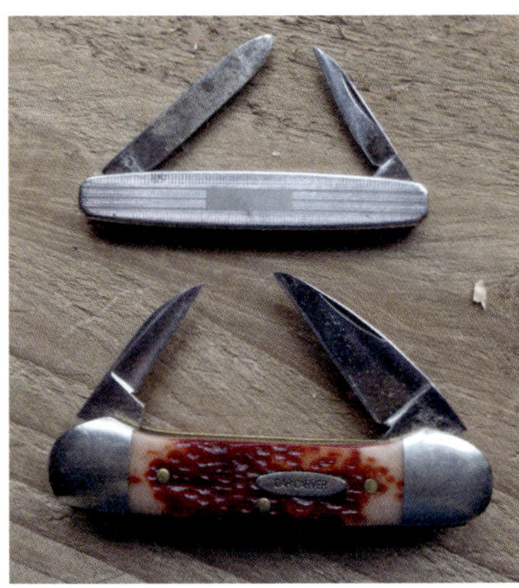

Ein billiges Taschenmesser (oben) und ein teureres Ross-Oar-Schnitzmesser (unten).

Bezugsquellen

DER GEDANKE HINTER DIESEM BUCH IST, DASS SIE ALLE PROJEKTE MIT EINEM MINIMUM AN WERKZEUG UND AUSRÜSTUNG ANGEHEN KÖNNEN. DAS BEDEUTET, DASS SIE KEINE UNSUMMEN AUSGEBEN MÜSSEN, UM LOSZULEGEN. WIE BEREITS ERWÄHNT KÖNNEN SIE EIN GEEIGNETES MESSER DURCHAUS FÜR WENIG GELD IN EINEM SECONDHANDLADEN BEKOMMEN – DAS WICHTIGSTE IST, DASS ES BEQUEM ZU FÜHREN UND LEICHT SCHARF ZU HALTEN IST. DAS HAT MIT DEM PREIS WENIG ZU TUN.

Die hier aufgeführten Händler stellen bewährte Beispiele für den deutschsprachigen Raum dar. Weitere Angebote sowie stets aktuelle Preislisten sind im Internet einsehbar.

DASTRA Werkzeuge
David Strasmann & Co.
F.W. Engelke e.K.
Küppelsteinerstr. 39
42857 Remscheid
Deutschland
dastra.shop

MHG Messerschmidt GmbH
An der Auehütte 15
98574 Schmalkalden
Deutschland
mhg-tools.de

DICTUM GmbH – MEHR ALS WERKZEUG
Gottlieb-Daimler-Str. 3
94447 Plattling
Deutschland
dictum.com

Grube-Forst GmbH
Gmundner Straße 25
4663 Laakirchen
Österreich
grube.at

Precarv Austria
Geisler-Moroder Holz und Kunst GmbH
Dorf 63
6652 Elbigenalp
Österreich
schnitzeisen.at

Stubai ZMV GmbH
Zentrale für Marketing und Vertrieb
Dr. Kofler Strasse 1
6166 Fulpmes
Österreich
stubai.com/de/schnitz-werkzeug/

F. Zulauf Messerschmiede und Werkzeugfabrikations AG
Dennliweg 29
4900 Langenthal
Schweiz
pfeiltools.ch

Gerstäcker
Versandhandel für Künstlerbedarf
Österreich, Deutschland, Niederlande, Frankreich, Großbritannien
gerstaecker.at

Über den Autor

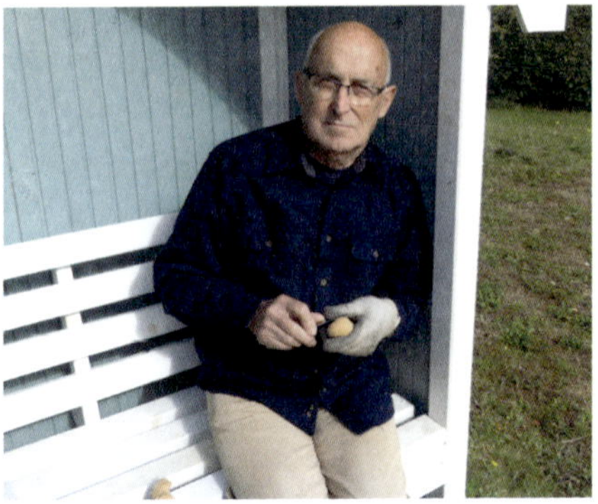

Peter Benson begann nach dem Ende des Zweiten Weltkrieges zu schnitzen, als er nach London zurückkehrte, nachdem er in die ländliche Gegend von Suffolk evakuiert worden war. Ein Kriegskind zu sein, fern von zu Hause, bedeutete, dass er vieles, was er wollte, selbst machen musste; daher auch sein Interesse daran, Spielzeug und Modelle aus Holz mit einem Messer herzustellen. Damals war es ungewöhnlich, einen kleinen Jungen ohne ein Taschenmesser in der Tasche oder ein Fahrtenmesser an seinem Gürtel zu finden – ganz anders als heute. Obwohl er in späteren Jahren anspruchsvollere Schnitzstile meisterte, hat er immer noch das Gefühl, dass man mit einem Minimum an Werkzeug viel machen kann. Peter verbrachte sein Arbeitsleben damit, Sport und andere allgemeine Fächer zu unterrichten, und endete damit, eine Abteilung für Sonderpädagogik zu leiten. In dieser späteren Zeit seines Lehrerlebens gelangte er zu der Überzeugung, dass jeder mit der richtigen Motivation und Möglichkeit so gut wie alles schaffen kann.

Nach seiner Pensionierung im Jahr 1996 gründete Peter die Essex School of Woodcarving, die sich jetzt in seinem entzückenden strohgedeckten Landhaus in der Provinz von Essex befindet, in dem er mit seiner Frau Em und ihrem Sohn Ben lebt. Wenn Peter nicht für Holzschnitzzeitschriften schrieb, verbrachte er einen Großteil seiner Zeit damit, Kurse zu geben oder Workshops zu leiten. All das ist in der letzten Zeit nach einem langen Krankenhausaufenthalt etwas eingeschlafen, aber wenn alles gut geht, werden die Dinge in nicht allzu ferner Zukunft wieder zur Normalität zurückkehren.

Peters Leidenschaft war schon immer das Miniaturenschnitzen, insbesondere die japanische Kunst des Netsuke, und er ist der Autor von „The Art of Carving Netsuke" (GMC Publications, 2010). Das hat ihn nicht daran gehindert, an mehreren sehr großen Schnitzereien beteiligt zu sein, darunter ein 2,5 Tonnen schwerer lebensgroßer Eisbär für das National Memorial Arboretum in Staffordshire. Er ist der Autor von „Einfach selbst geschnitzt" (Leopold Stocker Verlag 2019).

DANKSAGUNGEN

Danke an meine Frau Em für ihre Geduld und Unterstützung, während ich dieses Buch schrieb, und für ihre Bereitschaft, auf all die kleinen unerledigten Arbeiten im Haus zu warten, die dafür warten mussten. Vielen Dank auch an Em und meinen Freund Dave Wilkins für die Hilfe beim Fotografieren und das Ertragen meiner Anweisungen.